教育課程エッセンス

—— 新学習指導要領を読み解くために ——

Essentials of the Curriculum Management:
A guide to understanding the new Courses of Study

　皆さんは「教育課程」と聞いて何を思い浮かべますか？教職課程を受講されている方でもあまり馴染みがないかもしれませんね。

　しかし学校のことを思い起こしてみると、教科書、黒板、ノート、時間割、宿題、算数や体育の時間、定期試験、学校行事、「ゆとり教育」世代…等々と広い意味で「教育課程」に関わることが次々と思い出されることでしょう。

　「教育課程」は学校教育の中核であり、教育行政においてもいわゆる「一丁目一番地」にあたります。しかしながら、戦後日本では「内外区分論」といった考え方の影響もあり、教育のなかみにかかわる教育課程行政はアンタッチャブル領域とされ、研究も十分に蓄積されているとはいえません。教育経営研究もやはり人的・物的・財的な経営資源に関わる条件整備面が中心で、教育内容領域については教育課程経営として位置づいているものの十分とはいえません。「カリキュラム・マネジメント」を語りながら、特定の教科・領域にふれない教育課程研究も多く、道のない山登りのような様相も見受けられます。

　今回、約10年ぶりに学習指導要領が見直され、教育界の「2020年問題」(小学校の学習指導要領全面実施、「大学入学共通テスト」など)がスタートします。学習指導要領改訂にあたっては従来のような教科中心の考え方ではなく、人工知能（AI）が人間の脳を超えるといわれるシンギュラリティ（技術的特異点）に到達するとされる2045年問題、IoT（Internet of Things）で全ての人とモノがつながり様々な知識や情報が共有される超スマート社会Society5.0の到来、人口減少社会における地方創生の課題など「2030年の社会と子供たちの未来」を予測しながら、これからの未来を生きる子どもたちに求められる「資質・能力」の検討が進められました。他方、グローバリゼーションの進む社会で「国際的に共通する鍵となる資質・能力（キー・コンピテンシー）」など新しい能力の提唱が世界的にも広がっていることとも軌を一にします。「過去」の人類の叡智・文化遺産を排列した「教科」中心の教育課程＝コンテンツベースからコンピテンシーベースへといわれるゆえんです。

　しかし、果たして夢あふれるような未来は訪れるのでしょうか。この「未来の設計書」である学習指導要領は私たちをどこに導こうとしているでしょうか。「学びの地図」(中央教育審議会教育課程企画特別部会)と自称する学習指導要領ですが、以前よりさらにボリュームを増し、この「地図」を読むのも一苦労です。そこで「新学習指導要領を読み解くために」と副題を付した教育課程に関する入門書・テキストを作成することとしました。

　教職を目指す初学者が必要となる「教育課程」の知識を網羅した内容構成とし、教職課程科目（「教育課程論」「カリキュラム論」等）のテキストとして使用できるよう教職課程コア・カリキュラム（教育課程の意義及び編成の方法（カリキュラム・マネジメントを含む。））も意識した内容にしています。

　具体的には、コアカリが求めている「学習指導要領を基準として各学校で編成される教育課程について、

　その意義及び編成の方法を理解し、各学校の実情に合わせたカリキュラム・マネジメントを行うことの意義を理解する」という全体目標の下に、(1)教育課程の意義、(2)教育課程の編成の方法、(3)カリキュラム・マネジメントの理解という３つの事項を確実に押さえられるよう全体を４部に構成しています。

　第Ⅰ部で教育課程の編成、実施、評価、改善というP-D-C-Aサイクルに沿った概説を行います。それにあわせて教育課程と学習指導要領の関係性、教育課程に関わる教職員の権限関係も整理しています。

　第Ⅱ部で学習指導要領と教育課程の歴史について、時代背景、改訂の趣旨、改訂内容等を解説するとともに、授業時数、単位数など典型的な時制、その他の資料を提示しています。社会の変化とともに「国民形成の設計書」（水原克敏）とよばれる状況が理解できます。

　第Ⅲ部で新学習指導要領の基本構造として、新しく登場した諸概念を中心に解説しています。主体的・対話的で深い学び（アクティブラーニング）やカリキュラムマネジメント、社会に開かれた教育課程や教育評価などの概念が登場した背景から解説します。

　そして第Ⅳ部で各教科・領域の資質・能力と見方・考え方について、今次学習指導要領で何が変わったのかを教科ごとに提示し、時代の変化を読み取ることができる内容にしています。「教育課程」のタイトルを冠する教科書でも各教科の具体的な見方・考え方に触れていないものがほとんどですが、本書は国語・算数から図工や家庭科まで可能なかぎり網羅し、全体を通じて教育課程の変化を捉えられるような内容となっています。

　本書は好評を博してきたエッセンスシリーズ（教育法規、特別活動、子ども論、教職論）第五弾として世に送り出されます。これまでもそれぞれ難産でしたが、本書は構想・着手から完成までに丸２年の時間を要し、私のGOサインが出るまでに十数回の書き直しを要求される執筆者もいて、お互い粘り強く何とか完成にたどり着きました。また、「教育法制」研究室という枠組みでは身の丈に余る内容・領域を擁していますので、他の研究室や社会人院生はもとより直接・間接に広く執筆協力を要請し、結果、学術界や教育界の第一線で活躍されている執筆陣を得ることができ、質・量ともに充実した内容となりました。

　なお、全体構成の企画から執筆依頼、仕上げまで雪丸武彦先生にご尽力いただいたことも記しておきます。また、TAとして大学院生の鄭修娟さん、申芸花さんにも随分と助けられました。

　ここに新たな出版物を世に送り出すことができ幸甚の限りです。執筆者、出版者とともに完成を祝いたいと思います。

　　　　　　　　　　　　　　　　　　　　　　　　2019年　初秋　伊都キャンパスにて
　　　　　　　　　　　　　　　　　　　　　　　　九州大学教育法制研究室 教授　元兼 正浩

教育課程エッセンス

CONTENTS

はじめに ……………………………………………………………………………………………… ii

I 教育課程の編成、実施、評価、改善

I-1 教育課程（カリキュラム）とは何か ……………………………………………… 2

I-2 教育課程編成の基本原理 ………………………………………………………… 6

I-3 教育課程編成の方法 ……………………………………………………………… 10

I-4 教育課程に関する法令 …………………………………………………………… 14

I-5 教育課程の基準としての学習指導要領 ………………………………………… 18

I-6 教育課程の編成主体 ……………………………………………………………… 20

I-7 教育課程の実施主体　―校長・教務主任（主幹教諭）― ……………………… 22

I-8 教育課程の実施　―教育課程を実施するという発想とその視点とは?― ……… 26

I-9 教育課程の評価と改善　―教育課程をいかに評価し、改善するか?― ………… 30

II 学習指導要領と教育課程の歴史

II-1 戦後初期の学習指導要領　―経験主義的カリキュラム― …………………… 34

II-2 高度経済成長期の学習指導要領　―系統主義的カリキュラム―…………… 38

II-3 昭和43年学習指導要領と昭和52年学習指導要領の間
　　―「学問中心」から「人間中心」カリキュラムへの転換― ……………………… 42

II-4 臨教審と平成元年度学習指導要領改訂　―生涯学習社会における「新学力観」― ……… 48

II-5 21世紀を展望した学習指導要領
　　―「生きる力」の育成と「総合的な学習の時間」の創設― ……………………… 52

II-6 学力低下批判と学習指導要領　―学力を高めるカリキュラム― …………… 56

III 平成29年版学習指導要領の基本構造

III-1 学習指導要領改訂の背景　―社会の変化と多様な能力観の台頭― ……… 62

III-2 学習指導要領の全体構成と変化
　　―予測困難な社会の変化と未来に向けて進化する「生きる力」― …………… 66

III-3 育成を目指す資質・能力の三つの柱 …………………………………………… 70

III-4 カリキュラム・マネジメント　―意義・方法・評価― …………………………… 72

Ⅲ-5	主体的・対話的で深い学び ………………………………………………	76
Ⅲ-6	特別支援教育　（1）インクルーシブ教育システム構築に向けた変化 ………	82
	特別支援教育　（2）学校現場の対応 ……………………………………	86
Ⅲ-7	学習に関する教育評価の充実 ……………………………………………	90
Ⅲ-8	学習過程における「見通し・振り返り」の重視とは? ………………………	94
Ⅲ-9	社会に開かれた教育課程　―背景・意義・実現方法― …………………	98
Ⅲ-10	学校段階間の接続　―教育課程編成の要素への変化― ………………	104

Ⅳ 各教科・領域の資質・能力と見方・考え方

Ⅳ-1	国語科　―小学校国語科における目標の構成と「資質・能力」「見方・考え方」― ……	110
Ⅳ-2	算数科・数学科　―小学校算数科における「数学的な見方・考え方」とは?― …	114
Ⅳ-3	理科　―多様な「見方」と共通した「考え方」― …………………………	118
Ⅳ-4	社会科・地歴公民科　―主体的で対話的な学びを要請する学習活動― ………	122
Ⅳ-5	生活科　―教育課程の「交差点」としての生活科― ……………………	134
Ⅳ-6	小学校　外国語活動・外国語科　―新しく始まる外国語教育の特徴― …	138
Ⅳ-7	体育科　―保健体育科における改訂の要点、資質・能力と見方・考え方― …	144
Ⅳ-8	音楽科　―中学校音楽科における音楽的な資質・能力を指導するにあたっての考え方― ……	148
Ⅳ-9	図画工作科・美術科 ―社会と豊かに関わる、造形的な創造活動の能力育成を目指して― ………	150
Ⅳ-10	家庭科・技術科　（1）小学校　家庭科 …………………………………	160
	家庭科・技術科　（2）中学校　技術・家庭科　家庭分野 ………………	164
	家庭科・技術科　（3）中学校　技術・家庭科　技術分野 ………………	166
	家庭科・技術科　（4）高等学校　家庭科 ………………………………	168
Ⅳ-11	特別の教科　道徳　（1）改訂の経緯とポイント …………………………	170
	特別の教科　道徳　（2）考え議論する道徳とは ………………………	172
Ⅳ-12	総合的な学習の時間　―新学習指導要領改訂の「原動力」― …………	176
	総合的な探究の時間　―探究的な学習や協働的な学習　統合的な見方・考え方― …	180
Ⅳ-13	特別活動　―小学校特別活動のねらいとは?― …………………………	182
Ⅳ-14	中学校（総則）部活動　―中学校部活動をめぐる教育的意義と今日的な課題― …	188
Ⅳ-15	高等学校の単位認定　―単位の修得と卒業の認定― …………………	190
Ⅳ-16	幼稚園教育要領　―幼児教育におけるカリキュラム・マネジメントとは― …	192

Ⅰ

教育課程の
編成、実施、評価、改善

教育課程（カリキュラム）とは何か

> **本節のポイント**
>
> 「教育課程」は計画レベルとして、「カリキュラム」は計画レベルにとどまらない教育課程よりも広い概念として定着している。また、教育実践において教育課程のような顕在的カリキュラムが重要な役割を果たす一方、目に見えない「隠れたカリキュラム（潜在的カリキュラム）」にも注目が集まっている。

1 教育課程とカリキュラム

教育課程は、「学校教育の目的や目標を達成するために、教育の内容を児童の心身の発達に応じ、授業時数との関連において総合的に組織した各学校の教育計画」[1]である。「教育課程」という用語は、1950年代に「**カリキュラム（curriculum）**」の翻訳語として誕生し、日本の教育行政で用いられるようになった。現在、教育課程は主に学習指導要領に基づき編成されることから、行政用語である「教育課程」、学術用語である「カリキュラム」として定着してきた[2]。ここではそれらの用語について解説していく。

（1）教育課程

第二次世界大戦前は、教育課程ではなく、「教科課程（小学校）」や「学科課程（中等学校・専門学校）」と呼ばれていた。1951（昭和26）年版の『学習指導要領一般編（試案）』において、「児童や生徒がどの学年でどのような教科の学習や教科以外の活動に従事するのが適当であるかを定め、その教科や教科以外の活動の内容や種類を学年的に配当づけたもの」[3]として、初めて**教育課程**という用語が登場する。つまり、戦後「教科外活動」（学級活動・クラブ活動・学校行事等）の指導も正当に位置づける必要性が生じたということである。1951（昭和26）年の学習指導要領において、教育課程とは、「学校の指導のもとに、実際に児童・生徒がもつところの教育的な諸経験、または諸活動の全体を意味している」[4]ものであるとされ、学校における教育活動が教科指導、学科指導のような教師中心、教師主体の学校教育のみならず、子ども主体の学校教育を目指そう[5]とする意図があったことがうかがえる。

このように、教育課程という用語が登場し、その後、**学習指導要領**が法規としての性格を有するものとして教育の内容等を大綱的に示したことにより、教育課程という用語が「何をどのような領域区分で、どのような順序・時期に教えるか、すなわち教育内容に関する計画（プラン、プログラム）」[6]として浸

---

(1) 文部科学省『小学校学習指導要領（平成29年告示）解説 総則編』p.11。

(2) 田中耕治（2009）「教育課程（カリキュラム）とは何か」田中耕治編『よくわかる教育課程』ミネルヴァ書房、p.2を参照。

(3) 文部省『学習指導要領（昭和26年）一般編（試案）』を参照。

(4) 同上。

(5) 安彦忠彦（2006）『教育課程編成論―学校は何を学ぶところか』放送大学教育振興会、p.11を参照。

(6) 奈須正裕（2019）「教育課程とは何か」奈須正裕・坂野慎二編著『教育課程編成論』玉川大学出版部、p.3。

透していった。

　以上を踏まえると、現在ほとんどの学校の場合、教育課程は、教科・教科外活動において教える側の目的意識性を明確にするために、文部科学省の作成する学習指導要領に依拠した計画レベルとして存在している。

（2）カリキュラム

　カリキュラム（curriculum）の概念は多義的である。カリキュラムは、ラテン語の語源では、競馬場とか競争路のコースを意味し、「人生の来歴」をも含意していた[7]。したがって、日本でカリキュラムといえば、本来の意味である「子どもたちの学習経験の総体」と広く定義され、教育課程と区別されることがある。また、19世紀後半のアメリカの進歩主義教育において、カリキュラムという用語が実践の中で頻繁に使用され、当時デューイの強調した経験・活動重視の新教育の特徴を有していたことも、日本で「学習経験」と広く捉えられるようになった要因の一つである。すなわち、「教育用語として国際的に普及しているのは、『学習経験の総体』としてのカリキュラム概念」[8]であるという。しかし、日本におけるカリキュラムの概念は、1947年の学習指導要領（試案）によって一般に普及したことにより、<u>教育実践の現場では"計画"</u>という理解で使用されることが多かった[9]。

　一方、「実際の学習は、教える側の意図や計画を超えたところで展開されている」のであり、ならば「計画のいかんによらず、結果として子どもが経験したものをカリキュラムとして見てはどうか」[10]という考え方も広がりっており、<u>教育学等の学術研究では「子どもの学習経験の総体」</u>をも包含するものとして理解されることが多い。しかし、この概念規定ではあまりにも広すぎて、教育現場における具体的な実践的課題を可視化することが難しい[11]ことから、カリキュラム概念をより具体化したものとして、3つの次元で整理されている（資料1）。

　①は学習指導要領等の教育制度の次元で策定されるといった**政策・制度の次元**、②は各学校の年間指導計画や授業の単元計画等の実際の教育活動に向けて計画を立てるといった**学校段階における計画**の次元、③は実施した後の子どもの学習過程と到達状況といった**個々の教師の実践**の次元に具体化される[12]。

（7）柴田義松（2001）「カリキュラム編成の基本問題」日本カリキュラム学会編『現代カリキュラム事典』ぎょうせい、pp.1-2.

（8）佐藤学（2014）「教育方法学の基礎概念」日本教育方法学会編『日本教育方法学会ハンドブック』学文社、p.29.

（9）同時期、ヴァージニア州のコース・オブ・スタディをモデルとし、社会的効率主義（social efficiency）を継承した生活適応主義（life adjustment）の立場で作成され、カリキュラムを「計画」として定義していた。このようにして、「計画」としてのカリキュラムという考え方が日本の教育界に定着していったと指摘されている。

（10）奈須正裕（2019）「教育課程とは何か」奈須正裕・坂野慎二編著『教育課程編成論』玉川大学出版部、p.15.

（11）だからこそ日本の教育制度、政策、行政では、基本的に教育課程が用いられてきた。同上、p.4を参照。

（12）TIMSS（国際数学・理科教育動向調査）の報告書によれば、IEA（国際教育到達度評価学会）では、カリキュラムを3つの次元から捉えていることが確認できる。田中耕治（2018）「『教育課程』の拡張と深化」田中耕治・水原克敏・三石初雄・西岡加名恵『新しい時代の教育課程』有斐閣、p.14を参照。

資料1．カリキュラムの3つの次元

カリキュラムの3つの次元	①意図したカリキュラム (intended curriculum)	教育制度の次元で策定された各領域や教科等の教育内容（例：学習指導要領）
	②実施したカリキュラム (implemented curriculum)	①を解釈した教師が実際の教育活動に向けて、地域性や子どもたちの実情などを踏まえ、具体的に立てた指導計画（例：個々の学校の年間計画や授業の各単元の指導案など）
	③達成したカリキュラム (attained curriculum)	実際の教育活動を通じて子どもが獲得した概念や手法や態度など（教育実践を経て形作られた学習の足跡と到達状況）

田中耕治（2018）をもとに筆者作成。

(13) 田中耕治（2018）「『教育課程』の拡張と深化」田中耕治・水原克敏・三石初雄・西岡加名恵『新しい時代の教育課程』有斐閣、p.13.

(14)「教育課程」の概念に教育評価行為を含ませることは、「学習指導要領」や「児童・生徒指導要録」の改訂を答申することにも象徴されている。教育課程審議会答申（2000）「児童生徒の学習と教育課程の実施状況の評価の在り方について」を参照。

(15) 安彦忠彦（2006）『教育課程編成論—学校は何を学ぶところか』放送大学教育振興会、p.11を参照。

(16) 福本義久（2016）「教育課程とは何か」広岡義之編著『初めて学ぶ教育課程』ミネルヴァ書房、p.5.

カリキュラムの概念は、このようにして少なくとも国・学校（教師）・子どもという3つの次元からなる複雑な構造をなしている。

したがって、**教育課程**と**カリキュラム**の説明を踏まえると、教育課程とカリキュラムとは、単なる原語と訳語といった関係を離れ、同義ではなくなったといえる。一般的には教育課程は、制度化された公的な教育課程を指し、カリキュラムが包含するものは、行政用語としての教育課程のそれよりも指示する内容が広く、国が示す学習指導要領や各学校の教育課程といった教育計画レベルにとどまらない、学習者が何をどのように経験したのかという、実施・結果レベルにまで及んでいる。しかし今日、教育課程も「子どもたちの成長と発達に必要な文化を組織した、全体的な計画とそれに基づく実践と評価を統合した営み」[13]と広義に定義されることもある。学校における教育計画の立案とのみ教育課程を捉えるのでは不十分であり、計画にとどまることのない実践・評価も含んだ一連の営みとして捉える必要があるという考え方が背景にある[14]。つまり、教育課程は事前につくられる「計画」ではあるが、実施してみて修正や変更を加えられる、場合によっては教育の結果を見て、速やかに改善されるべきものであるということを意味している[15]。

このように、教育課程、カリキュラムの両者の語義や捉え方には様々な立場があることから、言葉そのものが研究対象とされる場合を除いては、教育課程とカリキュラムはほぼ同義のものとして扱われることが多い。つまり、教育課程かカリキュラムかという言葉の問題ではなく、学校教育そのものをどのような視点からとらえようとするのかが本質的な問題である[16]。

2 隠れたカリキュラム（潜在的カリキュラム）

カリキュラムという概念を「学習経験の総体」と広義に捉える視点は、教える側の意図的で計画的な、見える部分だけに偏ることを防ぐことにもなる。「顕在的カリキュラムとはすなわち教育課程であり、教科指導と生活指導の両面にわたる」一方、**隠れたカリキュラム（＝潜在的カリキュラム）**とは、「意図的に計画されたカリキュラムとは無関係に、あるいは相反して学ばれていく意味内容」のことであり、「見えにくい、あるいは見えない部分」として存在する[17]。つまり、「公の教育知識の選択・正当化・配分、伝達—受容過程を背後で規定する価値・規範・信念の体系」[18]を指す。これは、先の表1でいうと「③達成したカリキュラム」に属しており、どんな学校であっても隠れたカリキュラムが機能し、子どもが学校教育を通して身に付けるものにおいてその存在は大きい。そこで隠れたカリキュラムは、主に次の2つの立場から論じられることが多い。

(17) 奈須正裕（2019）「教育課程とは何か」奈須正裕・坂野慎二編著『教育課程編成論』玉川大学出版部、p.16.

(18) 髙旗浩志（2005）「カリキュラム編成の基本問題」日本カリキュラム学会編『現代カリキュラム事典』ぎょうせい、pp2-3.

（1）見えない（latent）カリキュラム

「隠れた」＝見えない（latent）カリキュラムを発見したジャクソン，P.W.は、教師が無意識に伝え、無自覚に学習する価値内容の分類・析出に力点を置いて研究を展開した[19]。この場合、学級での生活世界から子どもたちが学びとっているのは、近代社会が規律訓練のために生み出した社会装置としての学校における過剰な生活を生き抜くのに必要な３R─規則（rules）、規制（regulations）、慣例（routines）─であり、これを隠れたカリキュラムの主成分として析出した[20]。このように、隠れたカリキュラムには、授業を含む学級生活に適応する過程で結果的に子どもが体得している価値、態度など様々な可能性が考えられる[21]。例えば、授業中、教師が子どもに「自分なりの考えでいいんだよ。正解も間違いもないんだよ」と言いつつも、教師にとって（計画通りにいかない）的外れな意見は黒板の隅に書かれるか、そもそも板書されないという場面を私たちは目の当たりにすることがある。このように、教師がいくら全員の発言を受容的に聴くという姿勢を子どもたちに表明したとしても、そのからくりは子どもに見透かされ、子どもたちは教師の期待している回答を示すようになる。

（2）隠された（hidden）カリキュラム

「隠れた」＝隠された（hidden）カリキュラムは、アップル，M.W.らの再生産理論によって用いられる概念で、社会統制や階級的不平等の再生産に好都合な価値内容が学校教育に隠されていることを問題とする[22]。この立場では、「隠す主体」を想定しており、公式カリキュラムの編成、内容の選択、評価に潜む、社会の支配階級のイデオロギー的意図に注目する[23]。例えば、私たちは、学校で日々、教師の評価にさらされるなかで、成績の違いによる不平等な処遇は社会のせいではなく自分の能力によるものであると思い、それを正統なものとして受け入れるようになる。学校は不平等な社会関係を正統化しそれを再生産する装置としての役割を果たしている。そしてこれは、学校教育で明示されてはいない隠れたカリキュラムと表現することができる[24]。

以上のように、隠れたカリキュラムの研究は実践的な関心に支えられながら発展してきた。子どもが知らず知らずのうちに学校生活を通じて学ぶ事柄は多く存在しており、必ずしもそれは悪い方向ばかりに働くとも限らない。カリキュラムを「学習経験の総体」と捉える場合、教育計画としての顕在的カリキュラム（教育課程）の評価、改善が重要であると同時に、教育実践上の諸問題を解決していくにあたって、教師の言動や教室環境、ひいては教育改革や教育制度における隠れたカリキュラムにも意識を向けることは重要なのではないだろうか。

（山内絵美理）

---

(19) 髙旗浩志（2005）「カリキュラム編成の基本問題」日本カリキュラム学会編『現代カリキュラム事典』ぎょうせい、pp2-3.

(20) 同上。

(21) 潜在的カリキュラムには、学校の制度・組織や現代社会におけるその意味、学校文化や子ども文化、教師の言動や行動から受け取るメッセージなど、様々なものが含まれている。
奈須正裕（2019）「教育課程とは何か」奈須正裕・坂野慎二編著『教育課程編成論』玉川大学出版部、pp.16-17を参照。

(22) 髙旗浩志（2005）「カリキュラム編成の基本問題」日本カリキュラム学会編『現代カリキュラム事典』ぎょうせい、pp2-3.

(23) 同上。

(24) 小玉重夫（2009）「教育と社会」木村元・小玉重夫・船橋一男著『教育学をつかむ』有斐閣、p.53.

教育課程編成の基本原理

本節のポイント

・教育課程の編成原理は、「教育の目的・目標」と「教育内容」の関係性に規定される。
・日本においては、国が定める教育関連法規・学習指導要領に則り、各学校レベルの教育課程が編成される。
・新学習指導要領においては、その他に学校段階間の円滑な接続や教科等横断的な学習が重視されている。

1 教育課程編成の基本原理

　効果的な教育課程編成を行うためには、①教育の目的・目標をどのように設定するか、②どのような教育内容を設定・配列するか、③環境を含めた児童生徒の実態の3点を整合させることが非常に重要となる。

　これまで、様々な教育課程が研究・開発され実践されているが、ここでは代表的な例として「教育内容の分化・統合」の観点から整理を行ったホプキンスによるカリキュラムの6類型とその特徴を紹介する（資料1）。

　歴史的に最も古いものは、**教科カリキュラム**である。教科カリキュラムは、教科を構成する学問体系によって教育課程が編成される。このため、学問体系に沿って系統的に教えることができるという利点がある。他方で、年々増大している知識・学問分野を全て学校教育の中で学習することは不可能であるという限界や、学問の実用性や児童生徒の主体性の観点から見た際に課題がある。

　教科カリキュラムの対極とされる**経験カリキュラム**は、子どもの主体性を重視したもので、生活から出発しその生活の改善を目指して組織された経験として教育課程を編成していくものである。生徒の主体性、能動性は非常に高くなるが、課題として、知識に偏りが生じやすいことなどがあげられる。

　次に、教育課程の内容の配列と順序について見ていく。

　教育内容と順序を決定する指標が**スコープ**（scope）と**シークエンス**（sequence）である。スコープは、教育内容（教科の内容や範囲、分野）の範囲を指し、児童生徒に与えるべき生活経験内容の領域・範囲をどう定めるか、という部分を決定づける。シークエンスは教育内容の学年的な順序、系列を指し、児童生徒の身体的・精神的発達の系列や流れをどう捉え、教育内容や教材を彼らの興味・特性を入れながらどのような順序で配列するかという点に関心を払う[1]ものである。

　このスコープとシークエンスがクロスしてできる学習内容のまとまりが

（1）今尾佳生（2010）「カリキュラムの編成原理」加藤幸次編『教育課程編成論』玉川大学出版部、pp.43-80.

資料 1　ホプキンスによるカリキュラムの6類型

系統主義 （学問中心 カリキュラム） ↑ ↓ 経験主義 （児童中心 カリキュラム）	①教科カリキュラム	現在の初等・中等教育の教育機関で実施されている、国語・社会等の教科で構成されるカリキュラムである。学問体系がそのまま教科の内容体系につながるため、カリキュラム編成が容易であり知識や技能を体系的に教えることができる。他方で、学習者の興味・関心を軽視した授業になりやすいという課題もある。
	②相関カリキュラム	教科相互の独立性は保ちながら、学習効果向上のために、二つ以上の教科を関連付けようとするカリキュラムである。教科の枠を残すことで、関連性のある内容のみを取り出すことができるなどの利点がある。 例）イギリスのクロス・カリキュラム
	③融合カリキュラム	教科の学習を中心とするが、問題の範囲を覆う教科間の境界を取り払ったカリキュラムである。 例）地理・歴史・公民 → 社会科
	④広域カリキュラム （広領域カリキュラム）	教科の枠組みを取り払って、融合カリキュラムよりもさらに広領域で教育内容を再編成したカリキュラムである。 例）理科・社会 → 生活科
	⑤コアカリキュラム	特定の教科や学習者の関心、社会問題などを核（コア）として、その周辺に基礎的な知識・技能などを配置して構造化されたカリキュラムである。教科型と経験型に大別される。 例）教科型―ヘルバルト学派による中心統合法 　　経験型―1930年代アメリカで実践されたヴァージニア・プラン
	⑥経験カリキュラム	既存の学問や教科の体系ではなく、学習者の興味・関心から作成されたカリキュラムである。教科の枠組みはない。学習者の主体性、問題解決能力の育成に主眼を置き、そのために必要な知識・技能の獲得目指す。 児童・生徒の関心に応じて内容を構成するため児童等の主体性は高いが、体系的な知識の伝達が難しいという課題がある。

加藤幸次（2010）『教育課程編成論』玉川大学出版部等を参考に筆者が作成

「**単元**」である。単元にも、教科の内容から系統的に整理された**教材単元**と児童生徒の直面している問題を中心にして解決に必要な価値ある学習活動のまとまりである**生活単元**に分かれる。

② 日本における教育課程編成原理

各学校における教育課程編成に関わる規定要因として、①「**国家レベル**」によって定められるもの（教育法規、学習指導要領、その他関連政策）、②「**学校レベル**」で教職員の合議により編成される教育課程（全体計画、年間指導計画等）、③「**教師レベル**」で計画し実施する教育課程（教師個人が作成する授業計画等）の３点があげられる[2]。資料２は、柴田の分類を参考に筆者が図式化したものである。

図で示しているように、国家レベルにおいて定められるものとしては、教育法規や学習指導要領、そして教科書が該当する。各学校において定める教育課程の目的・目標は、教育基本法や学校教育法に定める教育の目的・目標を踏まえなければならない。

教育内容に関して、学習指導要領では「各教科、道徳科、外国語活動及び特別活動の内容に関する事項は、特に示す場合を除き、いずれの学校においても取り扱わなければならない（小学校学習指導要領（平成29年版より））」とされている。平成15年一部改訂版学習指導要領以降、はどめ規定が撤廃され、学習指導要領において定められていない内容については、①各教科・領域の内容の趣旨を逸脱せず、②児童生徒の過重負担とならない範囲であれば学校の判断で加えて指導することが可能となっている。

学習指導要領の内容を踏まえて作成されている教科書も、教育課程の編成・実施にあたって影響を及ぼすことになる。各学校で判断する副教材の使用も含め効果的な指導となるよう検討しなければならない。この他に、平成29年版指導要領では、教科横断的な視点から言語能力や情報活用能力等の力を育むことを求めている点にも留意する必要がある（資料３）。

授業時数に関しては、学校教育法施行規則に定める最低授業時数を確保した上で、自治体レベルの権限で学期や休業日、土曜授業の設定による工夫、各学校においても時制の工夫により余裕時間を確保することが可能である。

また、児童・生徒の発達段階や地域の実態を適切に把握した上で教育課程を編成することも重要である。児童・生徒の実態の把握や発達段階についてはこれまでも重視されていたが、平成29年版学習指導要領においては、学校段階の接続（幼児―小学校、小学校―中学校、中学校―高校教育）など、児童・生徒の発達の段階に応じた調和のとれた育成が強調されている。

地域の実態についても、地域の環境の違いを踏まえた上で、地域の教育資源を活用することに加え、教育における地方創生政策の推進（学校運営協議会制

（２）柴田義松（2006）「教育課程はだれが編成するのか」、柴田義松編『教育課程』、学文社、p.10.

〇平成29年版学習指導要領総則においては「１　各学校においては、教育基本法及び学校教育法その他の法令並びにこの章以下に示すところに従い、児童の人間として調和のとれた育成を目指し、児童の心身の発達の段階や特性及び学校や地域の実態を十分考慮して、適切な教育課程を編成するものとし、これらに掲げる目標を達成するよう教育を行うものとする。」と規定されている。

〇教科書使用義務
学校教育法
第三十四条　小学校においては、文部科学大臣の検定を経た教科用図書又は文部科学省が著作の名義を有する教科用図書を使用しなければならない。
２．３（略）
４　教科用図書及び第二項に規定する教材以外の教材で、有益適切なものは、これを使用することができる。

〇教科書の定義
教科書の発行に関する臨時措置法第２条
この法律において「教科書」とは小学校、中学校、義務教育学校、高等学校、中等教育学校及びこれらに準ずる学校において、教育課程の構成に応じて組織排列された教科の主たる教材として、教授の用に供せられる児童又は生徒用図書であり、文部科学大臣の検定を経たもの又は文部科学省が著作の名義を有するもの

度、地域学校協働活動の推進等）と共に学校だけでなく地域住民・保護者の意見を踏まえた教育課程の編成・実施を通して「地域とともにある学校づくり」の進展も期待されている。これらのことを踏まえたうえで、教師は自身の担当する各授業の目標を設定し内容・配列を決定し（教師レベルの授業計画）、授業を実施することとなる。

　最後に、教育課程のゴールとなる学年・学校の修了要件（具体的に言えば「課程主義（修得主義）」か「年齢主義（履修主義）」等）について言及しておきたい。日本の義務教育は年齢主義を採用しており、修業年限を過ぎると自動的に進級・卒業することになる。この意味で、現在の教育課程は子どもの学習権が保障できているのか、という視点に立った時には課題が生じる。教師は制度上の制約を理解した上で、積み残しのないよう日々の教育活動に尽力するとともに、学校間の連携・情報共有等が求められる。

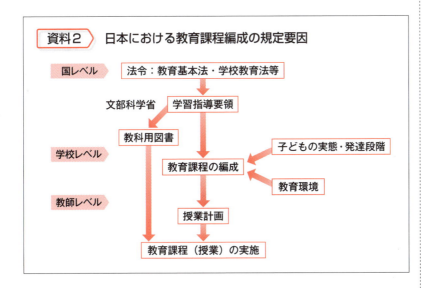

資料2　日本における教育課程編成の規定要因

資料3　教科等横断的な視点に立った資質・能力の育成

（1）各学校においては、児童の発達の段階を考慮し、言語能力、情報活用能力（情報モラルを含む。）、問題発見・解決能力等の学習の基盤となる資質・能力を育成していくことができるよう、各教科等の特質を生かし、教科等横断的な視点から教育課程の編成を図るものとする。
（2）各学校においては、児童や学校、地域の実態及び児童の発達の段階を考慮し、豊かな人生の実現や災害等を乗り越えて次代の社会を形成することに向けた現代的な諸課題に対応して求められる資質・能力を、教科等横断的な視点で育成していくことができるよう、各学校の特色を生かした教育課程の編成を図るものとする。

小学校学習指導要領（平成29年版）より

（日髙和美）

教育課程編成の方法

> **本節のポイント**
> ・教育課程編成を行う上で、具体的な学校目標の設定が重要となる。
> ・学習指導要領に記載されている以外にも、教育課程において策定及び実施されるべき全体計画が複数存在する。
> ・教員を目指す者は、年間指導計画を策定できるようになろう。

1 教育課程編成と学校の教育目標

中学校学習指導要領（平成29年告示）では、「教育課程の編成に当たっては、学校教育全体や各教科等における指導を通して育成を目指す資質・能力を踏まえつつ、各学校の教育目標を明確にするとともに、教育課程の編成についての基本的な方針が家庭や地域とも共有されるよう努める」ものとされている[1]。ここでの「教育課程の編成」において、各学校の教育課程編成にあたっては、「当該学校の教育目標の実現を目指して、指導内容を選択し、組織し、それに必要な授業時数を定めて編成する[2]」ものとされている。ゆえに、学習指導要領の捉え方では、教育課程編成の目的は、各学校の教育目標の実現にある。

各学校の教育目標は、授業のねらいを改善したり、教育課程の実施状況を評価したりする上で立ち返るべき標（しるべ）となるものである。したがって、各学校が設定する教育目標は具体性を有するものであることが求められる[3]。ゆえに各学校において教育目標を設定する際には、「法律及び学習指導要領に定められた目的や目標を前提とするものであること」・「教育委員会の規則、方針等に従っていること」・「学校として育成を目指す資質・能力が明確であること」・「学校や地域の実態等に即したものであること」・「教育的価値が高く、継続的な実践が可能なものであること」・「評価が可能な具体性を有すること」等を踏まえることが重要であるとされている[4]。「社会に開かれた教育課程」の理念も踏まえつつ、多種多様な課題やニーズを調和させた教育目標を設定する必要がある。

しかし、上記のような多種多様な課題やニーズと各学校の教育目標が、ロジカルかつ整合性のある形に調和することは容易ではない。ゆえに、学校教育目標も、資料１のような総花的なものになりがちな点が課題となる。

（1）文部科学省『中学校学習指導要領（平成29年告示）』第１章 総則 pp.20-21.

（2）文部科学省『中学校学習指導要領（平成29年告示）解説　総則編』第３章 p.47.

（3）同上 p.47.

（4）同上 p.48.

資料1

○○年度　学校教育目標及び経営の基本方針

公教育の基盤	学校教育目標	児童・家庭・地域の実態
・日本国憲法　・教育基本法 ・教育関係法令　・学習指導要領 ・X県教育大綱 ・X県教育振興基本計画 ・Y教育事務所教育指導の重点 ・Y市教育目標　・Y市学校教育目標 ・Y市教育振興基本計画	[学校教育目標] ・夢の実現に向けて、確かな学力、豊かな心、健康・体力を身につけた児童・生徒の育成 [校訓] ・かしこく ・なかよく ・元気よく	・男女とも明るく、とても元気がよい子どもが多い。 ・基本的な生活習慣の定着に、個人差がある。 ・学力に学年差、学級差が見られる。 ・真面目に取り組む児童が多いが、役割の固定化が見られる。 ・保護者、地域住民は、大変協力的で学校への期待も大きい。

めざす学校像	めざす子ども像	めざす教職員像
・一人ひとりが尊重され成長が実感できる学校 ・秩序があり、子どもが安心して学べる学校 ・教育環境の整った美しく潤いのある学校 ・学校・保護者・地域が連携し、地域とともにある学校	・明るくあいさつを交わし、思いやりあふれる子ども ・理想を高くもち、自ら学び、高め合う子ども ・安全と健康に心がけ、体づくりに励む子ども ・謙虚な心で、粘り強く努力する子ども	・全職員で協働し組織的に取り組む教職員（小さなチームで軽快に） ・児童に共感的に関わり一人ひとりを伸ばす教職員（コーチング） ・使命感と情熱を持ち、常に研究と修養に励む教職員（自己研鑽） ・家庭・地域と連携できる教職員（初動を迅速に丁寧に関わる）

学校経営の基本方針

　学校教育目標につながる「育てたい力」を明確にし、職員が協働しながら、教科等横断的な取組と地域資源の活用を推進し、社会に開かれた教育課程の実現を目指す。特に、達成感や自己実現、貢献や支援、感謝を伝える、出会いや交流のある教育活動を重視する。

1　支持的風土を醸成する集団作りを進め、教科等横断的な教育活動や学級の問題を丁寧に解決していく中で、児童が相手の気持ちに思いを巡らすことのできる「共感力」を育成する。
2　自分の良さや課題を知り、目的意識を明確に持って学習や活動に取り組み、振り返り修正したり、状況を判断して行動したりすることで「自分で考え行動する力（考動力）」を育成する。
3　めあてや目標を持ち、それを達成するために計画的に取り組んだり、友達と協力して取り組んだりして最後までやり通すことで、「やりぬく力」を育成する。
4　目標を地域と共有し、地域の人的物的資源を活用したり、学びを地域に発信したりして「地域とともにある学校」を目指す。

共感力	考動力	やりぬく力
①自他の良さ等に気づく工夫（徳） 　・対話、学び合い、振り返り等 　・道徳的実践力の向上 　・人権感覚の育成 ②人権集会・交流活動等の工夫（徳） 　・共感的な他者理解の推進 　・コミュニケーション力の育成 ③いじめの未然防止（徳） 　・居場所づくり、学級集団づくり 　・家庭と連携した丁寧な対応	①主体的・対話的で深い学び（知） 　・思考力、判断力、表現力育成 　・児童の対話やアウトプットの重視 ②行事や委員会活動の工夫（知） 　・プロジェクト的な活動 　・目標の共有、意識化と振り返り ③自己指導能力育成　生徒指導（徳） 　・自己存在感、自己決定等 　・規範意識の醸成 ④安全・健康な生活態度の育成（体） 　・登下校、学校生活・食育	①基本的知識・技能の習得（知） 　・漢字、計算、家庭学習等 　・習得方法や計画立案の工夫 ②持久力・忍耐力（体） 　・計画、協力の手立て 　・目標設定、見通しの持たせ方 ③基本的生活習慣の育成（体） 　・生活リズム 　・運動習慣作り（外遊び他） ④達成感、成就感を味わう中で、できるという自信や自己有用感の育成

◇ユニバーサルデザインを実現する6つの原則による学校づくりの推進
①ユニバーサルデザインの原則　②行動科学の原則　③障害特性の原則　④自己肯定感の原則　⑤感情コントロールの原則　⑥学級集団の原則

地域とともにある学校

①信頼される学校づくりの推進	②学びの場に適切な教育環境の充実	③教職員の資質と専門性の向上
・共感的な児童理解と丁寧な初動対応 ・幼保等、小、中の連携の強化 ・保護者、学校関係者評価の活用による教育活動の充実 ・各種通信、HPによる情報の発信 ・家庭、地域、関係機関との連携	・整理整頓、安全点検等による安全な環境の整備 ・花につつまれた潤いある環境づくり ・児童、教師の適正な言語環境整備 ・常に更新される掲示活動の充実 ・学校版環境ISOの推進	・「X県教職員像」の理解と自己研鑽 ・校内研修等で、職員の学び合いによる授業力、実践的指導力の向上 ・教職員自身の人権感覚の醸成と人権教育・啓発の推進 ・学校での不祥事防止の取組推進

◇コミュニティスクール及びカリキュラムマネジメントの推進
・地域教材や人材の積極的な活用、学校運営協議会及び保護者、地域ボランティア等の協力による教育活動の推進
・育てたい力の明確化とPDCAの確立によるカリキュラムマネジメントの推進

資料1：実在するX県Y市立Z小学校の学校教育目標を記載した学校経営方針である。Z小学校長より許可を受けたうえで掲載している。
　　　　法規・県教委・教育事務所・市教委等の複数の規定事項を盛り込んだうえで経営計画が設定されていることがわかる。学校教育目標そのものは「夢の実現に向けて、確かな学力、豊かな心、健康・体力を身につけた児童・生徒の育成」といったようにシンプルであるが、具体的な下位項目を設定していく中で、最終的に総花的なものになってしまったことがうかがえる。校長によれば、特に上部の校訓3つと、校長が重要視したいと考えている中段下の「共感力」・「考動力」・「やりぬく力」との整合性に苦心したとのことである。

2 全体計画や年間指導計画

（1）全体計画

　国語や算数・数学等、様々な教科が存在するが、他にも学習指導要領上において道徳・特別活動・総合的な学習の時間・自立活動等の領域が設定されている。また、学習指導要領そのものが存在するわけではないが、人権教育や食育、キャリア教育といった教育活動も学校では実施することが通常である。学校において作成する**全体計画**を一覧にしたものが資料2であるが、実に多岐にわたっていることが理解できよう。この全体計画は、当然、学校の教育目標を反映したものでなければならない。

（2）年間指導計画

　教材（資料3を参照）における有機的な連関を持つ"まとまり"を単元というが、1年間に実施される全ての単元を集成し、構造的に配列したものが**年間指導計画**である。**年間指導計画**は、児童生徒の発達段階を踏まえ、育てたい資質・能力を見据えた系統的な計画となっている必要がある。**年間指導計画**という表現は、例えば「小学校5年3組の全領域に関する計画」・「中学校2年生の英語科の計画」・「高等学校3年間を通しての数学科の計画」等のように、実に様々な水準で用いられる。これらを集積したものが先述の全体計画であり、**年間指導計画**はその部分計画と捉えることができる[5]。したがって、学校の教育目標のみならず、**全体計画**に示されている指導の目標やねらいも考慮した上で作成されなければならない。加えて現実的な問題として、計画の策定段階では、標準の総授業時数が確保されているか注意深く確認しておくべきである。

　なお、単に指導計画といった場合には、**年間指導計画**等の長期的な指導計画から、月ごと・週ごと、**単位時間**ごと、あるいは単元・題材・主題ごとの指導案に至るまで各種のものが該当する[6]。

3 計画の作成について

　計画の策定に際して、特に全体的な事項については、すべての教職員の参加・協力の下に計画が策定されることが望ましい。ただし現実的には、学校の教育目標は管理職が、それを受けての**年間指導計画**は、校務分掌上の各部や各委員会でベースの計画案を設定するというのが通例であろう。例えば、教育課程検討委員会、いじめ防止対策委員会、保健主事を中心とした学校保健委員会、食育推進委員会等、名称は学校によって様々であるが設置されているのが一般的である。

　教科の指導を担当する教員を目指す者は、養成段階において学習指導要領を読み込み、担当する教科の**年間指導計画**を立てられるくらいには学んでおいて欲しい。

（5）奈須正裕（2010）「学校における教育課程の実際」加藤幸次［編］『教育課程編成論』玉川大学出版部、pp.130-131.

（6）文部科学省『中学校学習指導要領（平成29年告示）解説　総則編』第3章 p.69.

資料2

根拠	作成義務	学習指導関係	生徒指導関係	学校運営関係
法令	必須	各教科の全体計画	個別の教育支援計画	学校保健計画
		道徳教育の全体計画	学校いじめ防止基本方針	消防計画
		総合的な学習の時間の全体計画		学校安全計画
		特別活動の全体計画		学校評価関連
		食に関する指導の全体計画		学校運営方針
答申・通知等	任意	学校図書館全体計画	進路指導方針	校内研修計画
		人権教育全体計画	不登校児童生徒の支援全体計画	食物アレルギー対応計画
		キャリア教育の全体計画	部活動指導全体計画	保健室経営計画

URL：http://www.mext.go.jp/b_menu/shingi/chukyo/chukyo3/079/siryo/__icsFiles/afieldfile/2017/11/08/1397673_23.pdf
#search=%27%E5%85%A8%E4%BD%93%E8%A8%88%E7%94%BB+%E5%AD%A6%E6%A0%A1%27

資料2：学校における働き方改革特別部会（2017年10月20日）での配布資料を元に筆者作成。必須のものだけでも相当な数の計画を作成する必要があることがわかるであろう。

資料3

	4月	5月	6月	7月	8月	9月	10月	11月	12月	1月	2月	3月
国　語				▼人権作文の作成							▼平和について	
社　会					江戸時代▼	明治維新▼		15年にわたる戦争▼	暮らしと憲法▼ / 日本とつながりの深い国々▼			
算　数	～通年：数を用いた論理的な思考力を養う											
理　科	▼動物のからだ / ▼環境と生活							▼からだのつくりとはたらき		▼自然の環境		
家　庭									▼高齢者・障害者と家族			
図画工作				▼人権ポスターの作成								
音　楽							▼世界の音楽に親しむ					
保健体育	▼健康な生活と病気の予防			▼変化する心と体				▼感染症について				
道　徳	▼人権感覚とは / ▼礼儀	▼公徳心	▼生命尊重 / ▼思いやり・親切			▼尊敬・感謝 / ▼公正・公平					▼障害者・高齢者の理解	
特別活動	※テーマ：「ふれあいを通して学ぶ」											
学級活動	▼最上級生になって / ▼なかまづくり			▼障害理解のアンケート・話し合い			▼障害者の方との交流					
児童会会動					▼特別支援学校との交流②							
クラブ活動	～通年：クラブの活動による異学年間の交流を促進する											
学校行事								▼文化祭（人権作文発表・ポスター展示、ユニセフ学習）				
総合的な学習の時間				▼特別支援学校との交流①			▼高齢者施設の訪問					
家庭・地域との連携					▼人権作文コンクールへの応募		▼人権週間					

URL:http://202.232.190.211/b_menu/shingi/chousa/shotou/024/report/attach/1370733.htm

資料3：文部科学省「1．学校としての組織的な取組と関係機関等との連携等」『別冊　人権教育の指導方法等の在り方について［第三次とりまとめ］　実践編』より引用。他教科との結びつきが意識されていることがうかがえる。

（波多江俊介）

教育課程に関する法令

本節のポイント

教育課程は各学校において編成・実施されるものであるが、公教育の観点等から、教育基本法・学校教育法をはじめとした各種の法令、学習指導要領、さらに教育委員会の規則等に従う必要がある。本節では、教育課程に関する法令とその体系について概説する。

1. 学校教育における教育課程

教育課程とは、「学校教育の目的や目標を達成するために、教育の内容を児童の心身の発達に応じ、授業時数との関連において総合的に組織した各学校の教育計画」[1]であり、その編成・実施は各学校において行われる。

法律に定める学校は「公の性質を有するもの」（教育基本法第6条第1項）であるため、教育の機会均等や教育水準の確保等の観点から、国としての一定の基準のもとに統一性を保つことが要請される。よって、各学校は、教育の目的や目標の設定及び教育課程の編成等を、各種の法令に基づいて行う必要がある。

2. 教育課程に関する各種の法令

日本国憲法第26条で保障された国民の教育を受ける権利は、**教育基本法**、**学校教育法**、さらに**学校教育法施行規則**等の法令によって段階的にその内容が定められている。教育課程に関する事項についても、資料1の図に示したように、それらの法令によって種々の規定がなされている。（資料2に主要な関係条文の一部をあげている。）ここでは、小学校を例にして、教育課程に関する各種の法令等と、その体系について概説する。

（1）教育基本法

日本国憲法の精神にのっとり、教育の基本について定めた法律である教育基本法は、第1条で教育の目的、第2条で教育の目標、並びに第5条2項で義務教育の目的を規定している。また、第3条では生涯教育の理念、第4条では教育の機会均等について規定し、第6条で、法律に定める学校が「公の性質を有するもの」（第1項）であり、学校においては教育目標の達成のために「体系的な教育が組織的に行われなければならない」（第2項）と規定している。

（1）文部科学省『小学校学習指導要領（平成29年告示）解説 総則編』p.11.

資料1　教育課程に関する法体系の概要

日本国憲法　第26条

教育基本法

第1条（教育の目的）　　第2条（教育の目標）
第3条（生涯学習の理念）　　第4条（教育の機会均等）　　第5条（義務教育）
第6条（学校教育）等

学校教育法

第21条（義務教育の目標）

小学校	中学校	高等学校
第29条（教育の目的） 第30条（教育の目標） 第33条（教育課程）	第45条（教育の目的） 第46条（教育の目標） 第48条（教育課程）	第50条（教育の目的） 第51条（教育の目標） 第52条（学科・教育課程）

学校教育法施行規則

小学校	中学校	高等学校
第50条（教育課程の編成） 第51条（授業時数） 第52条（教育課程の基準）	第72条（教育課程の編成） 第73条（授業時数） 第74条（教育課程の基準）	第83条（教育課程の編成） 第84条（教育課程の基準）

文部科学大臣告示

小学校学習指導要領	中学校学習指導要領	高等学校学習指導要領

（『教育法規便覧2019年版』学陽書房等を参考に筆者が作成）

なお、上記の学校のほか**学校教育法**第1条に定める学校のうち、**幼稚園、義務教育学校、中等教育学校及び特別支援学校**については、同様の法体系により、教育課程の基準等が、**学校教育法施行規則**で、それぞれ次のように規定されている。

幼稚園：「文部科学大臣が別に公示する幼稚園教育要領によるものとする」（第38条）
義務教育学校：前期課程については小学校学習指導要領の規定等、後期課程については中学校学習指導要領の規定等を準用する（第79条の6）
中等教育学校：前期課程については中学校学習指導要領の規定等、後期課程については高等学校学習指導要領の規定等を準用する（第108条）
特別支援学校：「文部科学大臣が別に公示する特別支援学校幼稚部教育要領、特別支援学校小学部・中学部学習指導要領及び特別支援学校高等部学習指導要領によるものとする」（第129条）

（2）学校教育法

　教育基本法の規定を踏まえ、学校教育に関する基本的事項を学校種ごとに定めた法律が学校教育法である。第21条では、義務教育の目標を10号にわたって規定し、それらを前提として第29条で小学校の教育の目的を、さらに第30条で教育の目標を規定している。そして第33条において、文部科学大臣が「小学校の教育課程に関する事項」を定めることとしている。

（3）学校教育法施行規則

　教育基本法、学校教育法等の法律に基づいて、文部科学大臣は省令として学校教育法施行規則を制定し、教育課程に関する諸規定を定めている。

　第50条第1項では、小学校の教育課程を「国語、社会、算数、理科、生活、音楽、図画工作、家庭及び体育の各教科」[2]、「特別の教科である道徳」「外国語活動」「総合的な学習の時間」「特別活動」によって編成するものと規定している[3]。第51条の別表第1には、それらの各学年における年間の標準授業時数並びに各学年における年間の標準総授業時数等が定められている。

　そして、第52条では、小学校の教育課程については「教育課程の基準」として文部科学大臣が別に公示する小学校学習指導要領によらねばならないことを規定し、文部科学大臣は学習指導要領を告示という形式で定めている。

　学習指導要領（平成29年告示）には「前文」が新設され、教育基本法第1条に定める教育の目的のもと、同法第2条に掲げる目標を達成するよう教育が行われなければならないこと等が記された[4]。教育課程に関する法令について十分に理解したうえで教育課程を編成・実施していくことの必要性がさらに明確化されたといえるだろう。

3　教育課程行政のしくみ

　国が定める教育課程に関する法令等とともに、公立学校においては、各学校を所管する教育委員会が定める規則等に従う必要がある[5]。地方公共団体の教育行政の基本的事項を定めた**地方教育行政の組織及び運営に関する法律**には、教育委員会の設置及び組織、職務権限等についての規定がある。第21条第5号中には、学校の教育課程に関する事務を管理・執行する教育委員会の職務権限が規定され、第33条第1項には、教育課程について、法令又は条例に違反しない限度において必要な教育委員会規則を定めることが規定されている。

　教育課程行政における国と地方との関係については、同法第48条等により「文部科学大臣は都道府県または市町村に対して、都道府県教育委員会は市町村教育委員会に対して、教育に関する事務の適正な処理を図るために、必要な指導、助言、援助を行うことができる」[6]とされている。

　各学校は、上記の法令及び学習指導要領、教育委員会規則等を踏まえ、各学

（2）2020年度から、第3・4学年に「外国語活動」が新設され、第5・6学年の「外国語活動」は「外国語」となり教科として新設されることとなった。よって、第1項中の「及び体育の各教科」は「、体育及び外国語の各教科」となる。

（3）中学校については、第72条で「各教科」「特別の教科である道徳」「総合的な学習の時間」「特別活動」によって、高等学校については、第83条で「各教科に属する科目」「総合的な学習の時間」「特別活動」によって教育課程を編成するものとしている。なお、2022年度から、高等学校における「総合的な学習の時間」は、「総合的な探究の時間」となる。

（4）文部科学省『小学校学習指導要領（平成29年告示）解説 総則編』pp.6-7を参照。

（5）窪田眞二・小川友次（2019）『教育法規便覧2019年版』学陽書房、pp.132-133を参照。

（6）佐々木幸寿（2018）「教育課程行政」山田雅彦編著『教育課程論 第二版』学文社、p.38.

校の教育目標達成のために、児童・生徒の発達の段階や特性及び地域や学校の実態を考慮し、家庭や地域社会と連携・協働しつつ創意工夫を重ねて、教育課程を編成・実施しなければならないのである。

資料2 **教育課程に関する主な法令（一部抜粋）**

日本国憲法

第26条
第1項 すべて国民は、法律の定めるところにより、その能力に応じて、ひとしく教育を受ける権利を有する。
第2項 すべて国民は、法律の定めるところにより、その保護する子女に普通教育を受けさせる義務を負ふ。義務教育は、これを無償とする。

教育基本法

第1条 教育は、人格の完成を目指し、平和で民主的な国家及び社会の形成者として必要な資質を備えた心身ともに健康な国民の育成を期して行われなければならない。
第2条 教育は、その目的を実現するため、学問の自由を尊重しつつ、次に掲げる目標を達成するよう行われるものとする。
　一　幅広い知識と教養を身に付け、真理を求める態度を養い、豊かな情操と道徳心を培うとともに、健やかな身体を養うこと。二　個人の価値を尊重して、その能力を伸ばし、創造性を培い、自主及び自律の精神を養うとともに、職業及び生活との関連を重視し、勤労を重んずる態度を養うこと。（第三～第五号略）
第5条
第1項 国民は、その保護する子に、別に法律で定めるところにより、普通教育を受けさせる義務を負う。
第2項 義務教育として行われる普通教育は、各個人の有する能力を伸ばしつつ社会において自立的に生きる基礎を培い、また、国家及び社会の形成者として必要とされる基本的な資質を養うことを目的として行われるものとする。（第3・第4項略）

学校教育法

第21条 義務教育として行われる普通教育は、教育基本法第5条第2項に規定する目的を実現するため、次に掲げる目標を達成するよう行われるものとする。
　一　学校内外における社会的活動を促進し、自主、自律及び協同の精神、規範意識、公正な判断力並びに公共の精神に基づき主体的に社会の形成に参画し、その発展に寄与する態度を養うこと。二　学校内外における自然体験活動を促進し、生命及び自然を尊重する精神並びに環境の保全に寄与する態度を養うこと。（第三～第十号略）
第29条 小学校は、心身の発達に応じて、義務教育として行われる普通教育のうち基礎的なものを施すことを目的とする。
第30条
第1項 小学校における教育は、前条に規定する目的を実現するために必要な程度において第21条各号に掲げる目標を達成するよう行われるものとする。（第2項略）
第33条 小学校の教育課程に関する事項は、第29条及び第30条の規定に従い、文部科学大臣が定める。

学校教育法施行規則

第52条 小学校の教育課程については、この節に定めるもののほか、教育課程の基準として文部科学大臣が別に公示する小学校学習指導要領によるものとする。

地方教育行政の組織及び運営に関する法律

第33条
第1項 教育委員会は、法令又は条例に違反しない限度において、その所管に属する学校その他の教育機関の施設、設備、組織編制、教育課程、教材の取扱その他学校その他の教育機関の管理運営の基本的事項について、必要な教育委員会規則を定めるものとする。（後略・第2項略）

（岩本晃代）

I
5 教育課程の基準としての学習指導要領

本節のポイント

・学習指導要領が国家的基準として学校での教育課程の編成にどう作用するのかが問題とされてきた。
・学習指導要領は、教育の機会均等や教育水準の維持・向上を図るなかで、学習すべき事項の最低基準として示されている。
・学習指導要領が国家的役割として果たす積極的意義について検討が求められている。

1 学習指導要領の法的性格をめぐる論点

各学校で教育課程を編成する際、学習指導要領が国家的基準としてどのように作用するのかという問題が今日まで議論されてきた[1]。「国民形成の設計書」とも呼ばれる学習指導要領の改訂は、「どのように青少年を育成して、どんな国民に仕立てるのか」という国家の存亡に関わる重大問題と評する立場もある[2]。そのため、教育課程の編成は、平和と民主主義、人々の思想や自由とも深くかかわる、歴史的かつ政治的な問題として長らく議論されてきた[3]。

表1に整理されるように、当初の学習指導要領は**試案**として示され、公教育に対して限定的に作用することが想定されていたと考えられる。しかし、1955（昭和30）年10月26日に文部省（当時）が通達「学習指導要領の基準性等に関する文部省見解」のなかで「指導要領によらない教育課程を編成することは違法である」との行政解釈を示したことでその法的性格が変容した。以降、学習指導要領の**法的拘束力**の有無をめぐっては**表2**のように様々な学説が立てられた。

2 学習指導要領の基準性

上述のように国民形成の手段とも揶揄される学習指導要領は、学校教育の在り方を統制する一方で、教育の機会均等や教育水準の維持・向上を図ることをその目的とするものでもある。そのため、時代の変遷と共にその基準性についても、教育内容の分量や水準が改訂されてきた。

特に、1977（昭和52）年の改訂ではその内容が精選され、各学校における創意工夫を促す基準の大綱化・弾力化が図られている。また1998（平成10）年の改定時には、学習指導要領に記載されている内容は学習すべき事項の最低基準であることを示すような記述が存在したが、教科書検定において上限規定として扱われたことで、学校では学習指導要領に明記されていない発展的な内容に取り組みにくい状況が生まれたことがあった[4]。この点、2003（平成15）年

（1）学校教育法施行規則（省令）では、「各教科」や「授業時数」等が教育課程の基準として規定されているが、学習指導要領では、さらに具体的な事柄が記されている。

（2）水原克敏・高田文子・遠藤宏美・八木美保子（2018）『新訂 学習指導要領は国民形成の設計書』東北大学出版会、pp. i-iii.

（3）高津芳則（2015）「第10章 教育課程行政と教科書」勝野正章・藤本典裕編『教育行政学 改訂新版』学文社、p.135.

（4）清水良彦（2018）「新学習指導要領のポイント」『新訂版 教育法規エッセンス』花書院、p.67.

の部分改定時には、学習指導要領に示されていない事項であっても、それを加えて指導できることが明確化され、再び最低基準としての位置づけが示された。さらに、この時に、「(…の) 事項は扱わないものとする」等と定めた、いわゆる「**はどめ規定**」の記述も見直され、取り除かれている。

3 学習指導要領の法的性格と基準性をめぐる現状

　1960年代に展開された学力テストをめぐる裁判では、教育権の所在をめぐる議論が大いになされている。1961 (昭和36) 年、文部省 (当時) によって中学2、3年を対象に全国悉皆での学力テストが実施されると、日教組を中心に全国的な反対運動が起こり、国を相手取った裁判が全国各地で行なわれた。

　この議論における裁判例としての位置を占める**最高裁旭川学テ判決** (1976 (昭和51) 年5月21日) では、学習指導要領は「必要かつ合理的な基準」として大綱的基準の範囲内にあるものと判断された。しかし、この判断は「基準の設定として是認」するものでしかなく、学説では「大綱的基準説のせん称 (身分を超えた称号を勝手に名乗ること)」と評されることもあるようにさまざまな解釈の余地があり、判例解釈をめぐる議論がある。つまり、問題は解決されていないと考えられている[5]。

　今後も「教育課程の基準」としての学習指導要領について考える際は、それがひとつの学校における教科・教科外にわたる教育活動の全体計画 (教育課程) を編成する際の基準であるのか、教科教育の内容そのものを決定する上での基準であるのかを区別する必要がある[6]。そのなかで「**指導助言**」行政の手段としての学習指導要領が国家的役割としてどのような積極的意義を有するかについて、これまでの経緯を踏まえつつ事例に即した議論がなされなければならない。

(5) 高津芳則 (2015)「第10章 教育課程行政と教科書」勝野正章・藤本典裕編『教育行政学 改訂新版』学文社、p.140.

(6) 植田健男 (2014)「学習指導要領と教育課程編成権」日本教育法学会編『教育法の現代的争点』法律文化社、p.171.

参考文献
・有倉遼吉 (1970)「教育の国家規準」教育法規研究会編『学習指導要領の法的批判』勁草書房、pp.2-11.
・兼子仁 (1978)『教育法 [新版]』有斐閣.
・兼子仁・磯崎辰五郎 (1963)『教育法・衛生法』有斐閣.
・川口彰義 (1993)「学習指導要領」日本教育法学会編『教育法学辞典』学陽書房、pp.22-25.
・村元宏行 (2009)「Q26学習指導要領の法的拘束力」姉崎洋一他『ガイドブック教育法』三省堂、pp.186-187.
・室井力 (1978)「学習指導要領の法的性質」『季刊教育法』第6号、pp.4-17.

表1　学習指導要領 (初期) の法的性格に関する行政解釈の変遷

年	性格	備考
昭和22 (1947) 昭和26 (1951)	**教師にとっての指導助言文書=手引書・参考書**として、「どのような教科を課すか」ということに限定された試案としての基準	最初の学習指導要領であり、「学習指導要領一般編 (試案)」と呼ばれる。
昭和30 (1955)	教育水準の維持、公教育の最低限度の保障を目的とした、**一定の幅をはずれてはならない**という意味での国家的基準	高校編、以降「(試案)」削除。小中学校編も順次削除。
昭和33 (1958)	**法的拘束力をもつ**ものであり、従わない場合の懲戒処分事由になりうるものとしての基準	『官報』に告示されるようになる。以降、学習指導要領の**法的拘束力**をどのように認めるかが問題となる。

表2　学習指導要領の基準性に関する学説

大綱的基準説	教育行政の教育内容不介入説	外的条件説	学校制度的基準説
教育課程に関する国の立法事項は、教科や授業時数など「ごく大綱的な基準」に限られ、**全体としては法的拘束力をもちえない**とする解釈 (兼子ら1963)	大綱たると細目たるとを問わず、教育内容・方法 (教育の内的事項) に関するかぎり、国家は**指導助言の効力しかちえない**とする解釈 (有倉1970)	「大綱的基準」説において前提とされていた学校教育法 (当時) 第20条等による文部大臣への教育課程に関する一定限度の行政立法権の授権という解釈そのものを否認する解釈 (室井 1978)	一般的な教育の目的や各学校段階での教育の目的、その他必修科目名、授業時数または卒業に必要な総単位数など「**教育内容を直接決定しない科目等**」の範囲内において法的拘束力を認める解釈 (兼子 1978)

(木村栞太)

6 教育課程の編成主体

本節のポイント

・教育課程を編成するのは「だれ」なのかについて考える。
・教育委員会、校長、教育課程をめぐる権限関係について考える。

1 教育課程を編成するのはだれか

　小学校、中学校の学習指導要領（平成29年告示）及び高等学校の学習指導要領（平成30年告示）には「教育課程の編成に当たっては、学校教育全体や各教科等における指導を通して育成を目指す資質・能力を踏まえつつ、<u>各学校</u>の<u>教育目標</u>を明確にするとともに、教育課程の編成についての<u>基本的な方針が家庭や地域とも共有されるよう努めるものとする</u>」[1]と明示されている。この編成主体について、『小学校学習指導要領（平成29年告示）解説　総則編』では、資料1のとおり学校の主体性を発揮することが強調されている。過去の学習指導要領をみても、資料2のとおり、1977（昭和52）年改訂までは「<u>学校においては</u>」とされていたのに対し、1989（平成元）年以降の改訂では「<u>各学校においては</u>」と表記されており、教育課程編成の主体は、組織体としての「各学校にある」[2]ことが強調された。

　ここで各学校とは校長とイコールではなく、「校長を中心に、校長のリードのもとに全教師の協力のもとに教育課程の編成が行われなければならない」[3]とされる。近年、教職員の協働を通じて、個々の教職員が、それぞれの得意分野を生かして学校経営に参画し、組織的に行動することが求められる状況にある。すべての教職員は、それぞれの学校教育目的・目標を達成するための計画を立案・実施・改善していく過程に直接的に携わるべきで、学校事務職員も教育課程編成の主体であることが提起された[4]。「社会に開かれた教育課程」といわれるようになる以前より、子どもの教育に責任のあるすべての人たち（機関）、具体的には、国や地方公共団体の機関、親、地域社会の人々も教育課程に携わるべき[5]という意見もみられ、編成主体が誰かについては論争的イシューである。

2 教育委員会、校長、教育課程をめぐる権限関係

　法規定上は、文部科学省、教育委員会、学校の校長それぞれの権限あるいは役割について、資料3、4のように、教育課程に対し、文部科学大臣は教育課

（1）文部科学省『小学校学習指導要領（平成29年告示）』第1章総則 pp.18-19、『中学校学習指導要領（平成29年告示）』第1章総則 pp.20-21、『高等学校学習指導要領（平成30年告示）』第1章総則 p.5.

（2）根本正雄（1990）「教育課程編成の主体は各学校にある」『現代教育科学』第33巻1号、p.82.

（3）羽豆成二（1996）「教育課程は校長を中心に全教師で編成する」『現代教育科学』第39巻8号、p.82.

（4）高瀬淳（2011）「教育課程編成の主体としての事務職員－学校予算の作成が一つの出発点」『学校事務』第62巻7号、p.6.

（5）平野朝久（1996）「教育課程編成の主体者としての子ども」『現代教育科学』第39巻8号、p.77.

（6）田中耕治、水原克敏、三石初雄、西岡加名恵（2011）『新しい時代の教育課程 第3版』有斐閣アルマ pp.172-173.

程を定め、教育委員会は教育課程を管理・執行し、学校の校長は教育課程を編成するとされている。教育課程の編成権を誰が握るのかは、政治的な論争点であると指摘される[6]。特に、編成権は学校の校長と教職員のいずれにあるかなどについて議論されてきた[7]。同時に、教育委員会の所掌事務には「教育課程の管理」「教科書その他の教材の取扱いに関する事務の管理、執行」（資料４）が挙げられるため、教育委員会は教育課程の編成主体であるという主張も存在する[8]。また、教育課程編成に関する学校の裁量権を拡大するにあたって、校長が人事や予算に関する裁量の拡大を求める声は極めて強いと指摘される[9]。校長自身、「比較的自由な教育課程の中身を支える経営的条件に乏しいと感じている」[10]実態があり、編成権の保障と確保のための条件整備は今後の課題である。

（７）（８）篠原清昭（2008）『学校のための法学―自律的・協働的な学校をめざして（法学シリーズ 職場最前線）第２版』ミネルヴァ書房 p.118.

（９）西川信廣（2017）「教育課程編成の学校裁量権拡大の意義と課題：義務教育学校、小中一貫型小・中学校の制度化の意味」『京都産業大学教職研究紀要』第12巻、p.19.

（10）河野和清（2004）「地方分権化における自律的学校経営の構築に関する総合的研究」多賀出版 pp.172-173.

資料１ 『小学校学習指導要領（平成29年告示）解説総則編』で明記された「教育課程の編成主体」についての解説

○各学校において「創意工夫を生かした特色ある教育活動を展開する」ことが示されており、教育課程編成における学校の主体性を発揮する必要性が強調されている。p.17
○各学校の教育課程は、これらの学校の運営組織を生かし、各教職員がそれぞれの分担に応じて十分研究を重ねるとともに教育課程全体のバランスに配慮しながら、創意工夫を加えて編成すること大切である。p.17（※下線；引用者）

資料２ 学習指導要領改訂による教育課程の編成主体の変遷

1977年（昭和52）年改訂
　学校においては、法令及びこの章以下に示すところに従い、（中略）適切な教育課程を編成するものとする。
1989年（平成元）年改訂
　各学校においては、法令及びこの章以下に示すところに従い、（中略）適切な教育課程を編成するもととする。
1998年（平成10）年改訂
　各学校においては、法令及びこの章以下に示すところに従い、（中略）適切な教育課程を編成するものとする。
2008年（平成20）年改訂
　各学校においては、教育基本法及び学校教育法その他の法令並びにこの章以下に示すところに従い、（中略）適切な教育課程を編成するものとし、これらに掲げる目標を達成するよう教育を行うものとする。　　　（※下線；引用者）

資料３

○「学校教育法」（昭和22年３月31日法律第26号）　　　　　　　　　　（※下線；引用者）
・第33条により、小学校の教育課程に関する事項は、第29条及び第30条の規定に従い、文部科学大臣が定める。

資料４ 基本事項、教育課程をめぐる教育委員会と校長の職務（筆者整理）

	教育委員会の職務	校長の職務
基本事項	・学校の設置、管理及び廃止に関する事務の管理及び執行（地教行法21条） ・学校管理規則の制定（地教行法33条）	・校長は、校務をつかさどり、所属職員を監督する（学校教育法37第４項）
教育課程	・教育課程の管理（地教行法21条） ・教科書その他の教材の取扱いに関する事務の管理、執行（地教行法21条） ・学期及び休業日の設定（学教法施行令29条）	・教育課程の編成、年間指導計画の策定など、教育委員会への届出（学習指導要領総則等） ・学習帳など補助教材の選定、教育委員会への届出、または教育委員会の承認（地教行法33条、学校管理規則等）

（殷爽）

I 7 教育課程の実施主体
―校長・教務主任(主幹教諭)―

本節のポイント

- 教育課程編成を推進する校長のリーダーシップの重要性
- 校長の定める教育課程編成方針に対応する各教科・領域の全体計画の作成と具現化
- 教務主任(主幹教諭)の管理業務としての教育課程の内容管理と進行管理
- 教務主任は教育課程編成の「主担当」ではなく「調整役」であるという位置づけ

1 教育課程編成と校長のリーダーシップ

(1) 教育活動の質と教育課程編成

　学校の教育活動の質の向上を図る取組は、教育課程に基づき組織的かつ計画的に行われる必要がある。学校は各学校種の学習指導要領において、「校長の方針の下に、校務分掌に基づき教職員が適切に役割を分担しつつ、相互に連携しながら、各学校の特色を生かしたカリキュラム・マネジメントを行う」[1]ことが必要であるとされている。校長を中心に作成される**教育課程編成方針**について、まずは概要を説明したい。

　教育課程編成方針を定める際に、まず児童生徒の「育成すべき資質・能力」を定め、それらを「教育課程」又は「カリキュラム・マネジメント」の側面から検討を行う。それらを指導するのは校長であり管理職層となる。校長だけで教育課程編成方針を立てていくわけではなく、管理職層(副校長・教頭)－各教科・領域部会等の評価活動、それらを調整・集約する役割を担うのが「教務主任」となる。最終的には、校長が各種会議の議論を踏まえて「**教育課程編成方針**」を作成する。

（1）小学校学習指導要領総則編・解説「4　カリキュラム・マネジメントの充実（第1章第1の4）」を参照。中学校学習指導要領総則編・解説及び高等学校学習指導要領総則編・解説にも同様の表記がなされている。

（2）中央教育審議会初等中等教育分科会第100回：資料1「4．学習指導要領等の理念を実現するために必要な方策（1）「カリキュラム・マネジメント」の重要性」
http://www.mext.go.jp/b_menu/shingi/chukyo/chukyo3/siryo/attach/1364319.htm
（Date:2019/07/08）

表1　教育課程編成方針で示される資質・能力とカリキュラム・マネジメント

育成すべき 三つの資質・能力	カリキュラム・マネジメントの三つの側面[2]
①知識及び技能の習得 ②思考力・判断力・表現力等 ③学びに向かう力人間性等	①教育内容の組織的配列：教育の目的や目標の実現に必要な教育の内容等を教科等横断的な視点で組み立てていく ②PDCAサイクルの確立：教育課程の実施状況を評価してその改善を図っていく ③教育資源の有効活用：教育課程の実施に必要な人的又は物的な体制を確保するとともにその改善を図っていく

（2）学校教育目標と教育課程編成方針

　表1で述べた教育課程編成方針は、各学校が定めている「学校教育目標」や「学校経営方針」といわれる学校組織全体の目標・方針に関連付けて定められる。学校は年度ごとに学校教育目標（学校経営方針）を定め、①目指す学校像、②育むべき児童像・生徒像、③求められる教員像等を作成している。これらに基づいて教育活動計画が決定されるが、その際に教育活動を「教育課程」と編成していくための理念・概念を示したものが「教育課程編成方針」である[3]。

　より詳述すれば、学校教育目標（学校経営方針）で、年度毎の「重点課題」や「特色ある教育課題」、数年間を見越した中長期的な教育目標が定められる。教育課程編成方針の作成の順序は、①育成すべき「資質・能力」、②教育目標実現に向けた教育内容の選択・精選（対応する組織化・授業時数・単元配列）、③「開かれた教育課程」への対応（家庭や地域と共有・連携）、④学校の教育目標と各教科・領域の目標の関連付け・再整理（探求課題の位置づけ）で説明することができる[4]。

　「学校教育目標（学校経営方針）」と「教育課程編成方針」は、必ず関連付いたものとして設定されているため、それぞれを単独に定めている学校もあれば、同一文書内で示している場合もある。都道府県・市町村教育委員会の指導にもよるが、教育委員会内で統一的に定めていることもあるので、教員として採用された場合、学校教育目標や教育課程編成方針の作成・形態などについても事前に調べておきたい。

（3）文部科学省（2017）「教育課程の編成」、『小学校学習指導要領総則解説』第3章第2節、pp.46-47.

（4）同上、pp.46-47.

2　教務主任の役割：教育課程の組織化を担う

（1）教育課程編成方針の具体化

　教務主任の業務について、それらを規定する法規は「学校教育法施行規則第22条」に関する文部省・文部事務次官通達（1976）「学校教育法施行規則の一部を改正する省令の施行について（文初地第一三六号）」の施行通達「留意事項（2）イ」で示されている[5]。

（5）学校教育法施行規則に関する告知・通達（1976）http://www.mext.go.jp/b_menu/hakusho/nc/t19760113001/t19760113001.html（Date: 2019/07/08）

> 　校長の監督を受け、当該学校の教育計画の立案・実施・時間割の総合的調整、教科書・教材の取扱い等教務に関する事項について教職員間の連絡調整に当たるとともに、関係教職員に対する指導、助言に当たるものであること。

　主要業務は大きく、①教育計画の立案・実施・時間割の総合的調整、②教科書・教材の取り扱い等教務に関する事項、③教職員間の連絡調整、④関係教職員に対する指導・助言ということになる。ただし、教務主任の業務は、①〜④だけではなく、かなり広範囲に渡る業務内容となっている、これらをまず整理した上で、具体的な教務主任の業務について述べていく。

（2）教務主任の業務

　多様な教務主任の業務について、これまでにも多くの先行研究でそれらが分析されている。その中でいくつかの調査研究で示されている業務分類に関する項目を以下に（表2）示した。

　先述の通り、「教育計画」に関する教務主任の業務として示された①〜④以外にも、教務主任の業務が幅広いことがわかる。特に、教育課程編成に関しては、立案・計画・調整の各段階において対内外における人的・物的・在的な管理業務が発生し、それらを担っているのが教務主任ということになる。いわゆる「教育課程」に関する「事務作業（教育課程事務）」が年間を通じて求められ、多様な関連業務が存在することを看取できる。教務主任は「教育課程編成」の最終的な調整役であるかもしれないが、それを担うためには様々な業務を同時並行的にこなす高度な業務遂行能力が求められている。

表2　教務主任の業務に関する調査研究[6]

明石・竹内（1988）	小島（2003）	奥山・廣瀬（2018）
週案・行事予定表作成／通知表原案作成	教育計画（教育目標・原案作成）／教育課程（授業時数・日課表等）／教科用図書教材の使用／学校行事／各種評価／指導要録／出席簿管理／職員研修	a. 対人調整（他分掌、管理職等）
全校児童の出席状況把握／週案（教育記録）点検／危険箇所点検・修理／清掃の巡回指導		b. 計画調整（週行事・月行事・時間割作成、時数確保等）
学校通信の発行／通知文・案内状作成		c. 事務処理（成績処理、アンケート、印刷）
若い先生方の指導・助言／授業をチェック		
校内研究推進の中心役		
ドリル等の教材選定／校内研究の図書等の整備		
休んだ先生の補講／先生方の悩み相談相手／親睦を図る計画を立てる		

（3）教育計画の立案・実施と総合的調整

1）年度末の教育課程評価と次年度の教育課程編成方針の提案

　学校の教育計画の策定は、新設校や学校統廃合のような特別の事情を除けば、一般的に前年度の教育課程評価や教育課程課題の分析に基づいて作成される。教育課程評価活動については、前年度において育成すべき三つの資質・能力（①知識及び技能の習得、②思考力・判断力・表現力等、③学びに向かう力・人間性等）の評価結果の分析に基づいて検討される。通常、12月〜2・3月頃までに各学年・教科等の諸会議で検討され、次年度引継ぎ事項・年度計画（案）として作成される。年度明け、全教職員参加の協議会（職員会議又は教育課程編成会議等）で提案する役割を求められるのが教務主任である。

2）年度当初の教育計画と時間割の作成

　教務主任の年度当初の業務の中心は、「時間割」の提案である。前年度から引

（6）教務主任の職務に関する調査研究について、①明石要一・竹内雄一（1988）「教務主任の役割研究−教育活動の分析を通じて−」『千葉大学教育学部研究紀要』36（第1部）、②小島弘道（2003）「教務主任の専門性とリーダーシップ」『教務主任の職務とリーダーシップ』第5章、東洋館出版社、②奥山茂樹・廣瀬真琴（2018）「教務及び研修に携わるミドルリーダーの役割にみる学校組織改革の要点：カリキュラム・マネジメントを視野に」『鹿児島大学教育学部研究紀要・教育科学編』から項目を抽出している。

き継いだ教育課程編成方針があるか、その教育課程を実際に運用していくために、各学年・学級・教科・領域の目標と調整し、その上で具体的な「時間割」として設定しなければならない。この時間割設定は年間行事日程とも併せて、教職員だけでなく児童生徒や保護者にも「見える化」された教育課程として位置づく。

年度当初の人事異動への対応等、学校は様々な事務作業・手続きを含めて対応を求められるが、その中で教務主任が中心となって、始業式の僅かな期間までに時間割を調整し、始業式以降、教員が一週間の流れを確認して動いている。

（4）教育課程の目標管理と進行管理

教育課程を実際に運用していく上で、教務主任は各学年の教科・領域の単元内容を定期的（一般的には月毎）に管理していかなければならない。一般的に「目標管理」「進行管理」と呼ばれる業務である。

「目標管理」… 教育活動が学校教育目標（学校経営方針）のもとに進められているか。

「進行管理」… 教育活動が適切に実施されているか。また、それらを支える指導組織や教材・設備等の条件整備が効果的に進められているか。

各教科・領域の単元計画は年度当初に定められるが、学校教育目標やこれらが必ずしも予定通りに進行するわけではない。突発的なアクシデント（災害・法廷伝染病等の発生）が生じた場合、特定教科・領域の授業時数の不足が生じる。教務主任はアクシデントが生じた学年・学級に対応した緊急対応の教育課程を再編し、授業時数を過不足無く運用しなければならない。

当初の教育課程計画に反して実際の教育課程が実施されないことが生じた実態もある。高等学校世界史**未履修問題**（2006）が生じた過去の経緯があるにも関わらず[7]、東京都内・市立中学校[8]や兵庫県内の公立中学校・理科[9]でも未履修問題が発覚していることも事実である。このような事態を生じさせないためには、組織的な取り組みとして教務主任の教育課程管理が重要である一方で、全教員は自らが担当する教科や領域の進行管理に対して、着実に実施していく責任を有していることを忘れてはならない。

（5）教育課程編成「担当者」は「教務主任」ではなく「全教員」である

「教育課程」や「カリキュラム・マネジメント」という用語が使用されるようになっているが、誤解が生じているのは教育課程編成の主担当者は「全教員（職員）」であるということである。教育課程編成の主担当者＝教務主任という概念ではなく、「全教員（職員）」が常に教育活動（教育課程）を見直し（評価）、次年度の新たな教育課程を担う「主担当者」としての意識を持たなければならない。

（7）2006年、全国の高等学校で世界史・情報科・理科総合・家庭科・芸術・保健の科目で履修不足が判明した事件。大学受験に必要でない科目を履修させない高等学校が多数あることが判明し、高等学校学習指導要領の単位不足であることが発覚した問題。

（8）2016年、東京都東村山市内の公立中学校で保健体育の「保健分野」が「体育分野」として実施されていたことで発覚した事件。

（9）2018年、兵庫県内公立中学校（12中学校）の理科「地球の大気と天気の変化」について、未履修のまま「全国学力・学習状況調査」を受けて発覚した事件。

（大竹晋吾）

8 教育課程の実施
―教育課程を実施するという発想とその視点とは？―

本節のポイント

「教育課程の実施」とは、教育課程を基にそれが具現化されるよう教育活動を組織・展開することを指す。指導計画づくりでは、発達課題に即した教育内容の選択・配列、教科・領域を横断した教育活動の相互関連性を意識することが大切である。今後は、「主体的・対話的で深い学び」の実現に向けて単元のまとまりを意識した授業づくりに注力したい。これらの適切な実施に向けた進行管理も重要となる。

1 「教育課程の実施」とは

　「教育課程の実施」とは、計画された教育課程をもとに、それが具体化・現実化されるよう教育活動を組織・展開していくことを指す。すなわち、教育課程の実現に必要な**指導計画**を作成し、**授業**を実施し、**学習評価**等をもとにその改善を図っていくことを含む。教育課程の実施において、**単元・授業レベルでのPDCAサイクル**が繰り返されると言ってよい（資料１）。

　ただし、わが国では、「教育課程の編成・実施」との表現が多く見られるように、実施は常に編成と一体的に扱われてきた。そのため、「実施」だけを取り上げて論じられることは少なく、その具体像は未だ十分に明らかではない。

　他方、新学習指導要領では、総則編において「教育課程の編成」とは別に「教育課程の実施と学習評価」という項目が設けられた。教育課程の編成が**カリキュラム・マネジメント**の一環として行われることを踏まえ、その流れに沿って項目立てがなされたとされる[1]。そこで以下では、「教育課程の実施」を少しでも具体的に描くと同時に、大切にしたい視点を整理しておく。

　先述の通り、「教育課程の実施」は大別して種々の**指導計画づくり**と**授業実践**からなる。指導計画とは、各教科・領域のそれぞれについて、学年・学級ごとに、指導の目標・内容・順序・方法、使用教材、時間配当等を定めた具体的計画をいう（種類と内容は資料２参照）。作成の際は次の視点を大切にしたい。

　第一に、子どもの発達や学習課題に即して、**教育の目標と内容を意図的・計画的に選択・配列**することである。子どもたちが何を学び終え、いかなる興味・関心や学習課題を持ち、今後どの方向にどれだけ力を伸ばしていくべきか。こうしたことに考慮して、選択した内容を順次的に配置していく必要がある。

　第二に、全ての教育活動を通じて、児童・生徒に求められる資質・能力が統一的に育まれるよう、指導内容を組織することである。すなわち、各教科、道徳科、総合的な学習の時間、特別活動など、**教科・領域を横断**して教育活動が

(1) 文部科学省（2018）『小学校学習指導要領（平成29年告示）解説　総則編』p.12.

I-8 教育課程の実施 —教育課程を実施するという発想とその視点とは?—

資料1 「教育課程の実施」と単元・授業などのPDCA

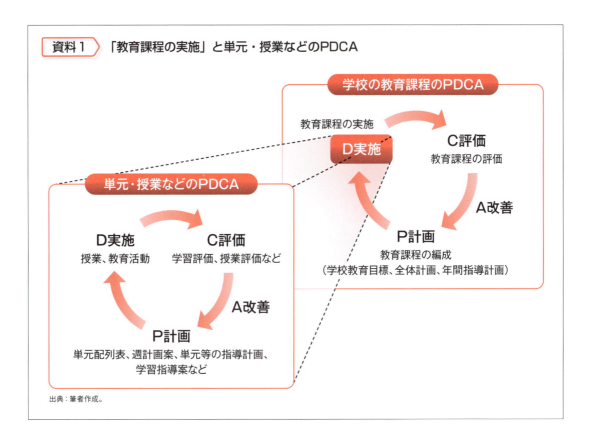

出典：筆者作成。

資料2 指導計画の主な種類と内容

種類	内容と留意点
単元配列表	全ての教科等の単元を配列し、それを俯瞰できるようにした表。育成したい資質・能力に向けて、より効果的に教育課程を展開できるよう、各教科等間の有機的なつながりを意識し、実施時期や指導内容を調整して配列することが大切となる。
週計画案	年間・月ごとの計導計画の実施に向けて、それを具体化するために、一週間を見通して学習活動と時間配当を示した計画案。時間割の設定などを含む。
単元の指導計画	児童・生徒の学習過程における学習活動の一連の「まとまり」を組織した計画。児童・生徒の興味・関心、教師の願い、教材の特性の3視点から単元を構想し、そのまとまりのなかで「主体的・対話的で深い学び」が実現されるよう、様々な条件を考慮して展開を具体化することが大切となる。
学習指導案	教師がどのように授業を進めていくかを記載した学習指導の計画案。単元名、本時のねらい、授業の展開、評価規準、板書計画などを示す。

出典：筆者作成。

相互に連関し、効果的・有機的に結びつくよう組織されることが望ましい。

第三に、**指導計画づくり**の中でも今後、特に意識的に取り組むべきこととして「**単元のデザイン**」が挙げられる。先述した総則編「教育課程の実施と学習評価」の解説では、「**主体的・対話的で深い学び**」は必ずしも１単位時間の授業の中で実現されないことが強調され、その実現に向けた授業改善を考えることは、「単元や題材など内容や時間のまとまりをどのように構成するかというデザインを考えることに他ならない」とされる[2]。児童・生徒に求められる資質・能力を育む観点から、単なる指導方法の改善や学習形態の工夫に止まらず、授業と学びのあり方の総体的な問い直しが求められているといえる。自治体によっては、単元のまとまりを意識した授業づくりに向けて、その手順の一例を示す試みも進められている（資料３）。実践の際に参考にしたい。

なお、「計画された教育課程」と「実践された教育課程」の間には、必然的にズレが生じる[3]。なぜなら、計画された教育課程は、各教師の教育観や目の前の児童・生徒の実態に応じて、教師ごとに異なる形で具現化されるからである。さらに言えば、授業は、あらかじめ作成した指導計画の通りに展開するとも限らない。教師は子どもの反応を受けて、単元内や授業中に計画を微調整していくことが多い。つまり、計画された教育課程は状況に応じて見直され、修正されながら実践されうるものであり、年度末に実践の履歴として別の教育課程ができあがるものと考えられる。

2　教育課程の進行管理

学校組織としては、教育課程が適切に実施されているかを把握・管理することも大切である。これを「**教育課程の進行管理**」という。例えば、かつて高等学校における「世界史未履修」が大きな問題となった。全国の約１割の高等学校で、学校教育法施行規則に示された科目である「世界史」を開講していなかった、あるいは、単位数に相当する時間分の授業をしていなかったのである[4]。この背景には、限られた授業時数のなかで受験科目以外は学びたくないという生徒の声があったとされる[5]。こうしたことが起こらないよう、学校は管理職や教務主任等を中心に教育課程の進行管理を行わなければならない[6]。

ただし、計画された教育課程が単に遺漏なく遂行されているかを厳しく確認するだけになれば、教師の創造性が失われかねず、ひいては児童・生徒の「学ぶ意味の喪失」につながりかねない。科目や内容等の取扱い、授業時数に関して法令等が遵守されているかを確認・管理しつつも、学校教育目標に照らし、一年を通じて子どもたちのなかに目指すべき教育的価値が導かれているかという観点から柔軟な進行管理を行いたい。なお、こうした教育課程の実施が総体として効果があったか否かは、次項の**教育課程の評価**に委ねられる。

（2）同上、p.77.

（3）田中耕治が提起した「カリキュラムの四層構造」モデルでは、学校レベルの教育課程が「計画の層」と「実践の層」に区分されうることが端的に示されている。田中耕治（2005）「教育研究とカリキュラム研究―教育意図と学習経験の乖離を中心に―」山口満編著『現代カリキュラム研究―学校におけるカリキュラム開発の課題と方法―【第二版】』学文社、pp.21-33.

（4）松尾知明（2019）「新学習指導要領における社会科系科目の再編に関する一考察―日本学術会議の議論を中心に―」『法政大学教職課程年報』第17号、pp.40-47.

（5）鳥越泰彦（2008）「世界史未履修問題を考える」『学術の動向』第13巻10号、pp.8-12.

（6）災害等の不測の事態により教育課程が中断し、標準授業時数を下回った場合については、文部科学省より「下回ったことのみをもって学校教育法施行規則に反するものではない」との補足説明がなされている。文部科学省（2019）「平成31年３月29日付け30文科初第1797号『平成30年度公立小・中学校等における教育課程の編成・実施状況調査の結果及び平成31年度以降の教育課程の編成・実施について』（初等中等教育局長通知）に関する補足説明」http://www.mext.go.jp/b_menu/hakusho/nc/attach/1415318.htm（最終閲覧日2019.8.8）

I-8 教育課程の実施 —教育課程を実施するという発想とその視点とは?—

資料3 単元のまとまりを意識した授業づくりの手順例（青森県総合学校教育センター）

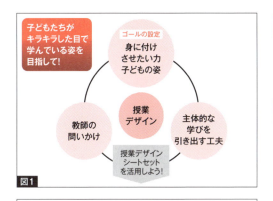

教育課程の評価と改善
―教育課程をいかに評価し、改善するか？―

> **本節のポイント**
>
> 教育課程の評価を他の評価との関係でどのように位置づけるか、さらに評価の実施にあたってどのような方法を採用するかについて、様々な考え方がある。評価を改善につなげるためには、実践の途中で組織的に点検・修正を行える体制づくりと適切な情報収集が重要である。

1 教育課程の評価

　2017年告示の学習指導要領でカリキュラム・マネジメントの重要性が強調されたことにより、カリキュラム・マネジメントの一環としての**カリキュラム評価**[1]に対する関心が高まっている。水越（1982）は「教育課程の評価」を授業評価と学校評価の中間的な存在として位置づけ、「授業評価を核心部に含みつつも、教室で展開される教授・学習活動を支えるような、言い換えると授業を間接的に規定してくるような諸条件に関する評価を含むもの」[2]と述べている（資料1）。田中（2008）は、カリキュラム評価をその他の様々な評価と双方向に関連する実践ととらえ、教育評価の中心に位置づけている[3]（資料2）。具体的な評価の方法や観点をめぐっては、目標に準拠した評価、ゴール・フリー評価など、多様な考え方がある（資料3）。

2 教育課程の改善

　1951年の学習指導要領では、「教育課程は（中略）それを絶えず評価することによって、常に改善されることになる。（中略）教育課程の評価は、教育課程の計画、その展開とともに、児童・生徒の学習を効果的に進めていく上に欠くことのできない仕事である」[4]という記述がある。また、安彦（2003）は、**カリキュラム改善**について実践中のカリキュラムで修正すべき部分を見つけて部分的に手を加えることと整理している[5]（資料4）。これらを踏まえると、一連の教育活動が終了した後にカリキュラムを見直すだけでは不十分であり、実践の途中で点検・修正を随時行う体制を整えることが必要であるといえる。そのためには、中核になる実践を構想した教員や教務主任を中心に、関係教員や管理職を交えた振り返りの場を複数回設定することが望ましい。実践を振り返る際は、観察された児童・生徒の姿やテスト・アンケートの回答、観察者によるチェックリスト[6]（資料5）など様々なデータをバランスよく加味していくことが求められる。

（1）教職課程コアカリキュラムの「教育課程の意義及び編成の方法（カリキュラム・マネジメントを含む）」では「（3）カリキュラム・マネジメント」の到達目標2）で「カリキュラム評価の基礎的な考え方を理解している」の記述がある（教職課程コアカリキュラムの在り方に関する検討会(2017)『教職課程コアカリキュラム』p.16）.

（2）水越敏行（1982）『授業評価研究入門』明治図書出版、p.20.

（3）田中耕治（2008）『教育評価』岩波書店、p.85.

（4）文部省（1951）「教育課程の評価」『学習指導要領一般編（試案）』.

（5）安彦忠彦（2003）『カリキュラム開発で進める学校改革』明治図書、pp.138-140.

（6）根津朋実（2019）「カリキュラム・マネジメントの理解」『教育課程』ミネルヴァ書房、2019年、p.105.

資料1	授業評価・教育課程の評価・学校評価の関係図

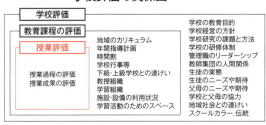

資料2	教育評価の対象と構造

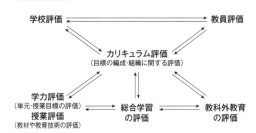

資料3	評価の方法や観点

評価の方法	概要
目標に準拠した評価	あらかじめ到達目標を定めておき、所期の成果が得られているか確認する。子どもが目標に到達できるカリキュラムとなっているか問い直す。
ゴール・フリー評価	あらかじめ設定した目標にこだわらず、教育者の意図をはみ出した領域で得られた成果も含めて評価する。教師以外のステイクホルダーも評価に加わる。スクリヴァンが提唱。
真正の評価 （authentic assessment）	職場や生活の場面で直面する問題と評価で用いられる課題の同質性を重視する。パフォーマンス評価を基本として、知識が活用できるかを評価する。ウィギンズが提唱。
逆向き設計 （backward design）	細かい知識を忘れた後も残ってほしいと教師が願う「永続的な理解」を育み評価するパフォーマンス課題を軸に単元と授業を設計する（ミクロな設計）。設計した単元の実践から得られた成果をもとに教科や科目の改善につなげる（マクロな設計）。ウィギンズらが提唱。

資料4	安彦（2003）によるカリキュラム評価の整理

カリキュラム改訂	行政ないし制度レベルで一定の時期にカリキュラムを公式に改めること。全国的、国際的な学力調査等により評価される。
カリキュラム改革	教育やカリキュラムの考え方を根本的に変えること。戦後新教育でのコア・カリキュラム導入など、行政・制度レベルから実践現場までの全体的な変化をともなう。
カリキュラム改善	カリキュラムの成果を少しでも上げるために、修正すべき点を見つけて部分的に手を加えること。授業評価など、学校現場で教師が中心となって行う活動と関連が深い。

資料5	カリキュラム評価のためのチェックリスト

項目	概要・コメント	評点
1．評価しようとするカリキュラムは、どのようなものですか。		/10
2．どうしてこの実践を行おうとしたのですか。		/10
3．この実践は、だれに直接働きかけるのですか。また、間接的には誰に影響を及ぼしますか。		/10
4．この実践を行う上で、必要な「もの」「こと」（場所や機材、知識等も含む）は何ですか。		/10

参考文献
・石井英真（2009）「カリキュラム評価」田中耕治編『よくわかる教育課程』ミネルヴァ書房、pp.92-95.
・奥村好美（2018）「カリキュラム評価と学校評価」細尾萌子・田中耕治編『教育課程・教育評価』ミネルヴァ書房、pp.168-182.
・西岡加名恵（2018）「教育課程編成論の変遷」『新しい時代の教育課程（第4版）』有斐閣アルマ、pp.210-218.

（金子研太）

考えてみよう

1 教育課程に目的・目標はなぜ必要とされているのでしょうか。

2 高等学校の「世界史未履修問題」は何が問題だったのでしょうか。

学習指導要領と教育課程の歴史

戦後初期の学習指導要領
― 経験主義的カリキュラム ―

本節のポイント

　1947（昭和22）年に学習指導要領が試案として初めて作成された。そこでは経験主義の立場から生活経験と児童・生徒の興味とを重視したカリキュラムを編成することとなる。この時に新しく導入された社会科は、生活経験を統合する中心的な教科として位置づけられた。しかし、1950年代にはその見直しを求める見解も現れるようになっていく。

　1947（昭和22）年に学習指導要領が試案として初めて作成された。これはアメリカのコースオブスタディ（course of study）を参考に、民主主義化を目的とした戦後の教育改革をすすめるものとして作成された。学習指導要領は、あくまで現場の研究の手引きとして考えられており、地域や社会、児童・生徒の実態に応じて教師たちが教育内容や教育方法を編成することを推奨するものであった。

　1947年ならびに1951年の学習指導要領では経験主義の学習を採用している[1]。この方法について学習指導要領では「児童がほんとうに学ぶには、自分でやり方の計画をたて、それをみずから試みて、それを理解するようにならなければならない」と説明して、従来の方法が「教師だけが活動して、児童や青年が自分で考え、試みるかどうかをかえりみないで、うわすべりでもなんでも、無理にもひっぱって行こうとし」ていたことと対比的に位置づけていた[2]。

　学習指導要領ではカリフォルニア・プランやバージニア・プランなどを参考にして、生活単元学習のカリキュラム編成を取り入れた。アメリカにおけるカリキュラム編成においては、生活分析によって定められた領域と児童の興味に基づいた生活内容のまとまりを生活単元として設定し、それに基づいて経験主義の学習を行っていたのである。

　生活単元学習は、教科書の構成にも影響を与えた[3]。例えば、4年生の『小学生のさんすう』では、「かんたんなかけざん」「小数のよせざん」「ひょうとグラフ」などの課において「遠足のしたく」「ならびかた」「学級のひょう」「お店」「村のあんないず」「およぎくらべ」「夏やせ」といった項目を単元としており、児童が経験すると考えられる出来事の順序なども考慮して学ぶべき事柄を配置していた[4]。

　このような取り組みをすすめる中で、戦後の教育改革の目玉となったのが社会科である。そこでの主要目標は「できるだけりっぱな公民的資質を発展させること」であり、具体的には「（一）自分たちの住んでいる世界に正しく適応

（1）本文では1951年の学習指導要領の内容の詳細については割愛しているが、自由研究に代わって教科外の活動・特別教育活動が加えられ、1947年時点では教科課程だったものが、教育課程に変更されていることには注意が必要である。

（2）文部省（1947）『学習指導要領 一般編（試案）』こちらは下記を参照した。国立教育政策研究所「学習指導要領データベース」
https://www.nier.go.jp/guideline/s22ej/chap4.htm
（最終アクセス日：2019年8月21日）

（3）経験主義の立場に基づいて編纂された教科書については、下記の文献が取り上げている。海後宗臣・仲新・寺崎昌男（1999）『教科書でみる近現代日本の教育』東京書籍。

（4）文部省（1949）『小学生のさんすう　第四学年用　1』東京書籍。海後宗臣・仲新編『日本教科書大系　近代編』第14巻　算数（5）、講談社、1964年所収。

資料1 学習指導要領　一般編（試案）（1947年）　小学校の教科と時間配当

教科　　学年	1	2	3	4	5	6
国語	175	210	210	245	210-245	210-280
社会	140	140	175	175	175-210	175-210
算数	105	140	140	140-175	140-175	140-175
理科	70	70	70	105	105-140	105-140
音楽	70	70	70	70-105	70-105	70-105
図画工作	105	105	105	70-105	70	70
家庭					105	105
体育	105	105	105	105	105	105
自由研究				70-140	70-140	70-140
総時間	770	840	875	980-1050	1050-1190	1050-1190

資料2 学習指導要領　一般編（試案）（1951年）　小学校の教科と時間配当

教科　　学年	1、2	3、4	5、6
国語 算数	45%〜40%	45%〜40%	40%〜35%
社会 理科	20%〜30%	25%〜35%	25%〜35%
音楽 図画工作	20%〜15%	20%〜15%	25%〜20%
家庭			
体育	15%	10%	15%
計	100%	100%	100%

資料3 学習指導要領
一般編（試案）（1947年）
中学校の教科と時間配当

	教科　　学年	7	8	9
必修科目	国語	175	175	175
	習字	35	35	
	社会	175	140	140
	国史		35	70
	数学	140	140	140
	理科	140	140	140
	音楽	70	70	70
	図画工作	70	70	70
	体育	105	105	105
	職業（農業、商業、水産、工業、家庭）	140	140	140
	必修科目計	1050	1050	1050
選択科目	外国語	35-140	35-140	35-140
	習字			35
	職業	35-140	35-140	35-140
	自由研究	35-140	35-140	35-140
	選択科目計	35-140	35-140	35-140
	総計	1050-1190	1050-1190	1050-1190

資料4 学習指導要領　一般編（試案）
（1951年）中学校の教科および
特別教育活動と時間配当

	教科　　学年	1	2	3
必修科目	国語	175〜280	175〜280	140〜210
	社会	140〜210	140〜280	175〜315
	数学	140〜175	105〜175	105〜175
	理科	105〜175	140〜175	140〜175
	音楽	70〜105	70〜105	70〜105
	図画工作	70〜105	70〜105	70〜105
	保健体育	105〜175	105〜175	105〜175
	職業・家庭	105〜140	105〜140	105〜140
	小計	910〜1015	910〜1015	910〜1015
選択科目	外国語	140〜210	140〜210	140〜210
	職業・家庭	105〜140	105〜140	105〜140
	その他の教科	35〜210	35〜210	35〜210
	特別教育活動	70〜175	70〜175	70〜175

（5）文部省編（1948）『小学校社会科編学習指導要領補説』東京書籍、pp.4-5.

（6）石山脩平「コア・カリキュラムへの必然性」『カリキュラム』1949年1月、p.2.

（7）当時のコア・カリキュラムに基づく取り組みについては下記の文献で紹介されている。コア・カリキュラム連盟（1949-1953）『カリキュラム』。この雑誌は、日本生活教育連盟に引き継がれ、1959年まで発刊された。

（8）小針誠（2018）『アクティブ・ラーニング』講談社、pp.124-152. 当時の取り組みに対する評価については下記の文献で紹介されている報告も参考になる。読売新聞社編（1955）『日本の新学期』読売新聞社。

（9）下記の文献には、ここで紹介した論争が収録されている。久木幸男・鈴木英一・今野喜清編（1980）『教育論争史録 第4巻 現代編（下）』第一法規。

できるように、（二）その世界の中で望ましい人間関係を実現していけるように、（三）自分たちの属する共同社会を進歩向上させ、文化の発展に寄与することができるように、児童たちにその住んでいる世界を理解させること」を挙げていた[5]。

社会科はそれ以前にあった地理や歴史などの教科の区分をやめて、あらたに様々な知識や経験を統合した教科としてすすめられた。こうした活動を先導した一人である石山脩平は『カリキュラム』の創刊号において「コア・カリキュラムは、児童生徒の生活経験を統合する中核の設計であり、同時に児童生徒を共同せしめる社会的活動の中核の設計である」と述べている[6]。このコア・カリキュラムのコアとして社会科が位置づけられていくのである[7]。

この立場に基づく教育実践として郵便屋さんゴッコやお店屋さんゴッコなどがある。児童たちは、このような活動を通して、社会の仕組みを学ぶとともに、国語や算数をはじめとする各教科の内容を体験的に学習したのである。さらに、地域の調査に基づいて教育計画を策定し、そこに新しいカリキュラムを位置づけたものとして、川口プラン、本郷プランなどがあった。これらの地域教育計画の取り組みは地域の課題を分析することを通して民主的な社会の形成に参加することを中心に据えたものであった。

これらの新しい取り組みを導入した経験主義の学習に対し、それ以前に比して読み書きや計算力の習得が不十分であり、学力低下を引き起こしているという批判もみられた。また、ただ調べただけで、学習の目的が不明確な取り組みに対して「はいまわる経験主義」と批判することもあった。こうした批判は、後の学問の系統性を重視した立場とも結びついていく[8]。

ただし、この時期に指摘された学力の問題については、戦後の学齢期の児童・生徒が、戦争末期に教育を受けられなかったことや、戦後も貧困にあえぐ中で家での仕事を手伝わなければならないなど、複合的な要因によって生じたものでもあった。また、経験主義に基づく学習は従来の学習によって得られる学力とは異なる学力を身につけるものであったことを指摘する見解もあったように学習活動の目的に対する吟味を求める見解も示されていた。

この時期に現れてきた経験主義の学習とそれに対する方法上の批判に見られたような立場の違いは、当時の教育行政に対する反発や現場の教育実践の継承という課題とも結びつきながら教育科学研究会を中心とした科学を重視する立場と、コア・カリキュラム連盟を引き継いだ日本生活教育連盟を中心とした生活経験を重視する立場とにそれぞれ引き継がれていく。1950年代になると当初、想定されていたような社会科のあり方も問われるようになっていくが、梅根悟と勝田守一との間で交わされた社会科をめぐる論争からは、文部省と民間教育運動の間の対立だけでなく、民間教育運動の中のカリキュラム編成に対する視点の違いもうかがえる[9]。

資料5　戦後初期の社会科教科書

まさおのたび

トンネルを ぬけ、てっきょうを わたって、もみじの 山に かこまれた、小さな えきに つきました。まさおは きしゃを おりて、つめたい くうきを むねいっぱいに すいこみました。
「まさだ、ごらん、あれが やくばだよ。」
「おみせが ずいぶん ならんでるなあ。」
「ゆうびんきょくや けいさつも あるね。」

さかを くだると おじさんの むらです。
どこからか、きしゃの かおりが して きます。
「やあ、いどが きれいだなあ。」
「ここは そめものこうばだよ。」
「この 川 きれいだねえ。」
はしも りっぱだね。」

おとうさんに あいさつして とおる 人が ありました。

文部省（1948）『まさおのたび』東京書籍、pp.9-10. 海後宗臣・仲新編『日本教科書大系 近代編』第17巻 地理（3）、1966年所収。

資料6　戦後初期の算数教科書

おてつだいの話

ふみこさんたちは、春休みに、どんなおてつだいをしたかを話しあっています。
ふみこさんは、ふくろはりのおてつだいをしたそうです。その話をしています。

私は、紙ぶくろをはるおてつだいをしました。おかあさんひとりでは、毎日 100 まいのたばが、五つずつできたそうです。
私がおてつだいしたら、はじめの日に、100 まいたばが七つできました。
（1）おかあさんひとりでは、毎日なんまいずつできたでしょう。
（2）おてつだいしたはじめの日には、みんなでなんまいできたでしょう。

それから、毎日おかあさんのおてつだいをしました。
これは、私がおてつだいをするようになってからはった、100 まいたばのかずです。
よけいにはったぶんのおかねを、私にくださるそうです。
これを、ちょきんするつもりです。100 まいたば一つで、5円だそうです。

月　日	たば
3月26日	7
27日	7
28日	8
29日	9
30日	10
31日	11

（3）ふみこさんのおてつだいで、一日にどれだけよけいにはれたでしょう。よけいにはれたたばのかずを、ひょうに書きましょう。
（4）ふみこさんは、一日に、てまちんをいくらずついただくことになるでしょう。
（5）ふみこさんは、みんなでいくらいただいたでしょう。

私たちも、おてつだいの話をしましょう。

文部省（1949）『小学生のさんすう 第四学年用 1』東京書籍、pp.12-13. 海後宗臣・仲新編『日本教科書大系 近代編』第14巻 算数（5）、講談社、1964年所収。

（江口潔）

高度経済成長期の学習指導要領
―系統主義的カリキュラム―

本節のポイント

サンフランシスコ講和条約締結後（1952（昭和27）年4月発効）の教育課題は、基礎学力の低下と道徳教育のあり方をめぐる問題であった。その課題を受けた昭和33年改訂では、学習指導要領が教育課程の国家基準として法的拘束力を有することを明確にするとともに、それまでの経験主義を否定して、系統性重視の教育課程が編成され、「道徳の時間」の設置による道徳教育の徹底がはかられた。

1 時代背景・改訂趣旨

1952（昭和27）年4月のサンフランシスコ講和条約の締結によって、日本の占領は解除され、正式に独立国としての地位が回復した。この講和・独立と前後して、占領下で進められた教育制度・内容を見直す動きが加速していった。

1950年代に入ると保護者の中から、新教育によって進められた経験主義的な教育によって「子どもの読み書き能力が下がっているのではないか」などの学力低下を懸念する声があがってきた[1]。経験主義は、系統的な知識より児童生徒の経験を大切にすることから、「調べて討論」するということが重視された。しかし、そうした教育実践には条件整備が必要であり、戦後直後の混乱や経済的に苦しい環境においては、その成果を出すことはかなり困難であった。日本教育学会や国立教育研究所の調査研究において「読み・書き・算盤」（3R's = reading, writing, arithmetic）の能力が低下している実態が報告されると、いわゆる「基礎学力論争」が展開され[2]、新教育は批判の対象となっていった。特に、コア・カリキュラムに対しては、教科学習で習得すべき知識と子どもの経験との結合を不問にし、ただ経験させるだけに陥っている点が「はいまわる経験主義」として批判された。

また、道徳教育の問題も大きな論争となっていた。社会科をめぐる歴史的な経緯から、戦後の道徳教育は「社会科を中心とした道徳教育」という方向性で模索されてきたが、1950（昭和25）年に来日した第二次アメリカ教育使節団の「報告書」において道徳教育は、「全教育課程を通じて、力説されなければならない」と再検討が促された。加えて天野貞祐文部大臣の「みんなが心から守れる修身を、教育要綱といったかたちでつくりたい」[3]という発言をきっかけに、いわゆる「修身科」復活と「国民実践要項」制定をめぐる世論を巻き込んだ激しい論議が展開された。こうした道徳教育をめぐる議論の中で、文部省は1953（昭和28）年に「社会科の改善についての方策」を発表し、従来の社会科の指

（1）公立学校の教育内容に不安・不満を持つ子どもや保護者の中には私立学校進学を考える場合も少なくなかった。1954年の高校進学率は50％ほどであり、まだ受験競争が激化する時期ではないが、1950年代に入ると大都市を中心に進学を目的とした「学習塾」が登場した。1952年に日本進学教室、1953年に日能研、1958年に公文教育研究所が設立された。

（2）読・書・算重視、国民的教養のミニマム・エッセンシャルズ論、3層4領域の学力論、プラグマティズム批判、生活力としての学力論、能力測定論など、「学力とは何か」の議論が展開した。

（3）全国都道府県教育長会議（1950年11月7日）での発言。（『読売新聞』1950年11月17日付記事）

導方法等の欠陥を是正し、道徳教育、地理、歴史教育の充実を図るとともに、1955（昭和30）年には社会科の学習指導要領を改訂した。

戦後教育改革の象徴ともいうべき経験主義の導入と新設「社会科」へのこうした批判・見直しは、1950年代における文部省の指導力強化（教育の逆コース）と高度経済成長政策と連動していた。戦後、学習指導要領編成権は都道府県教育委員会が有するとされ、文部省はその準備が整うまでの代行役に過ぎなかったが、1952（昭和27）年の文部省設置法改正により文部省にのみその権限が属することとなった[4]。さらに文部省は1956（昭和31）年に教育委員会法を廃止して「地方教育行政の組織及び運営に関する法律」を制定し、その後、学習指導要領は告示形式で改訂されることとなった。

同時期の日本経済は、1950年に勃発した朝鮮戦争により、「朝鮮特需」がもたらされ、1955（昭和30）年からは朝鮮復興資材の輸出などによって「神武景気」と呼ばれる好景気を迎えていた。1956（昭和31）年7月に刊行された『経済白書』の「もはや『戦後』ではない」という表現は、日本経済の構造改革を象徴するものであった。

このように経済を復興し、大きく飛躍しようとしていた1950年代の経済界にとって、上述した子どもたちの基礎学力の低下は重要な課題となっていた。さらに1957（昭和32）年にソビエト社会主義共和国連邦が世界初の人工衛星打ち上げに成功した、いわゆる「スプートニクショック」の影響を受け、高度経済成長を支える科学技術を担う人材育成を進めるためには、それまでの子どもの経験、個性、主体性を重視する経験主義ではなく、学問の系統性を重視する系統主義の教育課程を求める声が高まっていった。

以上を背景として、経済界の要望で発足した中央教育審議会（中教審）[5]の答申をもとに1958（昭和33）年、大幅な学習指導要領の改訂が行われた。

2 改訂の内容

本改訂の基本方針として、①道徳教育の徹底、②基礎学力の充実および科学技術教育の向上、③中学校における職業教育の重視、高校における進路、適性に応じた履修（コース制）の徹底があげられる。これは、教育内容面における教育の「逆コース」政策の画期をなす教育課程の全面改訂という性格を有していた。あらためて見ておきたい。

第1の特徴は、学習指導要領が法的拘束性を帯びたことである。昭和28年度版学習指導要領まで付されていた「試案」の二文字が、昭和33年度版から正式に削除された。学習指導要領は国家の定める教育課程となり、「官報」で告示されることにより法的拘束力を与えられ、以後、学習指導要領は教科書の検定基準として機能し、直接的に教科書を統制するものとなった。教育課程表の表記も、柔軟性を持った昭和26年度版の形式から、各教科の最低授業時数を示す

（4）1953（昭和28）年8月に学校教育法が一部改正され、教科書検定の権限が文部省に属することが規定された。

（5）**中央教育審議会**（Central Council for Education）は、日本の文部科学省におかれている審議会である。1952年6月設置。文部科学省設置法には「中央教育審議会は、文部科学大臣の諮問に応じて教育、学術または文化に関する基本的な重要施策について調査審議し、およびこれらの事項に関して文部科学大臣に建議する」と定めている。教育、学術、文化に関する学識経験者を委員とし、30人以内の委員で組織する。また必要に応じて臨時委員、専門委員を置くことができる。

形に修正され、学校の特徴を打ち出しにくくなった。

　第2の特徴は、経験主義を否定し、系統性重視の原則で教育課程が編成された教科中心カリキュラムが導入されたことである。例えば、昭和36年度用『あたらしいしゃかい』（東京書籍）の第3学年の主題は、自分たちの村であることを明確にし、地域調査のための絵地図やグラフ、図解などが初めて掲載され、第4学年では、それまでやや雑然としていた地域学習が整理されて、自分の村や町を中心に県庁所在地を含めた地域との結びつきを具体的、系統的に捉えられるような構成となった。

　第3の特徴は、小・中学校の教育課程を「各教科、道徳、特別教育活動および学校行事等」の4領域とし、新たに「道徳」の時間が新設されたことである。小・中学校に「道徳」の時間が作られ、全ての学年で週に1時間実施されることになった。また、「学校行事等」では、「国旗を掲揚し、君が代を斉唱させることが望ましい」と明記され、小学校音楽で初めて「君が代」が教材として登場した。

　第4の特徴は昭和30年度版学習指導要領に端を発する職業教育の重視・高校教育の多様化の一層の徹底、理数教育の重視、職業に関する教科の充実である。

　中学校学習指導要領では、中学校3年生からの選択制が大幅に採用され、選択教科が9教科（外国語、農業・工業・商業・水産・家庭科・数学・音楽・美術）となり、進路に応じて選択できる科目が設置された。以後、中学校では進学・就職組の2コースが実態として進行した。科学技術教育の向上を図る観点から、数学・理科・技術家庭科の系統主義的改善がなされた。例えば数学では、「従来は、生活の類型」とされていたが「数学的な系統」と明記されることになり、二次方程式まで加えられ、授業時数も増加された。

　また、高等学校での教育をみると、卒業最低単位数は85単位と規定されているものの、各教科の「標準」単位をふまえ、学校独自の卒業単位数を確定することができ、一定程度、各高等学校の裁量が尊重されていた。その中で、高等学校に通う生徒の6割が在籍する普通課程では、理科が現行の2倍の12単位必修とされ、基礎学力の充実策として「現代国語」が新設、「外国語」が必修となった。さらに能力・適性・進路に応じたコース分けが提案され、そのコース類型とともに必修科目の増加と教科内の細分化が図られた。例えば、国語は「現代国語、古典甲、古典乙Ⅰ、古典乙Ⅱ」の科目から構成され、さらに「A　ゼネラルな内容」と「B　ややアカデミックな内容」に区分けられた。一方の職業課程では、その教育内容の充実のため専門科目の必修単位を30単位から35単位に、普通科目も39単位から44単位まで引き上げられた。

　このように1958（昭和33）年改訂の学習指導要領では、戦後取り入れられた児童中心主義の教育から、学力を保障するための系統的な学習体系へとその内容を転換するとともに、理数教科、科学技術教育を重視するカリキュラムを整えようとするものであった。

資料1 昭和33年度学習指導要領　小学校授業時数の配当

区分		第1学年	第2学年	第3学年	第4学年	第5学年	第6学年
各教科	国語	238(7)	315(9)	280(8)	280(8)	245(7)	245(7)
	社会	68(2)	70(2)	105(3)	140(4)	140(4)	140(4)
	算数	102(3)	140(4)	175(5)	210(6)	210(6)	210(6)
	理科	68(2)	70(2)	105(3)	105(3)	140(4)	140(4)
	音楽	102(3)	70(2)	70(2)	70(2)	70(2)	70(2)
	図画工作	102(3)	70(2)	70(2)	70(2)	70(2)	70(2)
	家庭					70(2)	70(2)
	体育	102(3)	105(3)	105(3)	105(3)	105(3)	105(3)
道　徳		34(1)	35(1)	35(1)	35(1)	35(1)	35(1)
計		816(24)	875(25)	945(27)	1015(29)	1085(31)	1085(31)

一　この表の授業時数の1単位時間は、45分とする。

二　かっこ内の授業時数は、年間授業日数を35週（第1学年については34週）とした場合における週当りの平均授業時数とする。

資料2 昭和33年度学習指導要領　中学校授業時数の配当

区分		第1学年	第2学年	第3学年
必修教科	国語	175(5)	140(4)	175(5)
	社会	140(4)	175(5)	140(4)
	数学	140(4)	140(4)	105(3)
	理科	140(4)	140(4)	140(4)
	音楽	70(2)	70(2)	35(1)
	美術	70(2)	35(1)	35(1)
	保健体育	105(3)	105(3)	105(3)
	技術家庭	105(3)	105(3)	105(3)
選択教科	外国語	105(3)	105(3)	105(3)
	農業	70(2)	70(2)	70(2)
	工業	70(2)	70(2)	70(2)
	商業	70(2)	70(2)	70(2)
	水産	70(2)	70(2)	70(2)
	家庭	70(2)	70(2)	70(2)
	数学			70(2)
	音楽	35(1)	35(1)	35(1)
	美術	35(1)	35(1)	35(1)
道　徳		35(1)	35(1)	35(1)
特別教育活動		35(1)	35(1)	35(1)

1　この表の授業時数の1単位時間は、50分とする。

2　かっこ内の授業時数は、年間授業日数を35週とした場合における週当りの平均授業時数とする。

3　中学校の各学年における必修教科、選択教科、道徳及び特別教育活動の授業時数の計は、1120単位時間を下ってはならない。

4　選択教科の授業時数については、左の通りとする。

イ　選択教科の授業時数は、毎学年105単位時間を下ってはならない。この場合において、少なくとも1の教科の授業時数は、70以上でなければならない。

ロ　1以上の選択教科の外に、農業、工業、商業、水産又は家庭（以下「職業に関する教科」という。）のうち1以上の教科を履修させる場合における当該職業に関する教科についての授業時数は、この表に定める授業時数にかかわらず、それぞれ35とすることができる。

資料1　『小学校学習指導要領（昭和33年改訂）』「第1章」

資料2　『中学校学習指導要領（昭和33年改訂）』「第1章総則」より抜粋

（佐喜本愛）

Ⅱ-3 昭和43年学習指導要領と昭和52年学習指導要領の間
― 「学問中心」から「人間中心」カリキュラムへの転換 ―

本節のポイント

- 昭和33年学習指導要領の方向性を継承し、人的能力開発政策や「教育内容の現代化」の運動がこれを後押しする方向で1968（昭和43）年の第4次学習指導要領改訂が行われた。
- その後、受験競争の激化や「落ちこぼれ」問題、少年非行等が社会問題として認識され、「ゆとり教育」の嚆矢となる1977（昭和52）年の第5次学習指導要領改訂を導いた。

1 昭和43年（第4次）改訂の背景としての「人的資本論」

岸信介内閣退陣の後、1960（昭和35）年7月に成立した池田勇人内閣は経済政策に重きを置き（「政治の季節」の終焉）、国民総生産を倍増させる「所得倍増論」を打ち出した。経済成長のため「科学技術の振興」と技術革新・産業構造の高度化に対応する人材の計画的育成（**人づくり**）が目指された[1]。

たとえば、1963（昭和38）年に内閣に設置された経済審議会（人的能力部会）は「経済発展における**人的能力開発**の課題と対策」（**資料1**）を答申し、3～5％の「**ハイタレント**」（**資料2**）を選別し、重点的に**教育投資**することで「費用対効果」を高める「ハイタレント・マンパワー・ポリシー」政策を打ち出した[2]。

これと前後して1961（昭和36）年10月に全国の中学2・3年生全員に対し全国一斉学力調査（5教科）が導入・実施された。悉皆の全国学テは「国民所得倍増計画」に組み込まれ生徒の選別（「偏差値」による輪切り・差別）を強めるものとして受け止められ、反対運動も全国に広がっていった[3]。

2 改訂を方向づける「教育内容の現代化」

他方、1957（昭和32）年10月のスプートニク・ショック以降、アメリカで科学教育のあり方や経験主義教育に対する批判が展開されていた。1959（昭和34）年、全米科学アカデミーが招集したウッズ・ホール会議が開催され、議長のブルーナー（Bruner.J.S.）が共同討議を経て『教育の過程』（The Process of Education）を刊行した。同書では、系統主義か経験主義かという二者択一ではなく、専門的な学問の「構造」を発見させる「発見的教授法」など**学問性中心の教育課程**（discipline-centered curriculum）を提言している[4]。同書は1963（昭和38）年に日本でも**翻訳本**が出版され[5]、当時、「水道方式」（一

---

(1) 日本児童教育振興財団編（2016）『学校教育の戦後70年史』小学館。

(2) 伊ケ崎暁生（1991）『わたしたちの教育戦後史』新日本新書、pp.113-115.

(3) 伊ケ崎暁生、同上書、pp.116-119.

(4) 貝塚茂樹（2018）『戦後日本教育史』放送大学教育振興会、pp.150-152.

(5) J.S.ブルーナー著　鈴木祥蔵・佐藤三郎訳（1963）『教育の過程』岩波書店。

般から特殊への配列）で著名な遠山啓（民間教育団体・数学教育協議会委員長）が「数学教育の現代化」運動を展開していたことと呼応し[6]「**教育内容の現代化**」（初等・中等教育における理数系教科内容の改善）という運動に発展していった。

資料1 　経済発展における人的能力開発の課題と対策[7]（一部抜粋）

第1章　人的能力政策の必要性

われわれは、人的能力を労働力として考え、これを経済発展との関連で検討することを主眼とした。…（略）…国民生活の向上のための経済発展、これを担う要素としての人的能力の開発ということが、われわれの人的能力政策の目的なのである。…以下、略…

第2章　人的能力開発の課題

教育における能力主義徹底の一つの側面として、**ハイタレント・マンパワー**の養成の問題がある。ここでハイタレント・マンパワーとは、経済に関連する各方面で主導的な役割を果たし、経済発展をリードする人的能力のことである。…以下、略…

（下線は筆者による）

資料2 　伊ケ崎暁生（1991）[8]による整理

ハイタレント	科学者、独創性のある技術者、経営者、管理者など人口の3％程度。準ハイタレント層も入れると5〜6％の人材。
上級技術者	技術に関する職務で高等教育（大学）卒業の学歴を有し、指導的地位に立つ技術者。
中級技術者	現在の技術をこなせる技術者で、理論面より実際的な技術に重点がおかれる工業高校卒業者。
技能者	義務教育（中学）修了程度の能力の上に実務経験、職業的訓練を要する労働者。

資料3 　教育課程審議会「小学校の教育課程の改善について」答申
1967（昭和42）年10月30日

1958年の改訂以後における国民生活や文化水準の向上、科学技術の革新や経済の高度成長などにともなう社会情勢の進展に応えて、「小学校の各段階における児童の心身の発達と特性に応ずる教育を施し、人間形成における基礎的な能力の伸長を図り、国民形成の基礎を養う」というねらいにもとづき、おもに以下の方針により、「人間形成のうえから**調和と統一**のある教育課程の実現を図る」とした。①教育課程は、各教科ならびに道徳および特別活動の3領域に編成する、②義務教育9年間の全課程を見通し、小学校段階として有効、かつ、適切な内容によって構成する、③各教科、道徳および特別活動の目標を明確にし、その目標を達成するのに必要な基本的事項を精選する、④基本的事項の精選にあたっては、時代の進展に応ずるとともに児童の心身の発達に即し、その発展性と系統性についていっそう留意する。

（下線と太字は筆者による）

（6）ただし、数学教育の現代化でめざしていた「現代化は科学の大衆化」であり、ハイタレント養成とは異なる（大橋精夫（1990）『戦後日本の教育思想（上）』明治図書、pp.161-163）。

（7）1963（昭和38）年1月14日　経済審議会答申

（8）伊ケ崎暁生（1991）前掲書、p.115.

3 昭和43年(小)・昭和44年(中)学習指導要領の骨子

1967（昭和42）年10月に小学校（**資料3**）、1968（昭和43）年6月に中学校の教育課程審議会の答申がなされた。国際社会の指導的役割を果たすことのできる国民の育成という観点から「調和と統一のある人間形成」が目指され、教育課程も「**調和と統一**」のあるものでなければならないとされた[9]。その下で①基本事項の精選と集約化、②能力・適性（特性）への配慮、③授業時数の弾力的運用が教育課程改善の基本方針として示された。

上記の教課審の答申を受け、「特別教育活動」と「学校行事等」を統合して「特別活動」に改め、教育課程は4領域から3領域編成となった。③授業時数自体は昭和33改訂と変わっていないが、これまでの「**最低**授業時数」から「**標準**授業時数」として提示されることになり弾力化が図られた（**資料4**）。

また、例えば算数科では①「基本的事項を精選」し、「数量や図形に関する基礎的な概念や原理」を指導し、集合・関数・確率などの新しい**概念**を導入したり、理科でも科学的概念・原理・法則・科学的な考え方を重点的に指導したりする等、いわゆる「**教育内容の現代化**」が志向された点が特徴的である。

(9) 奥田真丈代表 (1979)『学校経営実践講座第2巻 教育課程編成・実施の実際』第一法規、p.17.

4 第4次学習指導要領と第5次改訂の「間」

（1）教育のあり方をめぐる国民運動

この第4次学習指導要領が出された1968（昭和43）年は激化した大学紛争がピークの年[10]でもあった。そこでは、学問の自由や大学の自治のあり方、大学管理運営の民主化などが争われた。また、1970（昭和45）年7月には、家永教科書裁判第二次訴訟で検定不合格取り消しを命ずる東京地裁「**杉本判決**」（国側敗訴）が下された。「所得倍増計画」の下、国民の教育熱は高まり、高等学校への進学率も急増し、高校増設が追い付かず、「十五の春を泣かせない」として**高校全入運動**が展開していたように、国民運動が盛んな時期でもあった。1971（昭和46）年6月に全国教育研究所連盟の「義務教育改善に関する意見調査」結果が発表され、「授業についていけない子どもがクラスの半分」といういわゆる「**落ちこぼれ**」の問題が社会問題として認知されるようになった。このことは「**教育内容の現代化**」に対して「詰め込み教育」といった抵抗感にも繋がっていくことになった。

(10) 九大のファントム墜落事故―卒業式中止、東大医学部のスト突入、東大入学試験中止決定なども1968年である。

（2）中教審四六答申がめざす「第3の教育改革」[11]

一方で、1971（昭和46）年6月には、「**第3の教育改革**」（明治初期の教育改革、戦後教育改革に次ぐ）を標榜する中央教育審議会答申（通称「**四六答申**」）が提出された（**資料5**）。そこでは①「国家社会の要請にこたえる長期計画論」（国家主義路線）、②「能力・適性に応じた人的能力開発論」（選別・差別の能力主義路線）、③「教育費の効果的配分と適正な負担区分をはかる教育投資論」

(11) 山住正己「第三の教育改革たり得るか」小林直樹編 (1972)『教育改革の原理を考える―中教審答申の批判―』勁草書房など、その後の臨教審答申など「第3の教育改革」と標榜することに対する抵抗感はつよい。

| 資料4 | 昭和43年度学習指導要領　小学校標準授業時数の配当 |

区分		第1学年	第2学年	第3学年	第4学年	第5学年	第6学年
各教科	国語	238(7)	315(9)	280(8)	280(8)	245(7)	245(7)
	社会	68(2)	70(2)	105(3)	140(4)	140(4)	140(4)
	算数	102(3)	140(4)	175(5)	210(6)	210(6)	210(6)
	理科	68(2)	70(2)	105(3)	105(3)	140(4)	140(4)
	音楽	102(3)	70(2)	70(2)	70(2)	70(2)	70(2)
	図画工作	102(3)	70(2)	70(2)	70(2)	70(2)	70(2)
	家庭					70(2)	70(2)
	体育	102(3)	105(3)	105(3)	105(3)	105(3)	105(3)
道　徳		34(1)	35(1)	35(1)	35(1)	35(1)	35(1)
計		816(24)	875(25)	945(27)	1015(29)	1085(31)	1085(31)

一　この表の授業時数の一単位時間は、45分とする。
二　かっこ内の授業時数は、年間授業日数を三十五週（第1学年については34週）とした場合における週当りの平均授業時数とする。

| 資料5 | 今後における学校教育の総合的な拡充整備のための基本的施策について（抄）[12] |

(12)　横浜国立大学現代教育研究所（1971）『中教審と教育改革』三一書房、pp.130-135.

前文
　今日の時代は、…、国家・社会の未来をかけた**第3の教育改革**に真剣に取り組むべき時である。
第1編　第2章　第1　初等・中等教育の根本問題
1．初等・中等教育は、人間の一生を通じての成長と発達の基礎づくりとして、国民の教育として不可欠なものを共通に修得させるとともに、豊かな個性を伸ばすことを重視しなければならない。
3．2　学校段階の特質に応じた教育課程の改善
（1）小学校から高等学校までの教育課程の一貫性をいっそう徹底するとともに、とくに小学校段階における基礎教育の徹底をはかるため、教育内容の精選と履修教科の再検討を行なうこと。また中学校においては、前期中等教育の段階として基礎的、共通的なものをより深く修得させる教育課程を履修させながら、個人の特性の分化にじゅうぶん配慮して将来の進路を選択する準備段階としての観察・指導を徹底すること。
（2）生徒の能力・適性・希望などの多様な分化に応じ、高等学校の教育内容について適切な**多様性**を行うこと。以下、略。

（下線は執筆者による）

(13) 伊ケ崎暁生（1991）前掲書、p.136-138.

（**受益者負担**路線）という３つの視点[13]が示された。

　1984（昭和59）年に設置された臨時教育審議会（臨教審）の議論をはじめ、その後の教育政策が「中教審「四六答申」路線」とよばれることが多いように、この答申が与えた影響は大きい。例えば、児童生徒の能力・適性に応じた教育内容や進路の分化の提案（**資料５**）はその後の「個性重視」の原則や多様化路線の政策の流れを生み出している。

⑤ 昭和52年度（第５次）学習指導要領の骨子

　学校を取り巻く社会の急激な変化（オイルショックによる不況など高度経済成長の終焉、脱工業化社会への転換）に対応するため、第４次改訂完全実施の1973（昭和48）年11月に文部大臣は教育課程審議会に諮問を行った。

(14) 1976（昭和51）年５月に日教組が発表した「教育課程改善のための学力実態調査」（約５万人の小・中学生を対象）の結果によれば、「国語・算数ともに学力停滞、格差の拡大、落ちこぼれの実態」があることが明らかにされた。

　高度経済成長を支えてきた選抜型教育システムが学校の「落ちこぼし」問題[14]や校内暴力、少年非行等の社会問題を招いている[15]といった認識が広がっていたことも背景にあり、1976（昭和51）年12月の答申に先立って示された「教育課程の基準の改善について」（審議のまとめ）では、ゆとりを強調し、いわゆる**人間中心カリキュラム（humanistic curriculum）**の方向へと大きく舵が切られることとなった。

(15) 海外でもシルバーマン（C.E. Silberman,）『教室の危機』（Crisis in the Classroom, 1970）やイリイチ（Ivan Illichi）『脱学校の社会』（Deschooling Society, 1971）で描かれているような学校教育への批判が学問中心カリキュラムからの転換を促し、日本にも影響を与えたという（関根明伸（2019）「教育課程の理論と構造」『教育課程を学ぶ』ミネルヴァ書房、pp.27-29.

　①人間性豊かな児童生徒を育てること、②**ゆとり**のあるしかも充実した学校生活が送れるようにすること、③国民として必要とされる基礎的・基本的な内容を重視するとともに児童生徒の**個性や能力に応じた教育**が行わるようにすることの三点が「改定のねらい」の骨子となっている。

　授業時数10％削減、教科内容20％削減など「ゆとりと充実」が強調され、**学校裁量の時間（ゆとりの時間）**も設けられ、各学校の創意工夫を生かすために教育課程の大綱化・弾力化を図るという大きな方向性が示された。**資料６**をみると小学校５・６年生で国算理社各１コマ35時間、合計140時間（週４コマ分）削減されていることがうかがえる。

　いわゆる「ゆとり教育」は2002（平成14）年の学習指導要領から始まったとする言説（例えば「ゆとり世代」）など）も多くみられるが、厳密にいえばその嚆矢は「詰め込み教育」の方向から＜振り子の揺り戻し＞が始まった第５次学習指導要領改訂からである。ただし、オイルショック以降の経済の低迷・低成長による就職難は、国民の教育熱をいっそうヒートアップ（過熱）させ、受験競争（入学試験）という「川上」の状況が変わらない限り、「川下」の校種（学校段階）に「ゆとり」が生まれることもなかった。

(16) 文部省（1992）『学制百二十年史』ぎょうせい、p.303.

(17) 藤田祐介「日本の教育課程改革の展開③」『教育課程を学ぶ』ミネルヴァ書房、p.124.

　また、「能力主義か平等主義」かが議論となった高校の**習熟度別学級編成**が規定された[16]のも1978（昭和53）年高等学校学習指導要領改訂（学年進行により実施）からである。「人間中心カリキュラム」への転換[17]と評価するにはいささか心許なく、「教育荒廃」現象がさらに社会問題となっていった。

II-3　昭和43年学習指導要領と昭和52年学習指導要領の間　—「学問中心」から「人間中心」カリキュラムへの転換—

資料6　昭和52年度学習指導要領　小学校授業時数の配当

区分		第1学年	第2学年	第3学年	第4学年	第5学年	第6学年
各教科	国語	272(+34)	280(−35)	280(0)	280(0)	210(−35)	210(−35)
	社会	68(0)	70(0)	105(0)	105(−35)	105(−35)	105(−35)
	算数	136(+34)	175(+35)	175(0)	175(−35)	175(−35)	175(−35)
	理科	68(0)	70(0)	105(0)	105(0)	105(−35)	105(−35)
	音楽	68(−34)	70(0)	70(0)	70(0)	70(0)	70(0)
	図画工作	68(−34)	70(0)	70(0)	70(0)	70(0)	70(0)
	家庭					70(0)	70(0)
	体育	102(0)	105(0)	105(0)	105(0)	105(0)	105(0)
道　徳		34(0)	35(0)	35(0)	35(0)	35(0)	35(0)
特別活動		34	35	35	70	70	70
計		850(+34)	910(+35)	980(+35)	1015(0)	1015(−70)	1015(−70)

一　この表の授業時数の一単位時間は、45分とする。
二　かっこ内の授業時数は昭和43年学習指導要領との比較　太字は増加　赤字は削減項目
ただし、これまで「特別活動のうち、児童会活動及び学校行事の授業については…適切な授業時数を配当するようにすること」とされ具体的な時数が提示されてこなかった特別活動についても上記のように標準授業時数が追加されている

　1976（昭和51）年12月の教課審答申を受け、文部省は1977（昭和52）年7月に新学習指導要領を告示し、学教法施行規則を改正した。告示にあたって出された文部省通達では教育課程改善の基本方針として以下（**資料7**）の4点を挙げている。

資料7 [18]

①**道徳教育**や体育を一層重視し、知・徳・体の調和のとれた人間性豊かな児童生徒の育成を図ること

②各教科の基礎的・基本的事項を確実に身につけられるように教育内容を精選し、創造的な能力の育成を図ること

③**ゆとり**のある充実した学校生活を実現するために、各教科の標準授業時数を削減し、地域や学校の実態に即して授業時数の運用に創意工夫を加えることができるようにすること [19]

④学習指導要領に定める各教科等の目標、内容を中核的事項にとどめ、教師の自発的な創意工夫を加えた学習指導が十分展開できるようにすること

(18)　文部省（1992）『学制百二十年史』ぎょうせい、p.301.

(19)　学校や教師の創意工夫を強調しながら、指導要領の国家基準性・法的拘束性については一歩もゆずっていないとの批判もある（浅羽晴二（1979）「教育の現場からみた学習指導要領—特に法的拘束性をめぐって—」『日本教育法学会年報』第8号、p.78.

（元兼正浩）

II-4 臨教審と平成元年度学習指導要領改訂
―生涯学習社会における「新学力観」―

> **本節のポイント**
> ・生涯学習社会を展望した「新学力観」が提示された。
> ・「個性主義の原則」に則り、教育課程の大綱化・弾力化が図られた。
> ・小学校低学年において新教科「生活科」が設置された。
> ・高等学校において、社会科が地理歴史科と公民科の2教科へと再編された。

（1）市川昭午（1995）『臨教審以後の教育政策』教育開発研究所、p.1.

（2）臨時教育審議会「教育改革に関する第4次答申（最終答申）」なお掲載は、ぎょうせい編（1987）『臨教審と教育改革 第5集「第4次答申（最終答申）」をめぐって』ぎょうせい。

（3）当時の教育の在り様を風刺した小説や映画作品は多い。例えば、映画『家族ゲーム』（1983年公開）は、受験に対する親子間の考えの「ずれ」を描き、受験競争に囚われる家族の在り様を風刺した。また、映画『ぼくらの七日間戦争』（1988年公開）のように、管理教育に抵抗する子ども達を描いた作品もある。

（4）同審議会は4つの部会で構成されていたが、「教育の自由化」を強調する第一部会とそれに反対する第三部会とで意見の対立があった。「教育の自由化」は、第一部会のなかでも香山健一氏を中心として主張された。香山氏の「教育の自由化」は下記資料に詳しい。香山健一・第1部会長代理「文部省改革の必要性に関する考察―『反自由化論』批判」（1985年1月）、香山健一『「教育の自由化」論争の歴史的意義』（1985年5月）

改訂の経緯と概要

　1989（平成元）年、前学習指導要領の基本的な方針であった「ゆとりと充実」路線を引き継ぎながら、幼稚園・小学校・中学校・高等学校の学習指導要領の改訂が行われた。その内容は、臨時教育審議会（以下、臨教審）答申が示した「改革の基本的考え方」や教育課程審議会答申（1987年）「幼稚園・小学校・中学校・高等学校の教育課程の基準の改善について」に基づき考案されたものであった。とりわけ、臨教審以降の日本における「教育政策の基本的方向は臨教審によって設定された」[1]とされる通り、臨教審が本次改訂に与えた影響は大きい。

（1）臨教審の示した改革の基本原則

　臨教審（中曽根首相直属の諮問機関）では、21世紀の社会を展望した教育のあり方が議論され、最終答申では「**個性重視の原則**」、「**生涯学習体系への移行**」、「**変化への対応**」の3点が教育改革の基本原則として挙げられた。

　この最終答申において、「今次教育改革で最も重視されなければならない」基本原則[2]とされたのが、「**個性重視の原則**」である。当時、受験競争の激化や落ちこぼれの増加、いじめや不登校といった「**教育の荒廃**」問題[3]が浮上していた。臨時教育審議会が標榜した「**戦後教育の総決算**」というフレーズは、上述した問題の発生の要因を、高度経済成長期に企業社会からの要請に応じる形で展開した学校教育が陥ってしまった画一性、硬直性、閉鎖性にあるとし、その打破を目指したものである。審議の開始当初にはその解決を「教育の自由化」へと求めていたが、「教育の自由化」という方針をめぐっては臨時教育審議会内部において反対する意見もあり[4]、議論の末、「個人の尊厳、自由・規律、自己責任の原則」の重視、すなわち「個性重視の原則」が改革の方針として提示された。

　さらに、教育における学校教育の位置づけについても、大きな変化の必要性が主張された。臨教審は学歴社会の弊害の是正に加え、「学習意欲の新たな高まりと多様な教育サービス供給体系の登場、科学技術の進展などに伴う新たな学習需

要の高まりにこたえ、学校中心の考え方を改め、生涯学習体系への移行を主軸とする教育体系の総合的再編成」[5]を改革方針として提示した。この「**生涯学習体系への移行**」の原則のもとでは、「学校」も専門学校や社会教育施設と並び「生涯学習機関」の一環として位置付けることが求められた[6]。このことを受け、その後1988年には生涯学習局が文部省の筆頭局として新設されている。また、生涯学習という用語も、個人の学ぶ姿勢を教育の中心に据えるものとして、生涯教育という用語に代わり臨教審が打ち出したものだった。生涯学習における学校教育の位置づけは、その後文部省（1988）[7]によって、「生涯学習の基盤」としての学校教育と「生涯学習体系の一環」としての学校教育という２つの見地から捉えられ、前者の見地からは「基礎・基本の徹底」と「自己教育力の育成」を、後者の見地からは「生涯学習の機会の一つとしての機能を果たす」ことを学校教育へ求めた[8]。

以上のような改革方針をもって、社会の「**変化への対応**」が求められた。なかでも、「**国際化**」、「**情報化**」の変化への対応は最重視された。このうち教育の「国際化」とは、教育内容の国際化といった側面だけでなく、「新しい国際化を実現する主体」の育成も目指すものとして提示された。

（２）改訂への反映と「新学力観」

以上のように示された教育改革の方向性は、教育課程審議会での議論にも反映された。教育課程審議会は教育課程の改善の方針として①豊かな心をもち、たくましく生きる人間の育成を図ること、②自ら学ぶ意欲と社会の変化に主体的に対応できる能力の育成を重視すること、③国民として必要とされる基礎的・基本的な内容を重視し、個性を生かす教育の充実を図ること、④国際理解を深め、我が国の文化と伝統を尊重する態度の育成を重視することを答申に示した。これを踏まえ新学習指導要領は、「社会の変化に自ら対応できる心豊かな人間の育成」を基本的なねらいとした上で、①**心豊かな人間の育成**、②**基礎・基本の重視と個性教育の推進**、③**自己教育力の育成**、④**文化と伝統の尊重と国際理解の推進**といった教育課程の改善のねらいを提示した。

これらのねらいを貫いて本次学習指導要領が示した「知識・理解・技能の習得以上に、児童生徒の関心・意欲・態度を重視し、思考力・判断力・表現力に裏付けられた自己教育力を獲得する学力観」[9]は、「**新学力観**」と呼ばれる。新学力観の概念図は、右図の通りである[10]。

図表1　新学力観の概念図

2　教育課程改善の要点

特徴的な変更点としては、小学校低学年における「生活科」の新設、高等学校における社会科の再編、教育課程の弾力化の３点が挙げられる。

（5）臨時教育審議会「教育改革に関する第４次答申（最終答申）」。掲載はぎょうせい編（1987）、前掲書。

（6）姉崎洋一（1991）「生涯学習と社会教育法」『日本教育法学会年報』第20号、p.79.

（7）文部省（1988）『我が国の文教施策―生涯学習の新しい展開』、p.28, p.35.

（8）神山正弘（1991）「生涯学習施策と学校教育行政の課題」『日本教育法学会年報』第20号、p.69.

（9）水原克敏（2010）『学習指導要領は国民形成の設計書』東北大学出版会、p.186.

（10）図表1は、水原（2010）が作成したものを参照し、執筆者作成。
同上、p.186.

（1）小学校低学年における「生活科」の新設

　小学校低学年では、社会科と理科が廃止され、新教科「生活科」が新設された。この時の生活科の目標は、「具体的な活動や体験を通して、自分と身近な人々、社会や自然とのかかわりに関心をもち、自分自身の生活について考えさせるとともに、その過程において生活上必要な習慣や技能を身に付けさせ、自立への基礎を養う」とされた。この目標から、活動・経験が必須の条件とされていることが明らかである[11]。また生活科は「分立した各教科の科学的知識につな」ぐ「合科的な指導」の中心的な教科とされた[12]。すなわち生活科は、個人の体験や興味・関心に根差した「自己教育力」の育成へつながる教科として期待されたものと言えよう[13]。

（2）高等学校における社会科の再編

　高等学校では、それまでの「社会科」から**地理歴史科**と**公民科**の2つの教科へと再編された。新設の公民科には「心豊かな人間の育成」のため「国民としての在り方、社会人としてのあるべき姿を教える」ことが期待された[14]。ただし、戦後民主主義教育を支える役割を担う教科として出発した総合社会科の解体（小学校低学年の社会科廃止も含む）に対しては、日本社会科教育学会をはじめ関係団体より教育課程審議会へ度々反対意見が提出されていた[15]。最終答申では社会科の再編が明示されることとなったが、この改訂は、教育理論・実践の妥当性や適切性といった観点からではなく、政治的な力学によって強硬に推し進められたと指摘されている[16]。以降、社会科の再構築は、社会科関係者が担う実践と理論の展開に俟たれることとなった。

（3）教育課程の弾力化

　画一化・硬直化した教育課程への問題意識から教育課程の大綱化・弾力化が図られた。中学校においては選択履修の幅が拡大され、全教科が選択科目に指定された。そして、とりわけ高等学校では重点的な変更が行われた。高等学校の教育課程の編成基準の変更内容は以下の通りである[17]。

　1）共通必修科目を30単位から17単位へ削減
　2）教科内における選択必修科目の増加及び難易度の差異化
　3）普通課程の選択科目数を43科目から60科目へ、職業課程の選択科目数を153科目から184科目へ、それぞれ増加させた

　この基準のもと、「生徒の特性、進路等に応じて適切な教育を行うため、多様な各教科・科目を設け生徒が自由に選択履修」できるような教育課程の編成が求められた。「個性重視の原則」に則る「個性教育」の実現を、生徒各々の選択の幅の拡大によって企図したと言えよう。特に職業科目の選択肢が増加し、職業学科の生徒が「各学科の特色等に応じて、必要な各教科・科目を重点的に選択」できるような教育課程の編成を求めたほか、普通科の生徒についても「地域や学校の実態、生徒の特性、進路等を考慮し、必要に応じて、適切な職業に関する各教科・科目の履修の機会の確保について配慮する」よう求められた。

---

(11) 吉富・田村（2014）によれば、生活科はその成立過程のなかで一層、学習内容と「自分とのかかわり」が強調されていったのだという。
吉富芳正・田村学（2014）『生活科の形成過程に関する研究 新教科誕生の軌跡』東洋館出版社、p.161.

(12) 水原克敏（2010）、前掲書、pp.188-189.

(13) 詳しくは、本書「Ⅳ-5 生活科 教育課程の交差点としての生活科」(pp.134-137)を参照。

(14) 水原（2010）、同上、p.187.

(15) 例えば、日本社会科教育学会からは、昭和61年5月1日「社会科教育に関する要望書1」、昭和61年8月27日「社会科教育に関する要望書2」、昭和61年10月26日「社会科教育についての要望」、昭和62年11月7日「要望書」、昭和62年12月1日「高等学校「社会科」の改訂に関する質問書」が提出された。

(16) 茨木智志（2010）「社会科解体はどう準備され進行したのか」片上宗二・木村博一・永田忠道編『混迷の時代！"社会科"はどこに向かえば良いのか―激動の歴史から未来を模索する』明治図書、pp.160-169を参照し、赤沢早人（2017）「第2章 社会科教育の変遷―「社会科を教える」から「社会科で教える」へ」田中耕二編著『戦後教育方法論史（下）―各教科・領域等における理論と実践―』ミネルヴァ書房、p.50.

(17) 竹内（1993）の整理に基づく。竹内常一（1993）『日本の学校のゆくえ【偏差値教育はどうなるか】』太郎次郎出版、pp.96-97.

小学校の教科等と授業時数（平成３年４月施行）

区分		第1学年	第2学年	第3学年	第4学年	第5学年	第6学年
各教科の授業時数	国語	306	315	280	280	210	210
	社会	－	－	105	105	105	105
	算数	136	175	175	175	175	175
	理科	－	－	105	105	105	105
	生活	102	105	－	－	－	－
	音楽	68	70	70	70	70	70
	図画工作	68	70	70	70	70	70
	家庭	－	－	－	－	70	70
	体育	102	105	105	105	105	105
道徳の授業時数		34	35	35	35	35	35
特別活動の授業時数		34	35	35	70	70	70
総授業時数		850	910	980	1015	1015	1015

1 この表の授業時数の1単位時間は、45分とする。
2 特別活動の授業時数は、小学校学習指導要領で定める学級活動（学校給食に係るものを除く）及びクラブ活動に充てるものとする。
3 私立学校の場合において、道徳のほかに宗教を加えるときは、宗教の授業時数をもってこの表の道徳の授業時数の一部に代えることができる。

参照：http://www.mext.go.jp/b_menu/hakusho/html/others/detail/1318313.htm

中学校の教科等と授業時数（平成４年４月施行）

区分	必修教科の授業時数								道徳の授業時数	特別活動の授業時数	選択教科等に充てる授業時数	総授業時数
	国語	社会	数学	理科	音楽	美術	保健体育	技術・家庭科				
第1学年	175	140	105	105	70	70	105	70	35	35～70	105～140	1050
第2学年	140	140	140	105	35～70	35～70	105	70	35	35～70	105～210	1050
第3学年	140	70～105	140	105～140	35	35	105～140	70～105	35	35～70	140～280	1050

1 この表の授業時数の1単位時間は、50分とする。
2 特別活動の授業時数は、中学校学習指導要領で定める学級活動（学校給食に係るものを除く。以下この号において同じ。）及びクラブ活動に充てるものとする。ただし必要がある場合には、学級活動の授業時数のみに充てることができる。
3 選択教科等に充てる授業時数は、選択教科の授業時数に充てるほか、特別活動の授業時数の増加に充てることができる。
4 選択教科の授業時数については、外国語は各学年において105～140までを標準とし、外国語以外の選択教科は中学校学習指導要領で定めるところによる。
5 私立学校の場合において、道徳のほかに宗教を加えるときは、宗教の授業時数をもってこの表の道徳の授業時数の一部に代えることができる。

参照：http://www.mext.go.jp/b_menu/hakusho/html/others/detail/1318313.htm

高等学校社会科（昭和53年）と高等学校地理歴史科及び公民科（平成元年）における教科目標

昭和53年	社会科	広い視野に立って、社会と人間についての理解と認識を深め、民主的、平和的な国家・社会の有為な形成者として必要な公民的資質を養う。
平成元年	地理歴史科	我が国及び世界の形成の歴史的過程と生活・文化の地域的特色についての理解と認識を深め、国際社会に主体的に生きる民主的、平和的な国家・社会の一員として必要な自覚と資質を養う。
	公民科	広い視野に立って、現代の社会について理解を深めさせるとともに、人間としての在り方生き方についての自覚を育て、民主的、平和的な国家・社会の有為な形成者として必要な公民としての資質を養う。

コラム　家庭科の男女共修化

　日本は、1985年に女性差別撤廃条約を批准した。本条約では、第５条において、「両性のいずれかの劣等性若しくは優越性の観念又は男女の定型化された役割に基づく偏見及び慣習その他あらゆる慣行の撤廃を実現するため、男女の社会的及び文化的な行動様式を修正すること」と明記されており、また第10条では男女で「同一の教育課程」とすることが規定されていた。当時日本の教育課程上では家庭科は女子のみ必修とされていたが、本条約の批准にあたってこの変更が求められ、1989年の学習指導要領改訂において男女とも選択必修科目とされた。これをもって、中学校では1993年、高等学校では1994年から、家庭科は男女共修となった。このことも、本次改訂の重要事項である。

（柴田里彩）

II-5 21世紀を展望した学習指導要領
―「生きる力」の育成と「総合的な学習の時間」の創設―

本節のポイント

- 完全学校週5日制の下、各学校が「ゆとり」の中で「特色ある教育」を展開することが求められた。
- 自ら学び自ら考える力などの「生きる力」をはぐくむことが重視された。
- 「総合的な学習の時間」が創設された。

1 時代背景・改訂趣旨

前章まで触れられていたように、これまでの経済成長を重視した教育のあり方は深刻な教育病理を抱えることになり、これについて臨教審は「高度経済成長の負の副作用」と総括した。「学校の人間化」、「新学力観」、「個性重視」といったキーワードが生まれ、1989（平成元）年版学習指導要領のシンボルとなった。

その後、日本国内では、交通・情報通信システムの急速な整備など、様々な分野の進展は著しいものであったが、人々の生活は「ゆとり」を失い、家庭、地域社会との連帯意識も弱めていた。子どもたちの生活も大人社会と同様に、「ゆとり」がなく、学校生活への満足度の減少や、過熱化した受験競争の低年齢化、いじめや登校拒否といった課題を抱えていた[1]。

世界情勢へ目を向けると、1990（平成2）年の東西冷戦終結や社会主義国家の方針転換とともに、地球が一つになり、1995（平成7）年のWindows95登場でコンピュータが世界共通の道具になるなど、商品や情報などが世界中を駆け巡る国際化・情報化時代が到来した[2]。

このような時代状況を踏まえて、21世紀に向けて、「**生きる力**」を育むことが学校教育に期待され、1998（平成10）年版学習指導要領のキー概念となり、「**完全学校週5日制**の下で、各学校が『**ゆとり**』の中で『**特色ある教育**』を展開し、子どもたちに学習指導要領に示す**基礎的・基本的な内容**を確実に身に付けさせることはもとより、自ら学び自ら考える力などの『**生きる力**』をはぐくむ」[3]ことが目指された。これを実現するため、また、国際理解教育や情報教育などを行う社会的要請から、「**総合的な学習の時間**」が創設された。

表1～表3は小・中学校、高等学校の授業時数及び単位数を示したものである。高等学校の「総合的な学習の時間」に関しては、卒業までに105～210単位時間（3～6単位）を標準とし、各学校において、学校や生徒の実態に応じて、適切に配当することになった。

（1）中央教育審議会「21世紀を展望した我が国の教育の在り方について中央教育審議会 第一次答申」（1996年7月）http://www.mext.go.jp/b_menu/shingi/chuuou/toushin/960701.htm （最終アクセス日：2019年6月17日）

（2）水原克敏（2016）『学習指導要領は国民形成の設計書』東北大学出版会、pp.177-207.

（3）文部科学省「新しい学習指導要領の主なポイント」www.mext.go.jp/a_menu//shotou/cs/1320944.htm （最終アクセス日：2019年6月17日）

学習指導要領の改訂の視点として、引用した部分のほか、「1．豊かな人間性や社会性、国際社会に生きる日本人としての自覚の育成、2．多くの知識を教え込む教育を転換し、子どもたちが自ら学び自ら考える力の育成、3．ゆとりのある教育を展開し、基礎・基本の確実な定着と個性を生かす教育の充実、4．各学校が創意工夫を生かした特色ある教育、特色ある学校づくり」も示された。

表1　1998（平成10）年改訂の小学校の授業時数

区分	各教科の授業時数									道徳の授業時数	特別活動の授業時数	総合的な学習の時間の授業時数	総授業時数
	国語	社会	算数	理科	生活	音楽	図画工作	家庭	体育				
第1学年	272	−	114	−	102	68	68	−	90	34	34	−	782
第2学年	280	−	155	−	105	70	70	−	90	35	35	−	840
第3学年	235	70	150	70	−	60	60	−	90	35	35	105	910
第4学年	235	85	150	90	−	60	60	−	90	35	35	105	945
第5学年	180	90	150	95	−	50	50	60	90	35	35	110	945
第6学年	175	100	150	95	−	50	50	55	90	35	35	110	945

備考　1. この表の授業時数の1単位時間は、45分とする。
　　　2. 特別活動の授業時数は、小学校学習指導要領で定める学級活動（学校給食に係るものを除く。）に充てるものとする。
　　　3. 学校教育法施行規則第24条第2項の場合において、道徳のほかに宗教を加えるときは、宗教の授業時数をもつてこの表の道徳の授業時数の一部に代えることができる。（表2の場合においても同様とする。）

表2　1998（平成10）年改訂の中学校の授業時数

区分	必修教科の授業時数									道徳の授業時数	特別活動の授業時数	選択教科等に充てる授業時数	総合的な学習の時間の授業時数	総授業時数
	国語	社会	数学	理科	音楽	美術	保健体育	技術・家庭	外国語					
第1学年	140	105	105	105	45	45	90	70	105	35	35	0〜30	70〜100	980
第2学年	105	105	105	105	35	35	90	70	105	35	35	50〜85	70〜105	980
第3学年	105	85	105	80	35	35	90	35	105	35	35	105〜165	70〜130	980

備考　1. この表の授業時数の1単位時間は、50分とする。
　　　2. 特別活動の授業時数は、中学校学習指導要領で定める学級活動（学校給食に係るものを除く。）に充てるものとする。
　　　3. 選択教科等に充てる授業時数は、選択教科の授業時数に充てるほか、特別活動の授業時数の増加に充てることができる。
　　　4. 選択教科の授業時数については、中学校学習指導要領で定めるところによる。

表3　1998（平成10）年改訂の高等学校の普通教科・科目及び標準単位数

教科	科目	単位数
国語	国語表現Ⅰ	2
	国語表現Ⅱ	2
	国語総合	4
	現代文	4
	古典	4
	古典講読	2
地理歴史	世界史A	2
	世界史B	4
	日本史A	2
	日本史B	4
	地理A	2
	地理B	4
公民	現代社会	2
	倫理	2
	政治・経済	2
数学	数学基礎	2
	数学Ⅰ	3
	数学Ⅱ	4
	数学Ⅲ	3
	数学A	2
	数学B	2
	数学C	2

教科	科目	単位数
理科	理科基礎	2
	理科総合A	2
	理科総合B	2
	物理Ⅰ	3
	物理Ⅱ	3
	化学Ⅰ	3
	化学Ⅱ	3
	生物Ⅰ	3
	生物Ⅱ	3
	地学Ⅰ	3
	地学Ⅱ	3
保健体育	体育	7〜8
	保健	2
芸術	音楽Ⅰ	2
	音楽Ⅱ	2
	音楽Ⅲ	2
	美術Ⅰ	2
	美術Ⅱ	2
	美術Ⅲ	2
	工芸Ⅰ	2
	工芸Ⅱ	2
	工芸Ⅲ	2
	書道Ⅰ	2
	書道Ⅱ	2
	書道Ⅲ	2

教科	科目	単位数
外国語	オーラル・コミュニケーションⅠ	2
	オーラル・コミュニケーションⅡ	4
	英語Ⅰ	3
	英語Ⅱ	4
	リーディング	4
	ライティング	4
家庭	家庭基礎	2
	家庭総合	4
	生活技術	4
情報	情報A	2
	情報B	2
	情報C	2
10教科59科目		

備考
・本表に掲げる以外の教科・科目を設けることができる。
・特別活動の週当たりの授業時数：ホームルーム活動は1単位時間以上である。
・総合的な学習の時間：卒業までに105ないし210単位時間配当。これに付与できる単位数3ないし6単位である。

（4）前掲ホームページ（3）

（5）文部科学省「新しい学習指導要領のねらいの実現に向けて」
http://www.mext.go.jp/a_menu/shotou/cs/1321018.htm
（最終アクセス日：2019年6月17日）

（6）そのほか、⑤道徳教育について、小学校低学年では、基本的なしつけや善悪の判断などについて繰り返し指導を徹底し、ボランティア体験や自然体験などの体験活動を生かした学習を充実する。⑥国際化へ対応するため、中学校及び高等学校で「外国語」を必修とし、話す聞く教育に重点を置き、小学校でも「総合的な学習の時間」などにおいて英会話などを実施する。⑦情報化へ対応するため、中学校技術・家庭科で情報に関する基礎的な内容を必修とし、高等学校で教科「情報」を新設し必修とする。⑧体育・健康教育について、生涯にわたって運動に親しみ基礎的体力を高めることを重視することや、心の健康、望ましい食習慣の形成、生活習慣病の予防、薬物乱用防止などの課題に適切に対応するように規定した。前掲ホームページ（3）

（7）岡部恒治ら編（1999）『分数ができない大学生　21世紀の日本が危ない』東洋経済新報社。

（8）中央教育審議会「初等中等教育における当面の教育課程及び指導の充実・改善方策について（答申）」（2003年10月）
http://www.mext.go.jp/b_menu/shingi/chukyo/chukyo0/toushin/f_03100701.htm
（最終アクセス日：2019年6月17日）

（9）文部科学省「小学校、中学校、高等学校等の学習指導要領の一部改正等について（概要）」http://www.mext.go.jp/a_menu/shotou/cs/1320947.htm
（最終アクセス日：2019年6月17日）

2 改訂の要点

改訂の要点は、①授業時数の縮減、②教育内容の厳選、③「総合的な学習の時間」の創設、④選択学習の幅の拡大、⑤道徳教育、⑥国際化への対応、⑦情報化への対応、⑧体育・健康教育、であった[4]。例えば、**①授業時数の縮減**について、1989（平成元）年版学習指導要領と比べ、年間授業時数は70単位時間（週当たり2単位時間）縮減され、また、高校の卒業に必要な修得総単位数は、80単位以上から74単位以上となった。**②教育内容の厳選**を通して、**基礎・基本**を確実に習得させ、ゆとりの中できめ細かな教育活動が可能となる（図1）。**③「総合的な学習の時間」**は、「横断的・総合的な課題などについて、自然体験や社会体験、観察・実験、見学・調査などの体験的な学習、問題解決的な学習を行う」ものであり、学習指導要領改訂の目玉であった。この創設は、「自ら課題を見付け、自ら学び、自ら考え、主体的に判断し、よりよく問題を解決する資質や能力を育てる」ことや、「学び方やものの考え方を身に付け、問題の解決や探究活動に主体的、創造的に取り組む態度を育て、自己の生き方を考えることができるようにする」[5]ことをねらいとした。**④選択学習の幅の拡大**について、中学校では、選択教科に充てる授業時数の拡大、学習指導要領に示す内容の理解をより深める、発展的な学習などを実施することが可能になり、高校では、必修科目の最低合計単位数を縮減し、各学校で独自に学校設定教科・科目を設定することなどが可能になった。図2において全体構造を示した[6]。

3 2003（平成15）年の一部改正

1999年に『分数ができない大学生　21世紀の日本が危ない』[7]が出版されたほか、「国際数学・理科教育動向調査（TIMSS）」の結果（数学5位、理科3位）や、2000年の「生徒の学習到達度調査（PISA）」の結果（読解力8位）を受け、**「ゆとり教育」**による**学力低下論**が巻き起こり、1998（平成10）年版学習指導要領は、学力低下を起こすと批判された。「総合的な学習の時間」も目標の不明確さや、教科等とのつながりの難しさ、内容の選定、方法の分かりにくさから批判を浴びた[8]。

これらの批判への対応として、文部科学省は2002（平成14）年に「確かな学力の向上のための2002アピール『学びのすすめ』」を発表し、**「確かな学力」**の向上を打ち出し（図3）、2003（平成15）年に学習指導要領の一部改正を行った。これにより、児童生徒の実態を踏まえ、学習指導要領に示していない内容を加えて指導できることを明確にした。また、「総合的な学習の時間」のねらいに「各教科等で身に付けた知識や技能等を相互に関連付け、学習や生活に生かし、それらが総合的に働くようにする」ことを加え、各学校において「総合的な学習の時間」の目標及び内容を定め、全体計画を作成する必要があることなどを新たに規定した[9]。

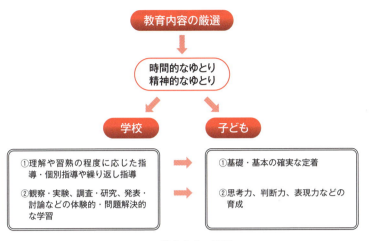

図1　教育内容の厳選

図1：「教育内容の厳選」とは、高度になりがちな内容を上の学年や学校段階に移行し、もともと上の段階で扱っていた内容と合わせることにより、体系的にわかりやすく指導すること、各学校段階間、各学年間、各教科間で重複する内容を削除することである。

文部科学省「新しい学習指導要領のねらいの実現に向けて」http://www.mext.go.jp/a_menu/shotou/cs/1321018.htm（最終アクセス日：2019年6月17日）

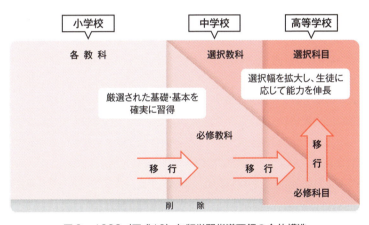

図2　1998（平成10）年版学習指導要領の全体構造

図2：学習指導要領の全体構造として、「小・中学校では教育内容を厳選し、基礎・基本を確実に習得」させることと、「中・高等学校では、選択学習の幅を拡大し、生徒の能力等に応じ、発展的な学習も行う」ことである。

文部科学省「新しい学習指導要領のねらいの実現に向けて」http://www.mext.go.jp/a_menu/shotou/cs/1321018.htm（最終アクセス日：2019年6月17日）

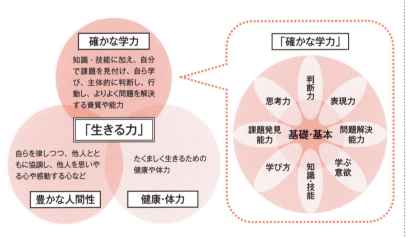

図3　確かな学力

図3：「確かな学力」とは、知識や技能に加え、思考力・判断力・表現力などまでを含むもので、学ぶ意欲を重視した、これからの子どもたちに求められる学力である。

中央教育審議会「初等中等教育における当面の教育課程及び指導の充実・改善方策について（答申）」（2003年10月）http://www.mext.go.jp/b_menu/shingi/chukyo/chukyo0/toushin/f_03100701.htm（最終アクセス日：2019年6月17日）

（楊川）

学力低下批判と学習指導要領
―学力を高めるカリキュラム―

本節のポイント

1998（平成10）年版学習指導要領が告示されたのち、マスメディアの報道や各種学力調査結果の公表を契機として学力低下批判が起こった。この批判を踏まえる形で、2003（平成15）年学習指導要領一部改正や2007（平成19）年学校教育法一部改正（学力の三要素）、2008（平成20）年版学習指導要領告示が行われ、各学校では対応が求められた。

1 学力低下批判

1998（平成10）年に告示された学習指導要領は、学校完全週5日制の導入や「総合的な学習の時間」の新設とあわせ、授業時数の大幅削減と教育内容の厳選が図られた。こうした改訂を行った学習指導要領は「ゆとり教育」と呼ばれ、多方面から学力低下に関する懸念の声が寄せられていた。例えば岡部ら（1999）は、主に私立大学の文系学部学生を対象に行った小学校算数と中学校数学の問題を中心とする学力調査の結果、「分数の計算などの小学校レベルの計算もできない学生が、私立のトップ校でも約二割」いると報告している[1]。大手学習塾である日能研は、「さようなら、（上底＋下底）×高さ÷2」、「教科書から円周率3.14が消える！」といった「学力低下（反対）キャンペーン」[2]を展開し、社会的な関心を集めた。

また、経済協力開発機構（OECD）が行う学習到達度調査が与えた影響も大きい。1998（平成10）年版学習指導要領告示後の2001（平成13）年12月、PISA2000が報告した結果において、日本は家庭学習の時間が参加国中最低であること、読解力が平均並であることなどの課題が明らかとなった。この調査結果を受け、遠山文科相（当時）は2002（平成14）年1月、**「確かな学力」**という表現を使った緊急アピール**「学びのすすめ」**を発表する（資料1）[3]。

そして2003（平成15）年10月「初等中等教育における当面の教育課程及び指導の充実・改善方策について（答申）」を受け、同年12月に学習指導要領が一部改訂される。当該改訂では、学習指導要領の基準性の明示、**「はどめ規定」**の見直し、学習指導要領に明示していない内容を教えることの奨励、習熟度別指導の実施、標準授業時数を上回る授業時間の確保などが明記され、「ゆとり教育」は全面実施後1年にして事実上学力重視に軌道修正されることとなった[4]。

しかしその後も学力低下批判は止まらない。2004（平成16）年に公表されたPISA2003をはじめとする学力調査結果では、日本の国際的な学力順位の低下

（1）岡部恒治・戸瀬信之・西村和雄編（1999）『分数ができない大学生 21世紀の日本が危ない』東洋経済新報社、p.i.

（2）小松光太郎（2015）『現場から見た学びの変遷 体験的に読み解く中学校学習指導要領史』日本教育新聞社、p.161.

（3）こうした1998（平成10）年版学習指導要領告示直後の一連の流れについて、当時、大臣官房審議官であった寺脇研は、「土壇場でちゃぶ台をひっくり返すようなもの」であったと、当時を振り返り語っている。（西日本新聞「【聞き書き】動あれば反動あり（1）ゆとり教育の転回点」2018年6月26日7面.）

（4）戸田浩史（2009）「「ゆとり教育」見直しと学習指導要領の在り方」『立法と調査』p.68.

資料１　確かな学力向上のための2002アピール「学びのすすめ」（2002年1月17日文部科学省）

本年４月から、全国の小・中学校で、新しい学習指導要領が全面実施されます。

新しい学習指導要領は、基礎・基本を確実に身に付け、それを基に、自分で課題を見付け、自ら学び、自ら考え、主体的に判断し、行動し、よりよく問題を解決する能力や、豊かな人間性、健康と体力などの「生きる力」を育成することを基本的なねらいとしています。

文部科学省としては、「心の教育」の充実と「確かな学力」の向上とが教育改革の特に重要なポイントであり、とりわけ、今の学校教育における大きな課題であると考えております。各学校及び教育委員会においては、これまで、新しい学習指導要領の全面実施に向けて精力的に準備を進めていただいているところであり、文部科学省としても、各学校や教育委員会の取組を支援する観点から、各種の施策を講じてまいりました。

一方で、授業時数や教育内容の削減によって児童生徒の学力が低下するのではないかという点について社会の各方面から寄せられている懸念に対しては、新しい学習指導要領のねらいとその実現のための施策とを今一度明確に示すとともに、そのねらいが確実に実現されるよう、さらに努力する必要があると考えます。

新しい世紀を迎え、これからの日本と世界は様々な面でこれまで以上に激しい変化に直面することになると予想されます。そのような中で、これからの社会を担う児童生徒が主体的、創造的に生きていくため、一人一人の児童生徒に「確かな学力」を身に付けることが重要となると考えます。

こうした観点から、新しい学習指導要領では、教育内容の厳選を図った上で、繰り返し指導や体験的・問題解決的な学習などのきめ細かな教育活動を展開することによって、そのねらいを実現しようとしているところです。中・高等学校においては、選択学習の幅を拡大し、一人一人の個性や能力、進路希望等に応じた学習が大幅にできるようにしました。さらに、自ら学び考える力、学び方やものの考え方、問題の解決や探究に主体的・創造的に取り組む態度などを育成することをねらいとして、総合的な学習の時間を新設したところです。

諸外国に目を向けると、アメリカ、イギリス、フランスをはじめとする欧米諸国やアジアの国々などにおいても、教育こそが一国の未来にとっての最重要課題であるとして、国を挙げて児童生徒の学力の向上等に向けた教育改革が推進されているところです。

また、昨年12月に公表された、経済協力開発機構（OECD）の「生徒の学習到達度調査（PISA）」の結果によると、我が国の児童生徒の学力は、単なる知識の量だけでなくそれを活かして実生活上での課題を解決する能力についても国際的に見て上位に位置していることが明らかになりました。その一方で、我が国の生徒の「宿題や自分の勉強をする時間」は参加国中最低であること、最も高いレベルの読解力を有する我が国の生徒の割合はOECD平均と同程度にとどまっていることなどの結果も出ています。

これらは、これまでの我が国の初等中等教育において、知識や技能だけでなく、思考力、判断力などまで含めた学力の育成に向けて取り組んできたことの成果の現れであるとともに、学びへの意欲や学ぶ習慣を十分身に付ける、あるいは、一人一人の個性や能力を最大限に伸ばしていくといった課題を示すものであると考えます。このような課題については真摯に受け止め、改善に向けた努力を惜しんではなりません。

以上を踏まえ、新しい学習指導要領の全面実施を目前に控えた今、文部科学省としては、新しい学習指導要領のねらいとする「確かな学力」の向上のために、指導に当たっての重点等を明らかにした５つの方策を次のとおりお示しすることとしました。

各学校においては、この趣旨をご理解いただき、各学校段階の特性や学校・地域の実態を踏まえ、新しい学習指導要領のねらいとする「確かな学力」の向上に向けて、創意工夫を活かした取組を着実に進めていただきたいと思います。

また、各教育委員会においては、このための各種の支援策を講ずるとともに、各学校に対する適切な指導・助言を行っていただきますようお願いします。

1　きめ細かな指導で、基礎・基本や自ら学び自ら考える力を身に付ける

少人数授業・習熟度別指導など、個に応じたきめ細かな指導の実施を推進し、基礎・基本の確実な定着や自ら学び自ら考える力の育成を図る

2　発展的な学習で、一人一人の個性等に応じて子どもの力をより伸ばす

学習指導要領は最低基準であり、理解の進んでいる子どもは、発展的な学習で力をより伸ばす

3　学ぶことの楽しさを体験させ、学習意欲を高める

総合的な学習の時間などを通じ、子どもたちが学ぶ楽しさを実感できる学校づくりを進め、将来、子どもたちが新たな課題に創造的に取り組む力と意欲を身に付ける

4　学びの機会を充実し、学ぶ習慣を身に付ける

放課後の時間などを活用した補充的な学習や朝の読書などを推奨・支援するとともに、適切な宿題や課題など家庭における学習の充実を図ることにより、子どもたちが学ぶ習慣を身に付ける

5　確かな学力の向上のための特色ある学校づくりを推進する

学力向上フロンティア事業などにより、確かな学力の向上のための特色ある学校づくりを推進し、その成果を適切に評価する

（資料2）だけでなく、日本の子どもの学習時間の少なさや学習意欲の低下、資料の読解や記述式問題に課題があることが明らかになったのである。

こうした流れの中、2007（平成19）年に学校教育法が一部改正され、「学力」は、「基礎的な知識・技能」「思考力・判断力・表現力等の能力」「主体的に学習に取り組む態度」の三つとして規定されることとなる（**学力の三要素**）（資料3）。

2　学習指導要領の改訂

以上を踏まえ、2008（平成20）年に学習指導要領が告示される。当該学習指導要領の基本的な考え方としては、「1998（平成10）年版学習指導要領で示された**「生きる力」**という理念の共有」（資料4）、「基礎的・基本的な知識・技能の習得」、「思考力・判断力・表現力等の育成」、「確かな学力を確立するために必要な授業時数の確保」[5]、「学習意欲の向上や学習習慣の確立」、「豊かな心や健やかな体の育成のための指導の充実」が挙げられた。

特に、学力低下批判への対応として、当該学習指導要領では約1割の授業時数増加が図られた（資料5）。具体的には、小学校・中学校各学年において授業時数が年間35時間（小学校1学年は年間68時間）増加している。また、小学校段階では**外国語活動**が高学年に導入されたことにより、その時間数確保へ向け、1998（平成10）年版学習指導要領で導入された「総合的な学習の時間」が大幅に削減されることとなった。さらに各学校では、時数確保へ向け、教育課程の一環として行う朝のドリル学習の活用や、1単位時間を変更した**モジュール学習**の活用もその対応策として検討・導入された。具体的には、「朝の学習活動で15分間の漢字や計算練習を行い、3日間で1単位時間とする」、「理科の実験観察などにおいて、授業時間を60分とする」[6]などの取り組みが検討された。

そして当該学習指導要領では、教育内容に関しても様々な改善事項が挙げられている。その具体的な内容は、「**言語活動の充実**」、「理数教育の充実」、「伝統や文化に関する教育の充実」、「道徳教育の充実」、「体験活動の充実」、「小学校段階における外国語活動の導入」である。特に「言語活動の充実」は、PISA2003等の学力調査で指摘された「資料の読解」や「記述式問題への回答」といった課題に対応するべく重視された事項である。「言語活動の充実」に取り組むうえでは、言語に関する能力を育成する中核的な国語科はもちろんであるが、国語科以外の各教科等においても対応が求められている。文科省が2011年に発刊した「言語活動の充実に関する指導事例集」（小学校版・中学校版・高等学校版）では、各教科等における言語活動を取り入れた学習活動例が提示されており、例えば「計算の意味や計算の仕方について具体物を用いて説明し合う」（小学校1年算数）、「継続的なレポートの作成とコミュニケーションカードの活用」（中学校理科全学年）、「音楽の特徴などを言葉で表すことによって鑑賞を深める」（高等学校芸術科）等の指導例が記載されている[7]。

（5）各種メディアはこの改訂内容を1998（平成10）年版学習指導要領と比較し、「脱ゆとり」との論調を展開した。これに対し文科省は、2008（平成20）年版学習指導要領は、1998（平成10）年版学習指導要領が提示した「生きる力」の理念を継承していることから、今般学習指導要領は「ゆとりでも詰込みでもない教育」を目指すものであると述べている。

（6）島根県教育委員会「「小学校・中学校学習指導要領 総則」にかかわるQ&A」https://www.pref.shimane.lg.jp/kyoikusido/kyoikukatei.data/el_qa.pdf（2019年7月1日最終確認）

（7）文部科学省「言語活動の充実に関する指導事例集」http://www.mext.go.jp/a_menu/shotou/new-cs/senseiouen/1300990.htm（2019年7月1日最終確認）

資料2 ▶ PISA調査の順位
(2000・2003・2006・2009年)

	読解力	数学的リテラシー	科学的リテラシー
2000年(32か国)	8位(522点)	1位(557点)	2位(550点)
2003年(41か国)	14位(498点)	6位(534点)	2位(548点)
2006年(57か国)	15位(498点)	10位(523点)	6位(531点)
2009年(65か国)	8位(520点)	9位(529点)	5位(539点)

資料4 ▶ 生きる力の概念図

確かな学力

知識や技能に加え、学ぶ意欲や、自分で課題を見付け、自ら学び、自ら考え、主体的に判断し、行動し、よりよく問題を解決する資質や能力など

「生きる力」

自らを律しつつ、他人とともに協調し、他人を思いやる心や感動する心など

たくましく生きるための健康や体力

豊かな人間性　　健康・体力

資料3 ▶ 学校教育法第30条

　小学校における教育は、前条に規定する目的を実現するために必要な程度において第21条各号に掲げる目標を達成するよう行われるものとする。
2　前項の場合においては、生涯にわたり学習する基盤が培われるよう、基礎的な知識及び技能を習得させるとともに、これらを活用して課題を解決するために必要な思考力、判断力、表現力その他の能力をはぐくみ、主体的に学習に取り組む態度を養うことに、特に意を用いなければならない。

資料5 ▶ 2008(平成20)年版学習指導要領　各教科等の授業時数

※( )は1998(平成10)年版学習指導要領との比較

小学校

教科等＼学年	1	2	3	4	5	6
国語	306(+34)	315(+35)	245(+10)	245(+10)	175(−5)	175
社会			70	90(+5)	100(+10)	105(+5)
算数	136(+22)	175(+20)	175(+25)	175(+25)	175(+25)	175(+25)
理科			90(+20)	105(+15)	105(+10)	105(+10)
生活	102	105				
音楽	68	70	60	60	50	50
図画工作	68	70	60	60	50	50
家庭					60	55
体育	102(+12)	105(+15)	105(+15)	105(+15)	90	90
道徳	34	35	35	35	35	35
外国語					35(+35)	35(+35)
総合			70(−35)	70(−35)	70(−40)	70(−40)
特別活動	34	35	35	35	35	35
総授業時数	850(+68)	910(+35)	945(+35)	980(+35)	980(+35)	980(+35)

中学校

教科等＼学年	1	2	3
国語	140	140(+35)	105
社会	105	105	140(+55)
数学	140(+35)	105	140(+35)
理科	105	140(+35)	140(+60)
音楽	45	35	35
美術	45	35	35
保健体育	105(+15)	105(+15)	105(+15)
技術・課程	70	70	35
外国語	140(+35)	140(+35)	140(+35)
道徳	35	35	35
総合	50(−50〜−20)	70(−35〜±0)	70(−60〜±0)
特別活動	35	35	35
総授業時数	1015(+35)	1015(+35)	1015(+35)

※選択教科は廃止(155〜280時間減)

(畑中大路)

考えてみよう

1. 「ゆとり教育」はなぜ求められ、また批判されたのでしょうか。

2. 学習指導要領が約10年に1度見直されるのはなぜでしょうか。

平成29年版
学習指導要領の基本構造

Ⅲ 1 学習指導要領改訂の背景
― 社会の変化と多様な能力観の台頭 ―

本節のポイント

学習指導要領改訂（平成29年告示）の背景には、我々が生きる社会の急激な変化への対応が念頭に置かれている。そこで、本節では複雑で予測困難な社会変化の状況を整理したうえで、その社会で求められるとされる多様な能力観を概観する。最後に、学習指導要領改訂の観点の一つであるコンピテンシー及び「育成すべき資質・能力」について紹介する。

1 社会の急激な変化

周知の通り、我々の日々の暮らしはインターネットやスマートフォン等の普及・発展によって大きく様変わりした。たとえば、人々のコミュニティや文化がグローバルに交流・展開され、社会問題は国内にとどまらず国際的な次元で生起するなど今日の社会は多様化・複雑化している。

その原動力となった科学技術の発展は今後も見込まれており、近い将来、**IoT・AI時代**という新たなステージに到達すると言われている[1]。内閣府によるとドローンによる宅配やAI家電、公共交通機関の自動運転等の実現を通じて、今までにない価値を生み出し、様々な社会的な課題を克服することが目指されている[2]。特に、日本の場合、2030年問題として社会問題化されている超高齢社会への突入やそれに伴う人口減少、労働力不足をめぐって「内閣府2030年展望と改革タスクフォース」は以下のように状況を整理している。すなわち、2030年にかけて20代、30代の若い世代が約2割減少することが見込まれており、生産年齢人口の減少（2030年展望と改革タスクフォース報告書、p.5）に対して危機感が共有されている。人口減少を見越し、持続可能な産業のあり方や社会コストの削減に向け日本はIoTやAI技術の進展による**Society5.0**の実現を目指している。

他方、持続的な経済成長の主要な原動力として、様々な用途に応用し得る基幹的な汎用技術（GPT：General Purpose Technology）による「技術進歩」が重要であることは経済学上のコンセンサスとなっている[3]。このような文脈から経済のさらなる発展に向けて、先進国を中心とした諸外国においてもIoTやAI技術の向上が目指されている。一方で、その中核を担うであろう次世代通信規格「5G」をめぐっては米中の政治的な摩擦を生じさせるなど国際政治に大きな影響となってあらわれている。

ともあれ、今日の国際社会ではあらゆる産業や社会生活にIoT・AI技術を導

（1）IoTとはInternet of Thingsの略であり「モノのインターネット」を指す。すでに車や家電の一部はインターネットに接続されている。

（2）内閣府HP　Society5.0（https://www8.cao.go.jp/cstp/society5_0/index.html：最終アクセス 2024年4月15日）

（3）総務省『平成28年版 情報通信白書、第一部』p.4.

入することで経済をより発展させることに主眼を置きながら、温室効果ガス（GHG）の削減や食料の増産・ロスの削減、富の再分配、地域間の格差是正など社会的課題の解決を図ることが目的として位置づけられている[4]。

2 多様な能力観の登場

（1）今、どのような能力観に溢れているのか

今日の社会が多様化・複雑化しているということは当然、我々に求められる能力も多様化・複雑化していると言える。現に、日本では多くの能力観を表わす言葉にあふれている。それは「○○力」と形容される概念群であり、「学士力」、「生きる力」（文部科学省）、「就職基礎能力」（厚生労働省）、「社会人基礎力」（経済産業省）などはよく見聞きするだろう（表1）。下表で取り上げた能力観は、グローバルな**知識基盤社会**[5]への対応の必要性がその背景として明示的に掲げられている[6]。

ここで注目すべきは、OECD（経済協力開発機構）の**リテラシー**（PISA）や**キー・コンピテンシー**（DeSeCo）である。科学技術の発展に伴い、グローバルな次元で急激に変化している今日の社会に対応する時、OECDが提起する能力観は見過ごすことはできない。なお、キー・コンピテンシーとは**コンピテンシー**からキーとなる特性を取り出したものである。そこで、以下ではリテラシーとの関連を踏まえながら、コンピテンシーという能力観について整理する。

（4）日本では「第6期科学技術・イノベーション基本計画」（令和3年3月26日閣議決定）に基づき、社会課題の解決が目指されている。

（5）知識基盤社会とは「knowledge-based society」に相当する語である。一般的に、新しい知識・情報・技術が政治・経済・文化をはじめあらゆる領域での活動の基盤として飛躍的に重要性を増す社会を指す（村川2017, p.14）。村川雅弘（2017）「子供に育みたい資質・能力とは」無藤隆＋『新教育課程ライブラリ』編集部編『中教審答申解説2017』ぎょうせい

（6）松下佳代（2016）「〈新しい能力〉概念と教育―その背景と系譜―」松下佳代編著『〈新しい能力〉は教育を変えるか―学力・リテラシー・コンピテンシー』ミネルヴァ書房、p.7.

表1　わが国の多様な能力観

名称	機関・プログラム	出典	年
生きる力	文部科学省	中央教育審議会答申「21世紀を展望した我が国の教育の在り方について―子供に［生きる力］と［ゆとり］を―」	1996
リテラシー	OECD-PISA	国立教育政策研究所編「生きるための知識と技能」	2001（2004・2007）
人間力	内閣府（経済財政諮問会議）	「人間力戦略研究会報告書」	2003
キー・コンピテンシー	OECD-DeSeCo	ライチェン＆サルガニク「キー・コンピテンシー」	2006（原著2003）
就職基礎能力	厚生労働省	「若年者就職基礎能力修得のための目安策定委員会報告書」	2004
社会人基礎力	経済産業省	「社会人基礎力に関する研究会『中間とりまとめ』報告書」	2006
学士力	文部科学省	中央教育審議会答申「学士課程教育の構築に向けて」	2008
エンプロイヤビリティ（雇用されうる能力）	日本経営者団体連盟（日経連）	「エンプロイヤビリティの確立をめざして―『従業員自律・企業支援型』の人材育成を―」	1999

出典：松下2016, p.3

（7）中村高康（2018）『暴走する能力主義』筑摩書房、p.221.

（8）文部科学省（2006）『文部科学白書』、p.157.

（9）佐藤学（2003）「リテラシーの概念とその再定義」『教育学研究』70（3）、p.3.

（10）石井英真（2017）「資質・能力ベースのカリキュラム改革をめぐる理論的諸課題—教育的価値を追求するカリキュラムと授業の構想に向けて—」『国立教育政策研究所紀要』第146集、p110.

（11）OECD-DeSeCo（Definition and Selection of Competencies）プロジェクトによってキー・コンピテンシーは提示された。

（12）文部科学省「全国的な学力調査の具体的な実施方法等について（報告）」（平成18年4月25日）：「用語解説」（https://www.mext.go.jp/b_menu/shingi/chousa/shotou/031/toushin/attach/1397267.htm：最終アクセス2024年4月15日）

（13）松下佳代（2016）、前掲書、p.22.表2参照。

（14）、（15）石井英真（2017）、前掲論文、p.113. 中村高康（2018）、前掲書、p.222.

（2）コンピテンシーとリテラシーの関係性

　コンピテンシー（competency）とは、OECDが推進する「**新しい能力**」論の代表で、特定の状況の中で成果を上げる人たちに共通するような行動特性を指す[7]。具体的には「単なる知識や技能だけでなく、技能や態度を含む様々な心理的・社会的なリソースを活用して、特定の文脈の中で複雑な要求（課題）に対応することができる力」と定義される[8]。

　他方、**リテラシー**とは、社会的自立の基礎となる公共的な教養を意味し[9]、社会で生きていくために必要な既存の知識や技能等を指している。しかしながら、これまでになく激しい変化が生じている予測困難な社会（とりわけIoT・AI時代に突入しつつある今日）では、既存の知識や技能、情報を処理するだけでは複雑な社会課題を解決していくことは難しい。このような社会変化に対応するための能力観としてコンピテンシー概念は生まれたと言える。

　したがって、コンピテンシーはリテラシーに代わり、より包括的かつ汎用的な資質・能力として位置づいている[10]。

（3）キー・コンピテンシーとは何か[11]

　キー・コンピテンシーとは、コンピテンシーの中で、特に、1）人生の成功や社会の発展にとって有益、2）さまざまな文脈の中でも重要な要求（課題）に対応するために必要、3）特定の専門家ではなくすべての個人にとって重要、といった性質を持つとして選択されたものを指す[12]。具体的な内容は「道具を相互作用的に用いる」、「異質な人々からなる集団で相互に関わりあう」、「自律的に行動する」の3つのカテゴリーであり、さらにそれぞれのカテゴリーに3つのサブカテゴリーが設定されている[13]。

　なお、DeSeCoによるキー・コンピテンシーは、キーとなる特性を取り出すことで、社会像や人間像に関わる立場の違い（＝特定の文脈）が捨象されている[14]。ゆえに、最大公約数的な特徴の整理にとどまり、次の時代をリードする能力になり得ていない等の批判もある[15]。

表2　OECD-DeSeCoのキー・コンピテンシー

名称	機関・プログラム
道具を相互作用的に用いる	言語、シンボル、テクストを相互作用的に用いる
	知識や情報を相互作用的に用いる
	テクノロジーを相互作用的に用いる
異質な人々からなる集団で相互に関わりあう	他者とよい関係を築く
	チームを組んで協同し、仕事する
	対立を調整し、解決する
自律的に行動する	大きな展望の中で行動する
	人生計画や個人的プロジェクトを設計し、実行する
	権利、利害、限界、ニーズを擁護し、主張する

3　学習指導要領改訂の主たる観点

　それでもコンピテンシーという能力観は経済界やOECD等国際的な潮流と相まって、学習指導要領の改訂（平成29年告示）にもその要素が含まれることになった。その背景として象徴的な研究結果や発言がある。すなわち、マイケル・オズボーン（オックスフォード大学）が発表した、米国において10～20年内に労働人口の47％が機械に代替されるリスクが70％以上という推計結果や、キャシー・デビッドソン（ニューヨーク市立大学）による「2011年度にアメリカの小学校に入学した子どもたちの65％は、大学卒業時に今は存在していない職業に就くだろう」との予測である。

　このように複雑で予測困難であることが見込まれている社会で生きていく子どもたちに身につけさせるべき資質・能力として学習指導要領改訂（平成29年告示）では、次の**三つの柱**で整理している[16]。

（1）「何を知っているか、何ができるか（個別の知識・技能）」

（2）「知っていること・できることをどう使うか（思考力・判断力・表現力等）」

（3）「どのように社会・世界と関わり、よりよい人生を送るか（学びに向かう力、人間性等）」

> [16]「育成すべき資質・能力」の三つの柱の具体的内容については本書Ⅲ-3で整理されている。

図1　育成すべき資質・能力の三つの柱

　「**育成すべき資質・能力**」は、いわゆる**学力の三要素**[17]のバランスのとれた育成を前回改訂に引き続き充実させる方向性の中で、「**生きる力**」の理念をより具体化するための枠組みとして位置付けられた。なお、教科等の目標や内容は三つの柱に基づき再整理する必要性が指摘されている[18]。

　この3つの柱をバランスよく育むことが重要であり、今後は、情報や情報手段を主体的に選択し活用していく情報活用能力や、物事を多角的・多面的に検討していく「クリティカル・シンキング」、統計的な分析に基づき判断する力など、複雑な社会課題に対応するための資質・能力（＝コンピテンシー）を各学校段階において体系的に身につけさせることが求められる[19]。

> [17] 学力の三要素とは、学校教育法第30条第2項に示された「基礎的な知識及び技能」、「これらを活用して課題を解決するために必要な思考力、判断力、表現力その他の能力」及び「主体的に学習に取り組む態度」を指す。

> [18] 中央教育審議会答申「幼稚園、小学校、中学校、高等学校及び特別支援学校の学習指導要領等の改善及び必要な方策等について」（平成28年12月21日）

> [19] 山崎保寿（2016）「『育成すべき資質・能力』ってどんな力なの？」教育開発研究所編『教育の最新事情がよくわかる本3』教育開発研究所、p.73.

（原北祥悟）

III 2 学習指導要領の全体構成と変化
—予測困難な社会の変化と未来に向けて進化する「生きる力」—

本節のポイント

予測不可能な未知の社会を生きる子供たちに必要な「生きる力」を、新学習指導要領では更にどのように方向づけているのか。学校教育法施行規則改定の要点と、新設された前文及び抜本的に改善された総則から、その変化を読み取る。

1 新学習指導要領の全体構成と要点

【学校教育法施行規則改訂の要点】

学習指導要領の改訂の方向性は、【資料１】に示すように、「社会に開かれた教育課程」[1]を理念とし、より具体化された「生きる力」を育成するうえでの教育課程の課題[2]をふまえて、子供たちが今後必要な資質・能力を育むため、３つの観点から改善・充実を図ったものとなっている。中でも最も特徴的な今回の改定の要点は、<u>学習指導要領の枠組みの見直し</u>[3]である。(参照【資料２】)

本稿２（２）で詳細を述べるが、これは、現行の学習指導要領の反省をもとに、【資料４】に上げる６点に沿って改善すべき事項をまとめ、章立てを整理し直し、「学びの地図」として子供たちが身に付けるべき資質・能力や学ぶべき内容などの全体像をわかりやすく見渡せるよう示すこととしたものである。各学校段階の教育要領及び学習指導要領を見ると、【資料４】中のⅰ）ⅱ）ⅲ）について、各教科の目標や内容が順を追って整理されている。また、各学校の教育課程の実現にむけ、多様な工夫改善の取り組みの活性化を促すものであることも改訂の趣旨として理解すべきである。これ以外に、<u>各学校における「カリキュラム・マネジメント」の確立</u>、<u>子供たちを主体として、学びの質を重視した改善</u>[4]の２点を改善の方向性としてあげている。[5]

今回の規則改訂の細部では、小学校では教科として「外国語」を設定。<u>「外国語活動」を高学年から中学年に移行</u>して履修させ、<u>高学年には更に「外国語科」を設置</u>し、総授業時数を140時間増設した（中学校は増減なし）。中学校では、<u>「道徳」の名称を、「特別の教科である道徳」として新たに設け</u>、発達段階に応じ、答えが一つではない課題を一人一人の児童生徒が道徳的な問題ととらえ向き合う<u>「考える道徳」「議論する道徳」へ</u>と転換を図っている[6]。また、幼稚園教育要領、小、中、高等学校等、各学校段階の学習指導要領において、<u>前文</u>を新設したことも注視したい。前文と、「抜本的に」見直された総則は、どう「抜本的」に改正されたのだろうか。

（１）詳細は本書Ⅲ-9参照。

（２）文部科学省HP 幼稚園、小学校、中学校、高等学校及び特別支援学校の学習指導要領等の改善及び必要な方策等について（答申）【概要】p.3（第３章「生きる力」の理念の具体化と教育課程の課題）参照。

（３）中教審第197号答申より抜粋し、その要約を【資料２】に掲載した。

（４）文部科学省HP 幼稚園、小学校、中学校、高等学校および特別支援学校の学習指導要領等の改善及び必要な方策等について（答申）p.23-26より引用。

（５）「Ⅲ-4」「Ⅲ-5」を参照。

（６）平成29年3月31日付け28文科初第1828号 文部科学省事務次官通知「１（６）道徳教育の充実」より抜粋。
ちなみに、高等学校では、新科目の「公共」を新設、第83条中の「総合的な学習の時間」を「総合的な探求の時間」に改定している。

資料1　学習指導要領改訂の考え方

新しい時代に必要となる資質・能力の育成と、学習評価の充実

学びを人生や社会に生かそうとする
学びに向かう力・人間性等の涵養

生きて働く知識・技能の習得

未知の状況にも対応できる
思考力・判断力・表現力等の育成

何ができるようになるか

よりよい学校教育を通じてよりよい社会を創るという目標を共有し、
社会と連携・協働しながら、未来の創り手となるために必要な資質・能力を育む
「社会に開かれた教育課程」の実現

各学校における**「カリキュラム・マネジメント」**の実現

何を学ぶか

新しい時代に必要となる資質・能力を踏まえた
教科・科目等の新設や目標・内容の見直し

小学校の外国語教育の教科化、高校の新科目「公共」の新設など

各教科等で育む資質・能力を明確化し、目標や内容を構造的に示す

学習内容の削減は行わない※

どのように学ぶか

主体的・対話的で深い学び（**「アクティブ・ラーニング」**）の視点からの学習過程の改善

生きて働く知識・技能の修得など、新しい時代に求められる資質・能力を育成
知識の量を削減せず、質の高い理解を図るための学習過程の質的改善

主体的な学び
対話的な学び
深い学び

※高校教育については、些末な事実的知識の暗記が大学入学者選抜で問われることが課題になっており、
　そうした点を克服するため、重要用語の整理等を含めた高大接続改革等を進める。

【資料1】
文科省HP
平成29・30年度改訂学習指導要領、解説等（学習指導要領の考え方）より引用。

資料2

（1）学習指導要領の枠組みの見直し

（「学びの地図」としての枠組み作りと、各学校における創意工夫の活性化）

○　第一は、学習指導要領の枠組みを大きく見直すことである。（中略）学習指導要領には、学校教育を通じて育む「生きる力」とは何かを資質・能力として明確にし、教科等を学ぶ意義を大切にしつつ教科等横断的な視点で育んでいくこと、社会とのつながりや各学校の特色づくり、子供たち一人一人の豊かな学びの実現に向けた教育改善の軸としての役割が期待されている。

○　現行の学習指導要領については、（中略）言語活動の導入に伴う思考力等の育成に一定の成果は得られつつあるものの、全体としてはなお、各教科等において「教員が何を教えるか」という観点を中心に組み立てられており、そのことが、教科等の縦割りを超えた指導改善の工夫や、指導の目的を「何を知っているか」にとどまらず「何ができるようになるか」にまで発展させることを妨げているのではないかとの指摘もあるところである。

○　これからの教育課程や学習指導要領等は、（中略）、学校教育を通じて子供たちが身に付けるべき資質・能力や学ぶべき内容などの全体像をわかりやすく見渡せる「学びの地図」として、（中略）。（以下省略）

○　それを実現するためには、まず学習する子供の視点に立ち、教育課程全体や各教科等の学びを通じて「何ができるようになるか」という観点から、育成を目指す資質・能力を整理する必要がある。（以下略）

【資料2】
文部科学省HP
中教審第197号
「幼稚園、小学校、中学校、高等学校及び特別支援学校の学習指導要領等の改善及び必要な方策等について（答申）」p.20より抜粋。下線部は、筆者による。

2 前文・総則改正の要点

（1）「前文」の新設

「**前文**」の法的性格は、「法令の各本条の前に置かれ、その法令の制定の趣旨、目的、基本原則を述べた文章を『前文』といい、法令制定の理念を強調して宣明する必要がある場合に置かれることが多い。」[7]と示される。また、「前文は、具体的な法規を定めたものではなく、その意味で、前文の内容から直接法的効果が生ずるものではないが、<u>各本条とともにその法令の一部を構成するものであり、各条項の解釈の基準を示す意義・効力を有する。</u>」[8]とも示される。

今回新設された「**前文**」では、教育基本法による教育の目標を掲げ、予測不可能な社会情勢の中で多様な人々と協働し、豊かな人生を切り拓き、持続可能な社会の作り手となる子供たちへの教育の在り方を組織的かつ計画的に組み立てることへの期待が記載され、後段で今回のキーワードである「社会に開かれた教育課程」などの実現の重要性を示し、幼児期から高等学校卒業以後の生涯にわたる学習の連続性をも含め、新学習指導要領に込める期待を示した。

（2）「総則」改正の視点

中教審第197号答申では、「現行の学習指導要領については、〜（中略）〜、**全体としてはなお、各教科等において『教員が何を教えるか』という観点を中心に組み立てられて**」おり、「<u>そのことが教科等の縦割りを超えた、指導改善の工夫や指導の目的を、『何ができるようになるか』にまで発展させることを妨げているという指摘もある</u>」という課題を上げた[9]。これに対して「これからの教育課程が『学びの地図』として、学校と社会や世界との接点となり、子供たちの成長を通じて現在と未来をつなぐ役割を果たしていくこと」[10]を実現するため、「<u>まず学習する子供の視点に立ち</u>、教育課程全体や各教科等の学びを通じて『<u>何ができるようになるのか</u>』という観点から、育成を目指す資質・能力を整理し、（中略）『何を学ぶか』という、必要な指導内容等を検討し」、「その内容を『どのように学ぶか』という、子供たちの具体的な学びの姿を考えながら**子供たちを主体として構成していくことにその視点を向ける**」よう、学習指導要領を組立て直すこととしたものである。この点が、今回改正された「**総則**」のねらいとして学習指導要領の構成を考える上での基本的な理念となっている。（【資料3】総則の全体構成図を参照）

新学習指導要領等では、この総則の理念をもとに、「社会に開かれた教育課程」を実現するため、【資料4】[11]の6つの軸に沿った改善が図られ、「次期学習指導要領等に向けたこれまでの審議のまとめ」[12]の「第2部」以降に述べられるとおり、全ての教科等において育成を目指す資質・能力が明確にされ、そうした資質・能力に基づき教育目標や内容が再整理されることとなる。こうした**枠組みについての考え方が関係者において共有されること**を重要視し、求めた

（7）（8）文部科学省HP「教育基本法資料室へようこそ！ 前文」より抜粋。

（9）（10）「幼稚園、小学校、中学校、高等学校及び特別支援学校の学習指導要領等の改善及び必要な方策等について（答申）」及び本稿p.2【資料2】参照。

（11）（12）文部科学省HP中教審初等中等教育分科会教育課程部会においてまとめられた、「次期学習指導要領等に向けたこれまでの審議のまとめ（第1部）」p.19-20より抜粋。

ものである。「総則」は、「全ての教職員が校内研修や多様な研修の場を通じて、新しい教育課程の考え方について理解を深め共有することができるようにする」とともに、「日常的に総則を参照することにより、各学校における『カリキュラム・マネジメント』を軸とした学校教育の改善・充実を実現しやすくするもの」として、その方向性と重要性を強調する役割を果たしている。

資料3　学習指導要領・総則の改善イメージ

【現行】

第1　教育課程編成の一般方針
・教育基本法等に示された目的・目標や、学力の3要素、道徳教育、体育・健康に関する指導など

第2　内容の取扱いに関する共通的事項
・発展的内容の指導、指導の順序の工夫、複式学級の取扱いなど

第3　授業時数の取扱い
・年間の授業日数(週数)、1単位時間の設定、弾力的な時間割など

第4　指導計画の作成等に当たって配慮すべき事項
1　学校の創意工夫を生かし、調和の取れた具体的な指導計画
・各教科、各学年間の相互の連携、まとめ方や重点の置き方に工夫をした効果的な指導など
2　その他の配慮
・言語活動の充実、体験的な学習、問題解決的な学習、自主的・自発的な学習
・学級経営の充実、生徒指導の充実
・児童が見通しを立てたり振り返ったりする活動、学習課題の選択や自らの将来について考える機会
・個に応じた指導の充実、障害のある児童への指導、海外から帰国した児童等への適切な指導
・コンピュータ等の情報手段の活用、学校図書館の計画的な利用、読書活動の充実
・評価による指導の改善
・家庭や地域との連携、学校間の連携や交流、障害のある幼児児童生徒との交流及び共同学習、高齢者などとの交流の機会

【改訂イメージ】

| 「何ができるようになるか」、「何を学ぶか」、「どのように学ぶか」の視点から、教育課程の理念や、新しい時代に求められる資質・能力の在り方、アクティブ・ラーニングの考え方等について、わかりやすく示すものとして抜本的に改善 |

前文
→「社会に開かれた教育課程」の実現など、改訂が目指す理念

第1　小学校教育の基本　〔何ができるようになるか〕
・教育基本法等に示された教育の目的・目標の達成に向けた教育課程の意義、「生きる力」の理念に基づく知・徳・体の総合的な育成、育成を目指す資質・能力、カリキュラム・マネジメントの実現

第2　教育課程の編成　〔何を学ぶか〕
・資質・能力を含めた学校教育目標に基づく教育課程の編成、学校段階間の接続、横断的に育成を目指す資質・能力、授業時数等の共通事項　など

第3　教育課程の実施と学習評価　〔どのように学ぶか　何が身に付いたか〕
・「主体的・対話的で深い学び」(アクティブ・ラーニングの視点)による資質・能力の育成、言語活動の充実やICTの活動など重要となる学習活動　など

第4　児童の発達を踏まえた指導　〔子供の発達をどのように支援するか〕
・学級経営、生徒指導、キャリア教育の充実　など
・特別支援教育、日本語指導など特別な配慮を必要とする児童への指導

第5　学習活動の充実のための学校運営上の留意事項　〔実施するために何が必要か〕
・学校の指導体制の充実、家庭・地域との連携・協働

第6　道徳教育推進上の配慮事項
→全体計画の作成、道徳教育推進教師、指導内容の重点化　など

【資料3】
文部科学省HP「幼稚園、小学校、中学校、高等学校及び、特別支援学校の学習指導要領等の改善及び必要な方策等について(答申)補足資料(1/8)p.10より抜粋。

資料4

　平成27年8月26日教育課程企画特別部会「教育課程企画特別部会における論点整理について(報告)」より示された、基本的な考え方を基に、以下の6点を軸に改善すべき事項の議論を進めた。

ⅰ)「何ができるようになるか」(育成を目指す資質・能力)

ⅱ)「何を学ぶか」
　(教科等を学ぶ意義と、教科等間・学校段階間のつながりを踏まえた教育課程の編成)

ⅲ)「どのように学ぶか」
　(各教科等の指導計画の作成と実施、学習・指導の改善・充実)

ⅳ)「子供一人一人の発達をどのように支援するか」
　(子供の発達を踏まえた指導)

ⅴ)「何が身に付いたか」(学習評価の充実)

ⅵ)「実施するために何が必要か」
　(学習指導要領等の理念を実現するために必要な方策)

【資料4】文部科学省HP
中教審初等中等教育分科会教育課程部会においてまとめられた、「次期学習指導要領等に向けたこれまでの審議のまとめ(第1部)」p.18-19を基に筆者が再掲。

(餅井京子)

Ⅲ 3 育成を目指す資質・能力の三つの柱

本節のポイント

　新学習指導要領においては、学習する子供の視点に立ち、育成を目指す資質・能力を三つの柱として整理している。本節では、「知識・技能」「思考力・判断力・表現力等」「学びに向かう力・人間性等」の三つの要素について、各項目が何を目指しているのか、各教科等の特質に応じた「見方・考え方」との関係について理解する。

1 育成を目指す資質・能力の三つの柱とは

　新学習指導要領においては、児童生徒に知・徳・体のバランスのとれた「生きる力」を育むために、「**知識及び技能**」の習得と「**思考力、判断力、表現力等**」の育成、「**学びに向かう力、人間性等**」の涵養という、**資質・能力の三つの柱**（図1）の育成をバランスよく実現できるように留意することを示している[1]。ここで示されている資質・能力の三つの柱は、「生きる力」や各教科等の学習を通して育まれる資質・能力、学習の基盤となる資質・能力[2]、現代的な諸課題に対応して求められる資質・能力[3]などの各資質・能力に共通する要素として整理されたものである。

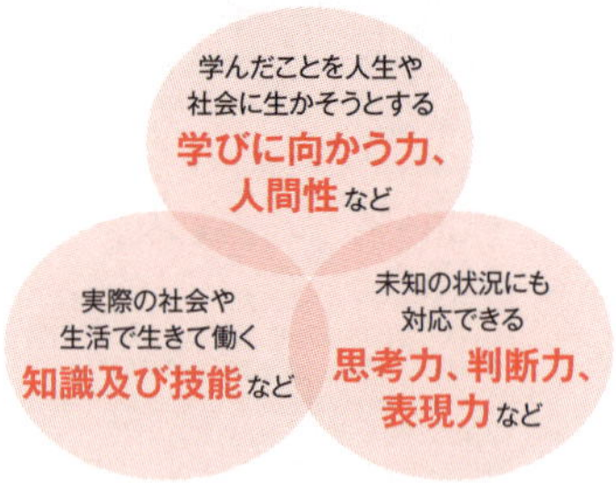

学んだことを人生や社会に生かそうとする
学びに向かう力、人間性など

実際の社会や生活で生きて働く
知識及び技能など

未知の状況にも対応できる
思考力、判断力、表現力など

図1　資質・能力の三つの柱

（1）文部科学省（2017）『小学校学習指導要領（平成29年告示）解説 総則編』第1章第1の3、p.34.

（2）同上、第1章第2の2の（1）、p.48.

（3）同上、第1章第2の2の（2）、p.52.

　また、各教科等の目標についても、育成を目指す資質・能力の三つの柱に即して構成されるとともに、内容についても各教科等の特質に応じて三つの柱を偏りなく実現できるように再整理されている。

2 各教科等の特質に応じた「見方・考え方」との関係

（4）奈須正裕（2017）『「資質・能力」と学びのメカニズム』東洋館出版、p.46.

　奈須（2017）は、教科等の内容と資質・能力の三つの柱の両者をつなぐ重要な役割を果たすものが「教科等の本質的な意義」であるとしている[4]。この「教科等の本質的な意義」は、新学習指導要領において「各教科等の特質に応じた『**見方・考え方**』」として定義された（表1）。各教科等においては、その教科に固有の知識を単に多く習得させるのではなく、児童生徒がその教科ならではの「見方・考え方」を習得し、さらには教科を越えて様々な問題解決に「見方・考え方」を用いることができるようになることが求められる。そうした状態こそが、児童生徒が資質・能力の三つの柱を習得した状態であると言える。

表1　中学校各教科等における見方・考え方一覧

教科等		見方・考え方
国語	言葉による見方・考え方	言葉による見方・考え方を働かせるとは、生徒が学習の中で、対象と言葉、言葉と言葉との関係を、言葉の意味、働き、使い方等に着目して捉えたり問い直したりして、言葉への自覚を高めること
社会	社会的な見方・考え方	●社会的な事象の地理的な見方・考え方（地理的分野） 社会的事象を位置や空間的な広がりに着目して捉え、地域の環境条件や地域間の結びつきなどの地域という枠組みの中で、人間の営みと関連付けること ●社会的事象の歴史的な見方・考え方（歴史的分野） 社会的事象を時期、推移などに着目して捉え、類似や差異などを明確にし、事象同士を因果関係などで関連付けること ●現代社会の見方・考え方（公民的分野） 社会的事象を政治、法、経済などに関わる多様な視点（概念や理論など）に着目して捉え、よりよい社会の構築に向けて、課題解決のための選択・判断に資する概念や理論などと関連付けること
数学	数学的な見方・考え方	事象を数量や図形及びそれらの関係などに着目して捉え、論理的・統合的・発展的に考えること
理科	理科の見方・考え方	自然の事物・現象を、質的・量的な関係や時間的・空間的な関係などの科学的な視点で捉え、比較したり、関係付けたりするなどの科学的に探究する方法を用いて考えること
音楽	音楽的な見方・考え方	音楽に対する感性を働かせ、音や音楽を、音楽を形づくっている要素とその働きの視点で捉え、自己のイメージや感情、生活や社会、伝統や文化などと関連付けること
美術	造形的な見方・考え方	よさや美しさなどの価値や心情などを感じ取る力である感性や、想像力を働かせ、対象や事象を造形的な視点で捉え、自分としての意味や価値をつくりだすこと
保健体育	（体育） 体育の見方・考え方	（体育） 運動やスポーツを、その価値や特性に着目して、楽しさや喜びとともに体力の向上に果たす役割の視点から捉え、自己の適性等に応じた「する・みる・支える・知る」の多様な関わり方と関連付けること
	（保健） 保健の見方・考え方	（保健） 個人及び社会生活における課題や情報を、健康や安全に関する原則や概念に着目して捉え、疾病等のリスクの軽減や生活の質の向上、健康を支える環境づくりと関連付けること
技術・家庭	（家庭分野） 生活の営みに係る見方・考え方	（家庭分野） 家族や家庭、衣食住、消費や環境などに係る生活事象を、協力・協働、健康・快適・安全、生活文化の継承・創造、持続可能な社会の構築等の観点で捉え、よりよい生活を営むために工夫すること
	（技術分野） 技術の見方・考え方	（技術分野） 生活や社会における事象を、技術との関わりの視点で捉え、社会からの要求、安全性、環境負荷や経済性などに着目して技術を最適化すること
外国語	外国語によるコミュニケーションにおける見方・考え方	外国語で表現し伝え合うため、外国語やその背景にある文化を、社会や世界、他者との関わりに着目して捉え、コミュニケーションを行う目的や場面、状況等に応じて、情報を整理しながら考えなどを形成し、再構築すること
道徳	道徳科における見方・考え方	様々な事象を、道徳的諸価値の理解を基に自己との関わりで広い視野から多面的・多角的に捉え、自己の人間としての生き方について考えること
総合	探究的な見方・考え方	各教科等における見方・考え方を総合的に活用して、広範な事象を多様な角度から俯瞰して捉え、実社会・実生活の課題を探究し、自己の生き方を問い続けるという総合的な学習の時間の特質に応じた見方・考え方のこと
特別活動	集団や社会の形成者としての見方・考え方	各教科等の見方・考え方を総合的に働かせながら、自己及び集団や社会の問題を捉え、よりよい人間関係の形成、よりよい集団生活の構築や社会への参画及び自己の実現に向けた実践に結びつけること

※本表は各教科等の中学校学習指導要領解説を参照し、作成した。

（清水良彦）

Ⅲ 4 カリキュラム・マネジメント
―意義・方法・評価―

本節のポイント

・教科・領域・学年を跨ぎ、人的・物的資源の効果的な活用を通して、教育課程を編成することが強調されている。
・教育課程を評価し改善する点が強調されている（教育課程をPDCAサイクルとして捉える）。

1 新学習指導要領におけるカリキュラム・マネジメントの位置づけ

2017（平成29）年度改訂学習指導要領（以降、新学習指導要領）において、「カリキュラム・マネジメント」は、「学校教育に関わる様々な取組を、教育課程を中心に据えながら組織的かつ計画的に実施し、教育活動の質の向上につなげていくこと」を意味するものとして定義されている[1]。

新学習指導要領の基本的な考え方として「社会に開かれた教育課程」が据えられているが、これを実現するための方法に、カリキュラム・マネジメントが挙げられている。その際、「学習指導要領等を受け止めつつ、子供たちの姿や地域の実情等を踏まえて、各学校が設定する教育目標を実現するために、学習指導要領等に基づきどのような教育課程を編成し、どのようにそれを実施・評価し改善していくのか」が、カリキュラム・マネジメントの原理とされている。

（1）文部科学省（2017）「第3章 教育課程の編成及び実施」『小学校学習指導要領（平成29年告示）解説』pp.17-45. 右頁に、新学習指導要領におけるカリキュラム・マネジメントの三つの側面が記されている。

2 教科・領域・学年横断的教育内容の構成

新学習指導要領のカリキュラム・マネジメントにおけるポイントの1つに教科横断的教育内容の構成が挙げられる。『論点整理』においても、「これからの時代に求められる資質・能力を育むためには、各教科等の学習とともに、**教科横断的な視点**で学習を成り立たせていくことが課題となる。そのため、各教科等における学習の充実はもとより、教科等間のつながりを捉えた学習を進める観点から、教科等間の内容事項について、相互の関連付けや横断を図る手立てや体制を整える必要」が提示されている[2]。このことから、教科横断的に教育課程を捉える必要性がある。

しかし、一方で植田・首藤（2019）らは「各教科」において、学習指導要領等で学校・教師の裁量をかなり制限していることは従来と変わらず、「教科横断的視点」での取組の現実は、教職員集団として組織的に年間指導計画の配列を構築し直すのは困難で、個々の教師が担当する教科で、他教科で取り扱われ

（2）中央教育審議会教育課程企画特別部会（2015）『教育課程企画特別部会 論点整理』pp.1-53.

> **資料1** カリキュラム・マネジメントの三つの側面[3]

①各教科等の教育内容を相互の関係で捉え、学校の教育目標を踏まえた教科横断的な視点で、その目標の達成に必要な教育の内容を組織的に配列していくこと。

②教育内容の質の向上に向けて、子供たちの姿や地域の現状等に関する調査や各種データ等に基づき、教育課程を編成し、実施し、評価して改善を図る一連のPDCAサイクルを確立すること。

③教育内容と、教育活動に必要な人的・物的資源等を、地域等の外部の資源も含めて活用しながら効果的に組み合わせること。

（3）中央教育審議会教育課程企画特別部会（2015）『教育課程企画特別部会 論点整理』p.22.

> **資料2** カリキュラム・マネジメントの手順の一例（概要）[4]

（1）教育課程の編成に対する学校の基本方針を明確にする。

（2）教育課程の編成・実施のための組織と日程を決める。

（3）教育課程の編成のための事前の研究や調査をする。

（4）学校の教育目標など教育課程の編成の基本となる事項を定める。

（5）教育課程を編成する。

（6）教育課程を評価し改善する。

（4）文部科学省（2017）「第3章 教育課程の編成及び実施」『小学校学習指導要領（平成29年告示）解説』pp.43-45.

> **資料3** 「社会に開かれた教育課程」の実現に向けたカリキュラム・マネジメントにかかわる検討視点[5]

①「何ができるようになるか」（育成を目指す資質・能力）

②「何を学ぶのか」（教科等を学ぶ意義と、教科等間・学校段階間のつながりを踏まえた教育課程の編成）

③「どのように学ぶか」（各教科等の指導計画の作成と実施、学習指導の改善・充実）

④「子ども一人一人の発達をどのように支援するか」（子どもの発達を踏まえた指導）

⑤「何が身に付いたか」（学習評価の充実）

⑥「実施するために何が必要か」（学習指導要領等の理念を実現するために必要な方策）

（5）大杉は今次の学習指導要領の理念の実現に向けて、6つの事項に即して、家庭・地域と連携・協働しながら実施し、目の前の子どもの姿を踏まえながら不断の見直しを図ることを今次の学習指導要領の「カリキュラム・マネジメント」としている。
大杉住子（2017）「次期学習指導要領等へ向けて―中教審『学習指導要領』の概要とその方向性―」『月刊高校教育』2017年4月号、pp.24-29.

（6）植田健男,首藤隆介(2019)「特集：カリキュラムと教育経営 今次学習指導要領改訂の教育課程経営論的検討」『日本教育経営学会紀要』第61号、pp.13-22.

（7）天笠茂（2013）「第2章 カリキュラムでつなぐマネジメント」『カリキュラムを基盤とする学校経営』ぎょうせい、pp.40-79.

（8）文部科学省（2017）「第3章 教育課程の編成及び実施」『小学校学習指導要領（平成29年告示）解説』pp.43-45.

（9）田村知子（2018）「2.カリキュラム・マネジメント」、日本教育経営学会編『講座現代の教育経営2 現代の教育課題と教育経営』学文社、pp.130-131.

（10）高野桂一（1980）「Ⅱ直接教育活動（教育課程）の経営過程」『高野桂一著作集 学校経営の科学第3巻経営過程論』明治図書、p.195.

（11）中留武昭（1984）『戦後学校経営の軌跡と課題』教育開発研究所、p.383.

（12）浅田昇平（2017）「第2節教育課程編成と学校経営 第11章教育内容と教育課程経営」『教職教養講座第14巻』協同出版、pp.173-179.

（13）田村知子（2018）「第3章カリキュラム・マネジメント研究の進展と今後の課題」、日本教育経営学会編『講座 現代の教育経営3 教育経営学の研究動向』学文社、pp.24-35.

（14）田村知子（2009）「第1章カリキュラムマネジメントの構造の概念的考察」『初等中等学校におけるカリキュラムマネジメントの規定要因の研究—カリキュラムマネジメント・モデルの開発と検証を通して—』九州大学人間環境学府博士論文、pp.17-18.

る関連する内容を「考慮して」授業を工夫するレベルを超えることはないと指摘した[6]。加えて、天笠（2013）を引きながら、教科担任制をとる中学校では、同学年を担当する全教科の教員が年間指導計画を持ち寄って、その指導順序を組みなおすことの困難性が述べられている[7]。

3　教育課程の評価・改善の視点

今次の改訂で留意すべきは、「評価・改善」という言葉がカリキュラム・マネジメントに含まれた点である。解説には、「実施中の教育課程を検討し評価して、その改善点を明確にして改善を図る。」としている[8]。特に「イ　整理した問題点を検討し、原因と背景を明らかにする」とともに、「ウ　改善案をつくり、実施する。」ことが求められている。平成20年度学習指導要領では「学校評価における教育課程の評価」として、教育課程の編成と手順、評価が分かれていたが、今次ではカリキュラム・マネジメントの一部に評価・改善が含まれた。

4　「カリキュラム・マネジメント」と「教育課程経営」

前のページに、新学習指導要領における「カリキュラム・マネジメントの三つの側面」を示した。だが、「カリキュラム・マネジメント」の含意は上記の限りではない。「カリキュラム・マネジメント」、或いは「教育課程経営」は、これまで様々なかたちで用いられてきた。

1970年代頃、教育課程を管理するものとして、「教育課程管理」、「教育課程行政」と呼ばれるような教育課程の管理が志向されていたとされる[9]。他方で、学校経営の現代化を提唱していた高野（1980）は、自らの研究主題である学校経営過程分析の視座から、①教育課程の計画（編成）管理（P）→②実施管理（D）→評価管理（S）といった過程構造で、教育課程経営が成り立つことが述べられている[10]。中留（1984）は、高野が述べている教育課程経営モデルに影響を受けつつ、教育課程経営を「学校が教育目標達成のために児童生徒の発達に即してある教育内容を諸条件とのかかわりにおいてとらえ直して組織化し、動態化することによって具標に対応した一定の効果を生み出す一連の活動」と位置付ける[11]。この点からも理解できるように、当時の教育課程行政に例示されるような、教育課程の管理を通した学校管理ではなく、あくまでも学校教育目標の実現を企図して、組織的に計画的に行われるもので、「教育内容」と「条件整備」の相互の関係を全体的、総合的に把握することが[12]、教育課程経営の核として理解されるに至る[13]。

その後、田村（2011）が高野の論を基盤とした教育課程経営の特徴として、①学校の教育目標の具現化、②単位学校を主体とした組織的な取り組み、③教育課程をPDSサイクルによって動態化すること、④教育活動と条件整備（経営）活動とを対応関係としてとらえること、⑤教師を授業経営者及びカリキュラム・メーカーとしてとらえることと、整理している[14]。

| 資料4 | 学習指導要領総則の構造とカリキュラム・マネジメントのイメージ[15] |

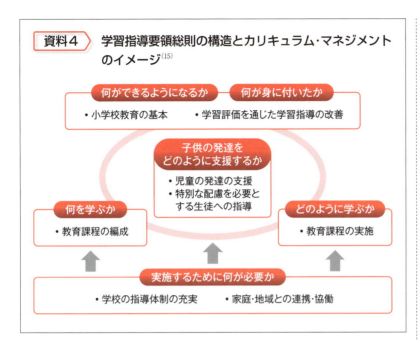

| 資料5 | カリキュラム・マネジメント推進における教育課程の評価の考え方[16] |

「**児童や学校、地域の実態**を適切に把握し、教育の目的や目標の実現に必要な教育の内容等を教科横断的な視点で組み立てていくこと、教育課程の実施状況を評価してその改善を図っていくこと、教育課程の実施に必要な人的又は物的な体制を確保するとともにその改善を図っていくことなどを通して、教育課程に基づき組織的かつ計画的に各学校の教育活動の質向上を図っていくことに努める」

| 資料6 | 「カリキュラムマネジメント」の診断・評価の視点（天笠2013）[17] |

・学校の教育目標やビジョン、その達成をはかる全体的な構想（地図）の存在と教職員による共有
・カリキュラムの編成、指導計画の作成
・授業をはじめとする教育活動の実施
・ヒト・モノ・カネにかかわる条件整備
・カリキュラムを核に協働する組織文化の形成
・保護者などの要望や意見への対応と諸活動への協力・参加
・推進のためのシステムの設計とリーダーシップの発揮

(15) 高木展郎（2019）『カリキュラム・マネジメント～新学習指導要領とこれからの授業づくり～：校内研修シリーズ No54』（独）教職員支援機構．https://www.nits.go.jp/materials/intramural/files/054_001.pdf（最終確認日：2019年7月5日）．

(16) 文部科学省（2017）「第1章創設」『小学校学習指導要領（平成29年告示）解説』pp.4-5.

(17) 天笠茂（2013）「第5章 学校の評価――学習評価・カリキュラム評価・学校評価とその実践化」『カリキュラムを基盤とする学校経営』ぎょうせい、pp.183-216.

（小林昇光）

5　主体的・対話的で深い学び

本節のポイント

・現行の学習指導要領においては、「主体的・対話的で深い学び」の実現（アクティブ・ラーニングの視点）に向けた授業改善が目指されており、その際「どのように学ぶか」という視点がとりわけ重要視されている。そこで本節では、そのような学習観が成立するまでに展開されてきた議論を整理する。
・また、「主体的・対話的で深い学び」の実現を目指すということが、どのような問題を抱えているのかという点について確認する。

1　主体的・対話的で深い学びの背景

　現行の学習指導要領が掲げる「**主体的・対話的で深い学び**」の実現というスローガンが成立する背景には、**アクティブ・ラーニング**を巡る議論があった。したがって「主体的・対話的で深い学び」という語によって目指されるものを理解するために、このアクティブ・ラーニングがどのような経緯で日本の学校教育の中に浸透してきたのかをまずは確認してみよう。

　アクティブ・ラーニングが日本の教育政策の中で初めて主題的に語られるのは、2012（平成24）年8月に中央教育審議会から出された「新たな未来を築くための大学教育の質的転換に向けて（副題略）」という答申においてである。本答申の主旨は、大学における授業改善の必要性を訴えることであり、そこでは、21世紀に入り進展するグローバル化に伴う産業構造や価値観の変化に対応できる人材の育成が国の課題として共有された。すなわち、現在進行形で刻々と変化している現代社会の問題に即応するために、「想定外の事態に遭遇したときに、そこに存在する問題を発見し、それを解決するための道筋を見定める能力」[1]の育成が求められたのである。

　しかしながら、このような能力の育成を目指す上で、伝統的な大学の教育方法では限界があった。というのも伝統的な大学の講義では、教授が学生に一方向的に語りかける一斉教授型のやり方が一般的であり、それゆえに受動的に講義を受ける学生が多かったのである（資料1）。つまり、主体的に学ぼうとする学生の姿勢が芽吹かないのはその講義の方法に問題があったからである、と同答申を通じて共通認識が図られたのである。その代替案として示されたのがアクティブ・ラーニング（能動的学修）であり、ここにおいて大学教育は、資料2で紹介されているような「ディスカッションやディベートといった双方向の講義、演習、実験、実習や実技等を中心とした授業への転換」[2]へと促されていくことになる。

（1）中央教育審議会答申（平成24年8月）「新たな未来を築くための大学教育の質的転換に向けて〜生涯学び続け、主体的に考える力を育成する大学へ〜」p.9.

（2）同上、p.9.

Ⅲ-5 主体的・対話的で深い学び

> **資料1** 伝統的な大学教育の課題
> （「新たな未来を築くための大学教育の質的転換に向けて～生涯学び続け、主体的に考える力を育成する大学へ～」平成24年8月28日中央教育審議会答申　第5章より）。

　卒業の要件は原則として4年以上の在学と124単位以上の単位修得であることを踏まえると、学期中の一日当たりの総学修時間は8時間程度であることが前提とされている。しかし、実際には、我が国の学生の学修時間はその約半分の一日4.6時間にとどまるという調査結果がある。これは例えばアメリカの大学生と比較して極めて短い。同調査によれば、理学、保健、芸術分野は相対的に学修時間が長いが、社会科学分野は特に短い。

　（中略）

　また、国民、産業界や学生は、学士課程教育の現状に満足していない。例えば、ある新聞社の世論調査では、日本の大学が世界に通用する人材や社会、企業が求める人材を育てているかとの質問に、6割を超える国民が否定的な回答をしている。また、経済団体の調査によれば、企業の学士課程教育に対するニーズと大学が教育面で特に注力している点とでは、特に「チームで特定の課題に取り組む経験をさせる」、「理論に加えて、実社会とのつながりを意識した教育を行う」などの点で重要性の認識に差異や隔たりがある。さらに、学士課程教育を受けている学生の5～6割が「論理的に文章を書く力」、「人に分かりやすく話す力」、「外国語の力」についての大学の授業の有効性を否定的に捉えている。

　学長・学部長アンケートによれば、学生の学修成果について、「専門的知識、技術・技能」、「職業人としての倫理観」について学長・学部長は高い満足度を示しているが、成熟社会において重要な「獲得した知識等を活用し、新たな課題に適用し課題を解決する能力」や「汎用的能力」に関する満足度が相対的に低い。また、学修時間については、「授業に出席し受講する時間」に関しては高い満足度を示しているが、「事前の準備や事後の展開など授業外の学修時間」に関しては満足度が極めて低い。

> **資料2** アクティブ・ラーニングについての認識
> （「新たな未来を築くための大学教育の質的転換に向けて～生涯学び続け、主体的に考える力を育成する大学へ～」平成24年8月28日中央教育審議会答申　第4章より）

　生涯にわたって学び続ける力、主体的に考える力を持った人材は、学生からみて受動的な教育の場では育成することができない。従来のような知識の伝達・注入を中心とした授業から、教員と学生が意思疎通を図りつつ、一緒になって切磋琢磨し、相互に刺激を与えながら知的に成長する場を創り、学生が主体的に問題を発見し解を見いだしていく能動的学修（アクティブ・ラーニング）への転換が必要である。すなわち個々の学生の認知的、倫理的、社会的能力を引き出し、それを鍛えるディスカッションやディベートといった双方向の講義、演習、実験、実習や実技等を中心とした授業への転換によって、学生の主体的な学修を促す質の高い学士課程教育を進めることが求められる。学生は主体的な学修の体験を重ねてこそ、生涯学び続ける力を修得できるのである。

2 主体的・対話的で深い学びの政策化

　かくして、大学教育改革の文脈の中でアクティブ・ラーニングは学校教育の世界に登場した。次いで、2014（平成26）年12月に出された高大接続改革に係る答申において「初等中等教育から高等教育まで一貫した形で、一人ひとりに育まれた力を更に発展・向上させることが肝要である」[3]ことが述べられ、そして2016（平成28）年に出された答申[4]において、次期（現行）学習指導要領のキーワードの1つとしてアクティブ・ラーニングが認識されていくことになる。

　ところが、アクティブ・ラーニングが学校教育の世界に根付くのはそれほど順調だったわけでもない。というのも学習指導要領は、法的拘束力を有する教育課程の国家基準であり、原則として学校はこれに従わなければならない。そして、以前の学習指導要領は学習内容のみを定めており、それをどのように教えるかは各教師に委ねられていた。対して、アクティブ・ラーニングという言葉の元々の意味（資料3）は、教員による一方向的な講義形式の教育以外の教授・学習方法の総称であり、したがって学習指導要領がアクティブ・ラーニングを推奨することで教育方法が拘束されることになり、かえって教師や学習者の能動性が損なわれるのではないか、といった批判の声も少なくなかったのである。

（3）中央教育審議会答申（平成26年12月）「新しい時代にふさわしい高大接続の実現に向けた高等学校教育、大学教育、大学入学者選抜の一体的改革について〜すべての若者が夢や目標を芽吹かせ、未来に花開かせるために〜」pp.2-3.

（4）中央教育審議会答申（平成28年12月）「幼稚園、小学校、中学校、高等学校及び特別支援学校の学習指導要領等の改善及び必要な方策等について」.

資料3 　文部科学省によるアクティブ・ラーニングの定義
（「新たな未来を築くための大学教育の質的転換に向けて〜生涯学び続け、主体的に考える力を育成する大学へ〜」平成24年8月28日中央教育審議会答申　用語集より）

　教員による一方向的な講義形式の教育とは異なり、学修者の能動的な学修への参加を取り入れた教授・学習法の総称。学修者が能動的に学修することによって、認知的、倫理的、社会的能力、教養、知識、経験を含めた汎用的能力の育成を図る。発見学習、問題解決学習、体験学習、調査学習等が含まれるが、教室内でのグループ・ディスカッション、ディベート、グループ・ワーク等も有効なアクティブ・ラーニングの方法である。

　こうした声に対して文部科学省は、特定の指導の型を普及させるのではなく、「**アクティブ・ラーニングの視点**」に立って学びの質の向上を目指すものである、と応えた。つまり特定の方法論を推奨しているわけではなく、子どもたちがこれからの社会を生きていくために必要な資質・能力を育むための1つの指標としてアクティブ・ラーニングの考え方を参照している、という論理である。ここにおいてアクティブ・ラーニングは、もはや単なる教授・学習方法の総称ではなくなる。それは、学習者の学びの質を規定する認識の枠組みであり、能動的に学ぶ姿勢を備えたアクティブ・ラーナーを育成するための公準なのである。

　しかしながら、アクティブ・ラーニングの元々の意味するものが活動（アクティビティ）を基盤にする指導方法であったことから、「アクティブ・ラーニングの視点」と言い換えたところで、それは結局のところ活動を成立させるた

めの資質・能力を捉えるまなざしにすぎないのではないか。その結果、松下（2015）が指摘するような、知識と活動の乖離[5]の問題が生じるのではないか。こういった趣旨の疑念は拭えない。こうした疑念に対して松下（2015）は、バークレーによる「頭（mind）がアクティブに関与していること」というアクティブ・ラーニングの定義を引きながらこれを「深さ」の次元に位置付け、従来外的活動の能動性ばかり強調されてきたアクティブ・ラーニングの内的活動の能動性の側面に光を当てる[6]。すなわち「アクティブ・ラーニングの視点」には、外的活動の能動性と内的活動の能動性の二軸があり、アクティブ・ラーニングの成否はそれらのコンビネーションによって左右されるということになる。

（5）松下佳代（2015）「ディープ・アクティブラーニングへの誘い」松下佳代・京都大学高等教育研究開発推進センター（編）『ディープ・アクティブラーニング：大学授業を深化させるための』勁草書房 p.5.

（6）同上、pp.1-27.

3 主体的・対話的で深い学びの問題

　このような「深さ」の次元への注目が集まることで、アクティブ・ラーニングは学習者の活動を促すだけでなく、学習内容の深い理解をも促すものとして再定義される。そしてそれは、**どのように学ぶか**を追究するための視点となり、「**主体的・対話的で深い学び**」（資料4）の実現を判断するための基準となった。
　松下（2016）によれば、このような「資質・能力の形成と結びついたアクティブ・ラーニングの政策的推進は、きわめて日本的な現象」[7]であり、いわゆる**キー・コンピテンシー**（資料5）の形成を促す動きと連動しながら展開されてきた。こうした状況は新たな議論の呼び水となっており、石井（2017）は、コンピテンシー（能力）の重視がアクティブで社交的である等の特定の性向を強制してしまい学校生活に息苦しさをもたらしかねない一方で、現代社会をよりよく生きる上で何を学ぶ必要があるのかという観点から学校で行われる授業の内容や形式を問い直す契機ともなりうる、と述べている[8]。このような議論が何を問題にしているのかを以下で整理することで本稿の結びに代えていきたい。

（7）松下佳代（2016）「資質・能力の形成とアクティブ・ラーニング-資質・能力の「3・3・1モデル」の提案-」日本教育方法学会（編）『アクティブ・ラーニングの教育方法学的検討』図書文化社、p.25.

（8）石井英真（2017）「学校改革とカリキュラム変革の歴史と現在」佐藤学・秋田喜代美・志水宏吉・小玉重夫・北村友人（編）『学びとカリキュラム』岩波書店、p.136.

資料4 「主体的・対話的で深い学び」の具体的な内容
（「幼稚園、小学校、中学校、高等学校及び特別支援学校の学習指導要領等の改善及び必要な方策等について」平成28年12月21日中央教育審議会答申　第7章の2より）

主体的な学び	学ぶことに興味や関心を持ち、自己のキャリア形成の方向性と関連付けながら、見通しを持って粘り強く取り組み、自己の学習活動を振り返って次につなげる「主体的な学び」が実現できているか。
対話的な学び	子供同士の協働、教職員や地域の人との対話、先哲の考え方を手掛かりに考えること等を通じ、自己の考えを広げ深める「対話的な学び」が実現できているか。
深い学び	習得・活用・探究という学びの過程の中で、各教科等の特質に応じた「見方・考え方」を働かせながら、知識を相互に関連付けてより深く理解したり、情報を精査して考えを形成したり、問題を見いだして解決策を考えたり、思いや考えを基に創造したりすることに向かう「深い学び」が実現できているか。

| 資料5 | OECDにおける「キー・コンピテンシー」について
（教育課程部会（第48回）平成18年9月29日　配付資料より） |

・「コンピテンシー（能力）」とは、単なる知識や技能だけではなく、技能や態度を含む様々な心理的・社会的なリソースを活用して、特定の文脈の中で複雑な要求（課題）に対応することができる力。
・「キー・コンピテンシー」とは、日常生活のあらゆる場面で必要なコンピテンシーをすべて列挙するのではなく、コンピテンシーの中で、特に、1．人生の成功や社会の発展にとって有益、2．さまざまな文脈の中でも重要な要求（課題）に対応するために必要、3．特定の専門家ではなくすべての個人にとって重要、といった性質を持つとして選択されたもの。
・以下がキー・コンピテンシーの3つのカテゴリーである。

①社会・文化的、技術的ツールを相互作用的に活用する能力（個人と社会との相互関係）
②多様な社会グループにおける人間関係形成能力（自己と他者との相互関係）
③自律的に行動する能力（個人の自律性と主体性）

　コンピテンシーベースともいわれる現在の学校教育においては、目指すべき学習観に「深さ」の次元を組み込みながらも、そこで重要とされるのは知識（情報資源）の活用の仕方を学ぶことである。現実社会においては、生じた問題状況に対して教科書通りに振る舞うよりも臨機応変に動くことが求められるため、知識そのものを習得するよりもそれらをいかに適切に活用するかを学ぶことの方がよいかもしれない。したがって、そのような現実を基にしながら社会をよりよく生きるための学びの在り方を設定することは合理的である。

　一方で我々は、学校がもつ暗黙的な力についても知っておかねばならない。というのも、教師の意図に関わらず、子どもは学校の中で独特の行動様式を学ぶからである。例えば資料7はある児童のお漏らしの事例であり、彼はトイレの利用方法を知っているにも関わらずお漏らしをした。それはなぜか。学校には分刻みで児童の行動を規制する時間割があり、排泄は休み時間に済ませるといった形でそれぞれの時間枠組みで何ができるか、何をすべきか、といった説明が教師からなされる。こうした関わりが日常的に重ねられていくことにより、児童は規則の感覚を身体にしみ込ませていくのであり、「単にある振る舞いができるかどうかではなく、学校という文脈のなかで適切に振る舞うことが期待されていることを知るのである」[9]。重要なのはこの場合の期待は、児童が読み込んだ期待であって、必ずしも教師が求めているものと一致するわけではない。実際、教師は「授業中にトイレに行ってはいけない」とは言っていないし、授業中にお漏らしされることの方がやっかいであるようにさえ思われる。それでも児童は、排泄は休み時間に済ませようとするし、学校という場はそれをさせる力を持つのである。

　そのことを踏まえるならば、学校がアクティブ・ラーナーを生きる力を持っ

（9）北澤毅（2011）「学校的社会化の問題構成−「児童になる」とはどういうことか」北澤毅（編）『〈教育〉を社会学する』学文社、p.226.

> **資料6** お漏らしの事例。（北澤毅（2011）「学校的社会化の問題構成−「児童になる」とはどういうことか」北澤毅（編）『〈教育〉を社会学する』学文社、pp.212-213より、下線部は筆者による）
>
> 　私はお漏らしをしたことがある。小学校2年生の時、教室で先生を囲んでお遊戯の練習をしていたときだった。先生の模範演技は熱を帯び、私たち児童は指示に従って体を動かしていた。私は必死にこらえていたのだが、とうとう我慢の限界をこえ、右足を伝わってズボンの裾からジワーと生ぬるい液体が床に流れ出したのだ。しかし私の記憶は途切れていて、その後、どうなったかは何も思い出せない。しかし、「先生、トイレに行っても良いですか」と言える雰囲気ではなかったし、クラスの皆の前でお漏らしをした恥ずかしさは痛烈だったのだと思う。…（中略）
>
> 　ここで確認したいことは、お漏らしをしたのは「授業中だから」であってトイレットトレーニングができていなかったからではないということだ。小学校低学年の時、「休み時間にトイレに行きましょう。授業中に行きたいときは先生に言いなさい」といった趣旨の注意を何度もされたように思うが、そうした注意を受ければ、先生の真意はどうであれ、児童たちは「授業中にトイレに行ってはいけない」という暗黙の規則の存在を意識させられることになるし、実際に、授業中に「先生、トイレ！」と言うのは困難であったし恥ずかしいことでもあった。だから短い休み時間の間に、皆、せっせとトイレに行こうとするわけだ。…（中略）

た主体として規定することで、教師による説明の如何に関わらず、児童は能動的に振る舞うことを美徳と考え、またその美徳からズレた同級生に対して否定的なまなざしを注ぐようになりうることは想定しなければならない。その意味でいえば、学校生活が息苦しいものとなる可能性もあるだろう。

　かつて中田（1996）は、実生活から切り離された仮想的な場であったがゆえに試行錯誤することが許されていた学校の、そうした閑暇な場としてのポジティブな面が失われている、と指摘した[10]。当時は、「関心・意欲・態度」を上位に置く観点別学習状況の評価が学校に導入された時代で、つまり主体性や協調性といった態度面も進路に直結するがゆえに、よりよい成績を望むならば子どもたちは常に主体的に協調性をもって振る舞うことが必要となる。その結果、ゆとりをもたらすための教育政策が、反対に子どもたちが学ぶためのゆとりを奪ってしまったのかもしれない。周知のとおり、アクティブ・ラーニングは経済界主導で導入されており、それに紐づく「主体的・対話的で深い学び」もまた経済原則の下で稼働する。つまり学校と実世界との結びつきが公認されている現代においては、もはや学校には閑暇な場としての面影すら失われているかもしれない。この社会が能動的であることを求めている限りにおいて、アクティブ・ラーナーを育てることの重要性は否定し得ない。しかしながら一方で、仮に経済的に無意味なことであっても落ち着いて思索にふける時間も、よりよく生きる上では重要ではないだろうか。

(10) 中田基昭（1996）『教育の現象学：授業を育む子どもたち』川島書店、pp.3-4.

（池田竜介）

III 6 特別支援教育
（1）インクルーシブ教育システム構築に向けた変化

> **本節のポイント**
> ・小・中学校、高校の学習指導要領は、「特別支援教育元年」以降のインクルーシブ教育システム構築に向けた改革の影響を受けて改訂がなされた。
> ・小・中学校、高校の学習指導要領では、特別支援学級や通級による指導のための「特別の教育課程」の編成や、個別の教育支援計画、指導計画の作成・活用が求められている。

1 平成20年以降の教育理念・制度の変化

今次改訂の平成29・30年版学習指導要領と前回の平成20・21年版学習指導要領を比較し、大きな変化の見られる領域の一つが特別支援教育である。前回の学習指導要領の特徴は、2007（平成19）年の「特別支援教育元年」の改革を受けて、個別の指導・支援を可能にしたことであった[1]。この年には学校教育法が改正され、盲・聾・養護学校の三校種が**特別支援学校**の一校種になるとともに、地域の特別支援教育のセンター的機能を担うことが求められるようになった。また、小・中学校、高校においては**特別支援教育コーディネーター**の指名や、「**個別の教育支援計画**」、「**個別の指導計画**」の作成が求められ、発達障害児を含めた障害児への指導・支援を可能にする体制が整えられるようになった。資料1はその改革の前後となる平成10年版、平成20年版の小学校学習指導要領の障害児の指導・支援に関する記述を抜粋したものである（下線部筆者）。下線部に見られるように「個々」の児童のために、その障害の状態等に応じて、上記の計画を作成することや、計画的、組織的に指導・支援を行うことが明確にされている。

平成29・30年版学習指導要領は、このような個別の対応を重視した特別支援教育の視点に加え、**インクルーシブ教育システム**構築の視点が加わったことに特徴がある。資料2は2008（平成20）年以降の教育理念・制度の変化に関わる事項を整理した年表である。2011年の改正障害者基本法や2013年の障害者差別解消法では共生社会の実現が理念として掲げられ、**合理的配慮の提供**が明記されている[2]。そして、障害者基本法においては、障害児と障害のない児童との共学の配慮も謳われている。これらは、特別支援教育の目指す「自立と社会参加」のための個人の成長のみならず、障害者にもたらされる困難の解消という点で通常とされる側の変化をも求めるものである。学習指導要領においてインクルーシブ教育システム構築の視点がいかに加わったかについては次項で説明する。

（1）中央教育審議会答申「特別支援教育を推進するための制度の在り方について」（2005年12月）においては、従来の特殊教育の特徴を「障害の種類や程度に応じて盲・聾・養護学校や特殊学級といった特別な場で指導を行うことにより、手厚くきめ細かい教育を行うこと」とし、特別支援教育の特徴を「障害のある幼児児童生徒の自立や社会参加に向けた主体的な取組を支援するという視点に立ち、幼児児童生徒一人一人の教育的ニーズを把握し、その持てる力を高め、生活や学習上の困難を改善又は克服するため、適切な指導及び必要な支援を行うもの」とまとめている(p.5)（下線部筆者）。

（2）これらの一連の法制度改革の推移やその意義については、清水貞夫・西村修一(2016)『「合理的配慮」とは何か？ 通常教育と特別支援教育の課題』クリエイツかもがわ、を参照。

資料1	障害児の指導に関する小学校学習指導要領の記載の変化

平成10年版 (「第1章 総則」「第5指導計画の作成等に当たって配慮すべき事項」2 (7)」)	障害のある児童などについては、児童の実態に応じ、指導内容や指導方法を工夫すること。特に、特殊学級又は通級による指導については、教師間の連携に努め、効果的な指導を行うこと。
平成20年版 (「第1章 総則」「第4 指導計画の作成等に当たって配慮すべき事項」2 (7))	障害のある児童などについては、特別支援学校等の助言又は援助を活用しつつ、例えば指導についての計画又は家庭や医療、福祉等の業務を行う関係機関と連携した支援のための計画を個別に作成することなどにより、個々の児童の障害の状態等に応じた指導内容や指導方法の工夫を計画的、組織的に行うこと。特に、特別支援学級又は通級による指導については、教師間の連携に努め、効果的な指導を行うこと。

出典：各年版小学校学習指導要領を参照して筆者作成。

資料2	2008（平成20）年以降のインクルーシブ教育システム導入に関わる事項

2011（平成23）	障害者基本法の一部改正	共生社会の実現、障害者の自立及び社会参加の支援（1条）、差別の禁止、合理的配慮の提供（4条1項、2項）、障害児と障害のない児童との共学の配慮（16条1項）
2012（平成24）	中央教育審議会初等中等教育分科会報告「共生社会の形成に向けたインクルーシブ教育システム構築のための特別支援教育の推進」	障害のある子どもと障害のない子どもが、できるだけ同じ場で学ぶことを目指しての制度等の改正を行う（就学相談・就学先決定の在り方、合理的配慮と基礎となる環境整備、多様な学びの場の整備と学校間連携等の推進、教職員の専門性確保）
2013（平成25）	改正学校教育法施行令の施行学校教育法施行令の一部改正について（通知）	「認定就学者制度」の廃止（障害の状態、本人の教育的ニーズ、本人・保護者の意見、教育学、医学、心理学等専門的見地からの意見、学校や地域の状況等を踏まえ適当である場合のみ「認定特別支援学校就学者」として特別支援学校に就学する）、障害の状態等の変化を踏まえた転学、区域外就学の規定の整備等
2013（平成25）	障害のある児童生徒等に対する早期からの一貫した支援について（通知）	本人、保護者に対する就学手続き等の情報の提供、就学先決定に際しての意向の尊重、関係機関と連携をとった早期からの支援（教育相談体制の整備、個別の教育支援計画の作成、柔軟な転学等）
2013（平成25）	障害を理由とする差別の解消の推進に関する法律（いわゆる「障害者差別解消法」）制定（2016年施行）	行政機関等、事業者による不当な差別的取扱いの禁止（7条1項、8条1項）、合理的配慮の提供義務（7条2項）（事業者は努力義務（8条2項））
2014（平成26）	「障害者の権利に関する条約」批准	インクルーシブ教育システムの確保の必要性、合理的配慮の提供（24条関係）

出典：筆者作成。

② 改訂の要点

（1）個に応じた指導・支援の具体化

　今次の学習指導要領の大きな変化の１つは、「特別な配慮を必要とする児童への指導」について項目を立てたことである[3]。このうち「障害のある児童などへの指導」[4]について、前回の学習指導要領から記述が加わった主な部分に下線を引いたものが表３である。一目で障害児の指導・支援に関する学習指導要領の記述が増加していることが分かる。特に変化したものとして、①長期的な視点での教育的支援の明確化、②特別支援学級における「特別の教育課程」の編成方法の明確化、③通級による指導を行い「特別の教育課程」を編成する場合の編成方法の明確化[5]、④特別支援学級、通級による指導による教育的支援を受ける場合の個別の教育支援計画、指導計画の作成、活用の明確化、を挙げることができる。②及び③については、学校教育法施行規則においては「特別の教育課程によることができる」（138条、140条）としているが、学習指導要領上は義務的規定となった。また、④に関して、かつて２つの計画の作成義務は特別支援学校にのみあったが、今次改訂によって小・中学校や高校にも課されることになった。

　このように小・中学校や高校において２つの計画をもとに指導・支援を行うことがより強く求められるようになった。この点、学習指導要領の解説では、「個別の教育支援計画と個別の指導計画の作成・活用システムを校内で構築していくためには、障害のある児童などを担任する教師や特別支援教育コーディネーターだけに任せるのではなく、全ての教師の理解と協力が必要である。学校運営上の特別支援教育の位置付けを明確にし、学校組織の中で担任する教師が孤立することのないよう留意する必要がある」[6]としている。

（2）インクルーシブ教育システム構築のための変化

　今次改訂では、小・中学校、高校の学習指導要領の各教科・科目や領域においてインクルーシブ教育システム構築のための記述が加えられた。すなわち、各教科・科目や領域の「第３　指導計画の作成と内容の取扱い」[7]において「障害のある児童などについては、学習活動を行う場合に生じる困難さに応じた指導内容や指導方法の工夫を計画的、組織的に行うこと」[8]（下線部筆者）と明記された。前回の学習指導要領では、類似の記述は、表１の通り学習指導要領の総則にあったが、今次改訂では各教科・科目や領域にも記載されるようになった。また、かつての「障害の状態等に応じた」の部分が下線部のように変更され、児童・生徒自身の困難さに注目した工夫とすることが求められている。これは、「障害の状態等」という多様な解釈が可能な表現を避け、より具体的な障害児本人の困難さに対してアプローチすることをねらったものであり、学校、教職員にとって大きな変更点であると言える。

（3）この項に該当する指導や配慮として「障害のある児童などへの指導」のほか、「海外から帰国した児童などの学校生活への適応や、日本語の習得に困難のある児童に対する日本語指導」、「不登校児童への配慮」が示されている。

（4）「児童」の箇所は、幼稚園教育要領では「幼児」、中学校・高等学校学習指導要領では「生徒」である。

（5）なお、2018（平成30）年の学校教育法施行規則一部改正により、同年度から高等学校における「通級による指導」がスタートしている（第140条、141条関係）。表３に示すように学習指導要領ではこの制度に関する記述が多く加わっている。

（6）文部科学省（2017）『小学校学習指導要領（平成29年告示）解説　総則編』、pp.114-115.

（7）項目名は、高等学校学習指導要領の教科・科目では「第３款　各科目にわたる指導計画の作成と内容の取扱い」となっている。

（8）中学校・高等学校学習指導要領では、「児童」の部分は「生徒」である。

資料3	**各校種学習指導要領における「障害のある児童（幼児、生徒）などへの指導」の記載**

幼稚園 教育要領	障害のある幼児などへの指導に当たっては、集団の中で生活することを通して全体的な発達を促していくことに配慮し、<u>特別支援学校などの助言又は援助を活用しつつ</u>、個々の幼児の障害の状態などに応じた指導内容や指導方法の工夫を組織的かつ計画的に行うものとする。また、家庭、地域及び医療や福祉、保健等の業務を行う関係機関との連携を図り、<u>長期的な視点で幼児への教育的支援を行うために、個別の教育支援計画を作成し活用すること</u>に努めるとともに、個々の幼児の実態を的確に把握し、個別の指導計画を作成し活用することに努めるものとする。
小学校 学習指導要領 ・ 中学校 学習指導要領^注	ア　障害のある児童（生徒）などについては、特別支援学校等の助言又は援助を活用しつつ、個々の児童の障害の状態等に応じた指導内容や指導方法の工夫を組織的かつ計画的に行うものとする。 イ　特別支援学級において実施する特別の教育課程については、次のとおり編成するものとする。 （ア）　障害による学習上又は生活上の困難を克服し自立を図るため、<u>特別支援学校小学部・中学部学習指導要領第7章に示す自立活動を取り入れること</u>。 （イ）　児童（生徒）の障害の程度や学級の実態等を考慮の上、各教科の目標や内容を下学年の教科の目標や内容に替えたり、各教科を、知的障害者である児童（生徒）に対する教育を行う特別支援学校の各教科に替えたりするなどして、実態に応じた教育課程を編成すること。 ウ　障害のある児童（生徒）に対して、通級による指導を行い、特別の教育課程を編成する場合には、<u>特別支援学校小学部・中学部学習指導要領第7章に示す自立活動の内容を参考とし、具体的な目標や内容を定め、指導を行うものとする</u>。その際、効果的な指導が行われるよう、各教科等と通級による指導との関連を図るなど、教師間の連携に努めるものとする。 エ　障害のある児童（生徒）などについては、家庭、地域及び医療や福祉、保健、労働等の業務を行う関係機関との連携を図り、長期的な視点で児童（生徒）への教育的支援を行うために、個別の教育支援計画を作成し活用することに努めるとともに、各教科等の指導に当たって、個々の児童（生徒）の実態を的確に把握し、個別の指導計画を作成し活用することに努めるものとする。<u>特に、特別支援学級に在籍する児童（生徒）や通級による指導を受ける児童（生徒）については、個々の児童（生徒）の実態を的確に把握し、個別の教育支援計画や個別の指導計画を作成し、効果的に活用するものとする</u>。
高等学校 学習指導要領	ア　障害のある生徒などについては、特別支援学校等の助言又は援助を活用しつつ、個々の生徒の障害の状態等に応じた指導内容や指導方法の工夫を組織的かつ計画的に行うものとする。 イ　障害のある生徒に対して、学校教育法施行規則第140条の規定に基づき、特別の教育課程を編成し、障害に応じた特別の指導（以下「通級による指導」という。）を行う場合には、<u>学校教育法施行規則第129条の規定により定める現行の特別支援学校高等部学習指導要領第6章に示す自立活動の内容を参考とし、具体的な目標や内容を定め、指導を行うものとする</u>。その際、通級による指導が効果的に行われるよう、各教科・科目等と通級による指導との関連を図るなど、教師間の連携に努めるものとする。なお、通級による指導における単位の修得の認定については、次のとおりとする。 （ア）　学校においては、生徒が学校の定める個別の指導計画に従って通級による指導を履修し、その成果が個別に設定された指導目標からみて満足できると認められる場合には、当該学校の単位を修得したことを認定しなければならない。 （イ）　学校においては、生徒が通級による指導を2以上の年次にわたって履修したときは、各年次ごとに当該学校の単位を修得したことを認定することを原則とする。ただし、年度途中から通級による指導を開始するなど、特定の年度における授業時数が、1単位として計算する標準の単位時間に満たない場合は、次年度以降に通級による指導の時間を設定し、2以上の年次にわたる授業時数を合算して単位の修得の認定を行うことができる。また、単位の修得の認定を学期の区分ごとに行うことができる。 ウ　障害のある生徒などについては、家庭、地域及び医療や福祉、保健、労働等の業務を行う関係機関との連携を図り、<u>長期的な視点で生徒への教育的支援を行うために、個別の教育支援計画を作成し活用すること</u>に努めるとともに、各教科・科目等の指導に当たって、個々の生徒の実態を的確に把握し、個別の指導計画を作成し活用することに努めるものとする。特に、通級による指導を受ける生徒については、個々の生徒の障害の状態等の実態を的確に把握し、個別の教育支援計画や個別の指導計画を作成し、効果的に活用するものとする。

注：中学校学習指導要領については表中の「児童」を括弧に示す「生徒」に読み替える。
出典：各校種学習指導要領をもとに筆者作成。

（雪丸武彦）

Ⅲ 6 特別支援教育
（2）学校現場の対応

本節のポイント

・インクルーシブ教育システム構築へ向けて、目標、内容等が整理され具体的に示された。
・小・中学校でも必要に応じて自立活動や個別の教育支援計画を導入することとなった。

1 改訂の要点

（1）特別支援学校（知的障がい教育）では

　知的障がいのある子供たちの学習上の特性として、知識や技能が断片的になりやすい等により、学習した内容が実生活で生かされるようになるまでには、時間をかけた計画的な指導が必要となる。このため知的障がい教育の各教科等は、学校教育法施行規則で、小・中学校、高等学校とは別に規定され、「特に必要があるときは、各教科、道徳科、外国語活動、特別活動及び自立活動[1]の全部又は一部について、合わせて授業を行うことができる」1）ことが示されている。

　ところが、学校現場では各教科の目標・内容が大綱的に示されており、教科等を合わせて授業を行う場合、各教科等の目標・内容を関連付けた指導の在り方が曖昧になりやすいという課題がある。そのため、必ずしも各教科等の目標が十分に意識されずに指導や評価が行われている場合があるという課題が挙げられた。

　更に、幼・小・中・高等部と年令の幅が広いことと障がい種が多岐に渡ることから、各校での指導計画作成時に一貫性があるものとなりにくいことも課題となっていた。また、障がいのある子供たちの学びの場の選択が柔軟に行われるようになっていることから、中央教育審議会特別支援教育部会では、特別支援学校と小学校等における学びが連続的に進められることも求められた。2）

　知的障がいの子供たちが、自立し社会に参画していくためには、持っている力を生かしながら、自ら考え、判断し、意思を表わそうとする意欲を小〜高等部の各部段階を通して育成していく必要がある。そこで、今回の改訂では、知的障がいの子供たちのための各教科で育成を目指す資質・能力の三つの柱[2]は小学校等の各教科と同じであることを明確に示すとともに、知的障がいの子供たちの各教科の目標・内容と小学校等のそれとの連続性・関連性を見据えて整理がなされた。（資料1）

（1）障がいがある児童生徒が自立を目指して、教育的な活動を行う指導領域である。「健康の保持」「心理的な安定」「人間関係の形成」「環境の把握」「身体の動き」「コミュニケーション」の6区分27項目の内容がある。

（2）
・学びを人生や社会に生かそうとするに向かう人間性
・生きて働く知識・技能
・未知の状況にも対応できる思考力・判断力・表現力

資料1　算数科の目標及び内容の比較

<table>
<tr><th></th><th>2017年改訂
小学校学習指導要領</th><th>2017年改訂
特別支援学校学習指導要領</th><th>2008年改訂
特別支援学校学習指導要領</th></tr>
<tr>
<td>目標</td>
<td>数学的な見方・考え方を働かせ、数学的活動を通して、数学的に考える資質・能力を次のとおり育成することを目指す。
（1）数量や図形などについての基礎的・基本的な概念や性質などを理解するとともに、日常の事象を数理的に処理する技能を身に付けるようにする。
（知識及び技能）
（2）日常の事象を数理的に捉え見通しをもち筋道を立てて考察する力、基礎的・基本的な数量や図形の性質などを見いだし統合的・発展的に表したり目的に応じて柔軟に表したりする力を養う。
（思考力、判断力、表現力）
（3）数学的活動の楽しさや数学のよさに気付き、学習を振返ってよりよく問題解決をしようとする態度、算数で学んだことを生活や学習に活用しようとする態度を養う。
（学びに向かう力、人間性）</td>
<td>数学的な見方・考え方を働かせ、数学的活動を通して、数学的に考える資質・能力を次のとおり育成することを目指す。
（1）数量や図形などについての基礎的・基本的な概念や性質などを理解するとともに、日常の事象を数理的に処理する技能を身に付けるようにする。
（知識及び技能）
（2）日常の事象を数理的に捉え見通しをもち筋道を立てて考察する力、基礎的・基本的な数量や図形の性質などを見いだし統合的・発展的に表したり目的に応じて柔軟に表したりする力を養う。
（思考力、判断力、表現力）
（3）数学的活動の楽しさや数学のよさに気付き、学習を振返ってよりよく問題解決をしようとする態度、算数で学んだことを生活や学習に活用しようとする態度を養う。
（学びに向かう力、人間性）</td>
<td>具体的な操作などの活動を通して、数量や図形などに関する初歩的なことを理解し、それらを扱う能力と態度を育てる。</td>
</tr>
<tr>
<td>内容</td>
<td>小学校　6年生

A　数と計算
A（1）分数の乗法及び除法に関わる数学的活動を通して、次のことができるように指導する。

ア　次のような知識技能を身に付けること。
（ア）乗数や除数が整数や分数である場合も含めて、分数の乗法及び除法の意味について理解すること。
（イ）分数の乗法及び除法の計算ができること
（ウ）分数の乗法及び除法についても、整数の場合と同じ関係や法則が成り立つことを理解すること

イ　次のような思考力、判断力、表現力等を身に付けること
（ア）数の意味と表現、計算について成り立つ性質に着目し、計算の仕方を多面的に捉え考えること。
A（2）文字を用いた式

B　図形
B（1）縮図や拡大図　対称な図形
B（2）概形とおよその面積
B（3）円の面積
B（4）角柱及び円柱の面積

C　変化と関係
C（1）比例
C（2）比

D　データの活用
D（1）データの考察
D（2）起こり得る場合

※C変化と関係は低学年（1～3年生）までは「測定」の内容。</td>
<td>特別支援学校小学部　3段階

A　数と計算
ア　100までの整数の表し方に関わる数学的活動を通して、次の事項を身に付けることができるように指導する。
（ア）次のような知識及び技能を身に付けること
ア　20までの数について、数詞を唱えたり、個数を数えたり書き表したり、数の大小を比べたりすること
イ　100までの数について、数詞を唱えたり書き表したり、数の系列を理解したりすること
ウ　数える対象を2ずつや5ずつのまとまりで数えること
エ　数を10のまとまりとして数えたり、10のまとまりと端数に分けて数えたり書き表したりすること。
（イ）次のような思考力、判断力、表現力等を身に付けること。
ア　数のまとまりに着目し、数の数え方や数の大きさの比べ方、表し方について考え、学習や生活に生かすこと
イ　整数の加法及び減法に関わる…

B　図形

C　測定

D　データの活用</td>
<td>特別支援学校小学部　3段階

（1）初歩的な数の概念を理解し、簡単な計算をする。

（2）身近にあるものの重さやさなどが分かり、比較する。

（3）基本的な図形が分かり、その図形を描いたり、簡単な図表を作ったりする。

（4）時計や暦に関心をもつ。</td>
</tr>
</table>

（2）小・中学校では

　小・中学校には、特別支援学校に就学できる障がいの種類や程度に該当する子供たちも在籍しており、特別支援学級や通級による指導等で、特別支援教育が推進されている。また、通常の学級にも知的発達に遅れはないが学習面や行動面で著しい困難を示す子供たちが在籍している。このような状況から、全ての学校において特別支援教育を推進していく必要がある。

　特別支援学級では、小学校、中学校の学習指導要領に基づき教育課程を編成することを基本としながら、必要に応じて、特別支援学校小学部・中学部学習指導要領を参考にしながら教育課程を編成できることとなっている。

　課題として、特別支援学校小学部・中学部学習指導要領を参考に教育課程を編成する時、子供たちの障がいの状態により各教科の各学年の目標・内容の一部を当該学年の前の学年のものに替えるなどする時、その手続が分かりにくいこと等が挙げられている。

　教育課程を編成する場合、小・中学校の通常の学級、特別支援学校小学部・中学部の教育課程との連続性を保ちながら、各小・中学校の特別支援学級に在籍する子供たちの障がいの実態を踏まえて実施することが肝要である。

　通級指導教室は通常の学級に在籍し、各教科等の授業は通常の学級で受けながら、学習上又は生活上の困難を改善・克服するための指導を特別の指導の場で受ける形態で、その指導目標や内容は自立活動に相当するものである。

　ここでは、自立活動の目標、内容を理解して個別の指導計画を作成、活用する必要があり、教員の専門性の向上が課題とされている。

　今回の改訂では、小・中学校でも自立活動の内容を参考に個別の支援計画[3]や合理的配慮を含む個別の指導計画[4]（資料2）の作成と活用することが明示された。

　以上のように、特別支援学校学習指導要領の改訂の方向性は、その背景としてインクルーシブ教育システム構築の推進により、障がいのある子供たちの学びの場の選択が柔軟に行われるようになっていることから、特別支援学校と小学校等における子供たちの学びの連続性の確保が要因の一つと考えられる。

（3）子どもの発達段階に応じて、関係機関（学校、医療、福祉等）が適切な役割分担の下に、一人一人のニーズに対応して適切な支援を行う計画。（障害者基本計画）

（4）個々の児童生徒の障がいの状態や発達段階等の的確な把握に基づき、指導の目標及び指導内容を記載する学習計画。（学習指導要領）資料2

引用・参考文献

・宍戸和也、大崎博史、丹野哲也 他「月刊 特別支援教育研究」No,715,718,724全日本特別支援教育連盟編著 東洋館出版社
・「個別の指導計画」「個別の教育支援計画」ガイドブック福岡市教育委員会発達教育センター　H26年3月
・「合理的配慮」実践事例データベース　インクルーシブ教育システム構築支援データベース（インクルDB）国立特別支援教育総合研究所
・特別支援学校　小学部・中学部学習指導要領
・文部科学省中央教育審議会教育課程部会　特別支援教育部会における審議のとりまとめについて（報告）平成28年8月26日

Ⅲ-6 特別支援教育 (2)学校現場の対応

資料2 福岡市で使用している個別の教育支援計画 新旧対照

(泊秀明)

学習に関する教育評価の充実

> **本節のポイント**
> ・これまでの観点別学習状況評価の四観点（①知識・理解、②技能、③思考・判断・表現、④関心・意欲・態度）が、学力の三要素に対応する三つの観点（①知識及び技能、②思考力・判断力・表現力、③主体的に学習に取り組む態度）に変わった。
> ・「パフォーマンス評価」や「ポートフォリオの活用」が強調されるようになった。

（1）中央教育審議会初等中等教育分科会教育課程部会（2019）「児童生徒の学習評価のあり方について（報告）の概要」p.2.

（2）西岡加名恵ほか（2015）『新しい教育入門』有斐閣コンパクト、pp.2-3.

（3）学習の成果物やその過程で生み出されるものを系統的に蓄積してファイルなどにおさめ、それをもって評価を行う「ポートフォリオ評価」やレポートなどの完成作品やプレゼンテーションなどの実演を評価する「パフォーマンス評価」等がある。

（4）佐藤晴雄（2017）『現代教育概論第4次改訂版』学陽書房、p.105.

（5）その際の方法論として「ルーブリック（評価指標）」の考え方がある（田中耕治（2008）『教育評価』岩波書店、pp.136-137）

（6）子どもの学籍や成績を記録・証明する公簿であり、その作成と保存が義務付けられている（学校教育法施行規則第24条・第28条）。

（7）勝野正章（2018）「指導要録・通知表」汐見稔幸ほか編『よくわかる教育原理』ミネルヴァ書房、p.137.

1 「学習評価」の意義

　学習評価とは、「学校における教育活動に関し、児童生徒の学習状況を評価すること」[1]である。その目的は、「教育がうまくいっているかどうかを把握し、そこでとらえられた実態をふまえて教育を改善する」ことであり、そこで、教育効果が確かめられ、授業の改善に活かされることによって、すべての子どもたちに学力を保障することがめざされる[2]。

　評価は学習活動の事後にのみ実施（**総括的評価**）されるものではなく、学習の事前（**診断的評価**）や途中過程（**形成的評価**）においても実施され、その方法は多様[3]であるが、一般的に「**相対評価**」（集団に準拠した評価）と「**絶対評価**」（目標に準拠した評価）に大別できる[4]。

2 学習評価の方法

　「**目標に準拠した評価**」は教育目標を**規準**としていることから、教師の主観の違いに大きく左右されやすいという点が問題視される。そこで、評価の客観性を担保するためには、到達すべき教育目標の設定だけではなく、「どのような課題をどの程度解けるようになったかというレベルにまで具体化して、それを明示する「**基準づくり**」が必要[5]である。

　学習評価の記録は、**指導要録**[6]の「指導の記録」を通じて具体化される。また、指導要録にある観点別学習状況評価の観点は、学習指導要領に示された教科ごとの目標に照らして設定することになっている。つまり、学習指導要領が変わることによって、学習評価の考え方や方法、指導要録の記載事項もそれに応じて変えられるのである[7]。

3 新学習指導要領における「評価」の観点

（1）中央教育審議会の答申

　2014（平成26）年11月20日、下村博文文部科学大臣（当時）は「初等中等教育における教育課程の基準等の在り方について」の諮問を中央教育審議会に提出し、「これからの学習指導要領等については、必要な教育内容を系統的に示すのみならず、育成すべき資質・能力を子供たちに確実に育む観点から、そのために必要な学習・指導方法や、学習の成果を検証し**指導改善を図るための学習評価を充実させていく観点**が必要」であると述べた。

　中教審はこの諮問を受け、2016（平成28）年12月21日に「幼稚園、小学校、中学校、高等学校及び特別支援学校の学習指導要領等の改善及び必要な方策について（答申）」を提出した。そこで「各教科においては、学習指導要領等の目標に照らして設定した観点ごとに学習状況の**評価と評定**[8]を行う「目標に準拠した評価」を実施」することを提言し、新学習指導要領における評価の方向性を示した。特に、「学習評価の改善・充実や、必要な条件整備などを、教育課程の改善の方向性と一貫性を持って実施していくこと」「きめ細かい学習指導の充実と児童生徒一人一人の学習内容の確実な定着」など、**指導内容と評価の一体化**を強調している。これは、それまでの学習指導要領において結果を中心とする総括的評価が重視されてきたことに対し、評価を通じて学習の改善を目指す、プロセス評価、**形成的評価**の重要性を提起したものであると言える。

　このような「**目標に準拠した評価**」を行うにあたっては、設定した目標に適した評価方法の選定及び開発等が求められる。しかし、実際には、評価しやすいもの（客観テストなど）が目標として優先されるという逆転現象が起こってしまう危険性もあるため、留意が必要である[9]。

（2）評価の三つの観点

　新学習指導要領では、以上の中教審答申に基づき「目標に準拠した評価」をさらに進めるために、小・中・高等学校の指導要録における観点別学習状況の評価の四観点（①知識・理解、②技能、③思考・判断・表現、④関心・意欲・態度）を、より直接に学力の三要素[10]に対応させた**三観点**（①知識・技能、②思考力・判断力・表現力、③主体的に学習に取り組む態度）に整理するとされている。

　具体的に「**知識・技能**」は、個別の知識や技能を覚えるだけでなく、それらをどのように繋いで構造化していくかというところまで見取り、「**思考力・判断力・表現力**」は子どもが自分の意見を表現し、それらを見直し、対話しながら思考し、問題解決を図るところまでを見ていく必要がある[11]。

　特に、「関心・意欲・態度」という従来の観点が、「**主体的に学習に取り組む態度**」となり、「子どもたちが自ら学習目標を持ち、学習に対する粘り強さや

（8）観点別評価の結果をまとめる「評定」は、形成的評価の機能をほとんど持たないとされ、中教審の中でも「評定廃止」が議論されたが、大きな変更は避けるべきであるということ、奨学金の支給基準や高校での単位不認定は評定を用いていることなど、廃止した場合の影響が大きいことから、評定に関しては現行のやり方を維持することになった（鈴木秀幸（2019）「「観点別学習状況の評価」と「評定」をどう取り扱うか」『月刊教職研修2019年3月号』、教育開発研究所）。

（9）西岡加名恵（2015）「教育評価とは何か」無藤隆ほか編『中教審答申解説2017「社会に開かれた教育課程」で育む資質・能力』ぎょうせい、p.5.

（10）2007（平成19）年に学校教育法が一部改正され、「基礎的な知識・技能」「思考力・判断力・表現力等の能力」「主体的に学習に取り組む態度」の三つとして想定されることとなった。

（11）無藤隆（2017）「評価の改訂の方向」無藤隆・馬居政幸・角替弘規編『学習指導要領改訂のキーワード』明治図書、p.118.

計画性（自己調整力）を獲得しようとしているかどうかという、意志的な側面」がその評価対象となっている。

これは、右の図[12]に示すように子どもが「学習PDCA」サイクルを学習改善のために進めていくことを図るものであり、教師は、「振り返り」「見通し」などを通じて、子どもが自分の学習を意識できる機会を持たせることが重要となる。

評価の観点については「毎回の授業で全てを見取るのではなく、単元や題材を通じたまとまりの中で、学習・指導内容と評価の場面を適切に組み立てていくことが重要である」とされている。このような改訂は、それまでに指導要録の四つの観点をすべて毎回の授業で見取ることによって、知識やスキルを総合して使いこなすような思考力・判断力・表現力がかえって評価しづらくなったこと、教師たちが過度に忙しくなったことなどの問題点[13]を踏まえたものとして読み取れる。

（3）評価方法の改訂

評価方法については、資質・能力をバランスよく評価するために、知識量を問うペーパーテストのみならず、**パフォーマンス評価**をはじめとする多面的・多角的な評価方法を用いていくことが必要とされている[14]。また、子どもの「**自己評価**」の方法としては、「**日々の記録**」や「**キャリア・パスポート（仮称）**」といった「**ポートフォリオ**」**の活用**が推奨されている。これは特定の教科以外の活動についての記録として、小学校と中学校とを繋いでいこうとするものであり、特別活動やキャリア教育の実質化のための一つの手立ての提案[15]になる。

また教員の負担軽減の観点から、**指導要録の簡素化**が進められ、文章記述の「総合所見」については、要件を箇条書きにできること、記載事項をすべて満たす通知表は指導要録として扱えることなどが提案された。

---

(12) 中央教育審議会（2016）「幼稚園、小学校、中学校、高等学校及び特別支援学校の学習指導要領等の改善及び必要な方策について（答申）」補足資料、p.14を参照。

(13) 西岡加名恵（2017）「何が身についたか―学習評価の充実」無藤隆ほか編、前掲、p.60。

(14) 石井英真（2017）『中教審「答申」を読み解く―新学習指導要領を使いこなし、質の高い授業を創造するために』日本標準、p.24。

(15) 無藤隆（2017）「評価の改訂の方向」無藤隆・馬居政幸・角替弘規編、前掲、pp.119-120。

III-7 学習に関する教育評価の充実

資料1　小学校指導要録の参考様式

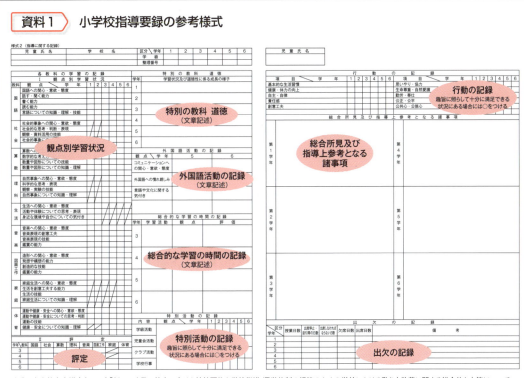

出典：中央教育審議会(2019)「新しい時代の教育に向けた持続可能な学校指導・運営体制の構築のための学校における働き方改革に関する総合的な方策について（答申）」補足資料3-2「指導要録について」

資料2　各教科における評価の基本構造

・各教科における評価は、学習指導要領に示す各教科の目標や内容に照らして学習状況を評価するもの（目標準拠評価）。
・したがって、目標準拠評価は、集団内での相対的な位置付けを評価するいわゆる相対評価とは異なる。

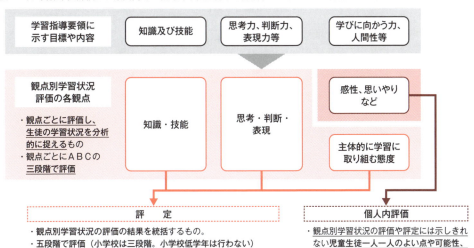

出典：中央教育審議会初等中等教育分科会教育課程部会(2019)「児童生徒の学習評価のあり方について（報告）の概要」、p.2.

（鄭修娟）

学習過程における「見通し・振り返り」の重視とは？

Ⅲ 8

本節のポイント

・「見通し・振り返り」の活動は、主体的な学びの実現に重要な意味をもつものである。
・今回の学習指導要領の改訂では、「見通し・振り返り」は主体的で深い学びを促進する学習過程の中に位置づけられ、さらにその重要性が高まり、授業改善の鍵となっている。
・どのような「見通し・振り返り」活動が求められているのか。

1 「見通し・振り返り」活動の重視の背景

今回の学習指導要領[1]の改訂では、**主体的な学び**を促進する活動としての「見通し・振り返り」の活動が**学習過程**の中に位置づけられ、「学習する子供の視点に立った」学びの促進に欠かせないものとして、授業過程における具体的な取組への意識化が求められている。特に「振り返り」は、学習者が自己の学びを価値づけ、自己有用感を高め、生涯に渡っての学習調整能力を高めるものとして再認識され、その役割がより重要視されている。

2 学習指導要領における「見通し・振り返り」の重視の背景

近年の「見通し・振り返り」重視の背景は、学習指導要領における学力論の変化に負うところが大きい。2000年代の教育改革の進展の中で、学力論は教育におけるインプット（目標）とアウトプット（成果）に対する規制を強化する新自由主義的な政策の下で進められ、「人間力」や「社会人基礎力」というような、従来の「学力」論の範疇を超えた**能力論**で学力が語られるようになった[2]（西岡、2017）。

「見通し・振り返り」に初めて言及されたのは、平成20年度版学習指導要領[3]である。それ以前に、平成13年度版指導要録の改善では、評価基準が「**到達度評価**」から「**目標に準拠した評価**」へ転換し、目標設定や見通しへの意識化が始まっている。また、中教審答申（2008）[4]では、学力の向上を目指し、思考力・判断力・表現力等を育むための重要な学習活動としての「見通し・振り返り」の重要性が認識されていく。平成20年度の改訂では「**言語活動の充実**」などによる「**思考力、判断力、表現力**」の育成にむけて学習の質の向上を目指す上で「見通し・振り返り」が重要視された[5]（安彦、2010）。しかし、当時はまだ従

（1）文部科学省（2018）『小学校学習指導要領解説 総則』東洋館出版、pp.87-88.

（2）西岡加奈恵（2017）「戦後日本カリキュラム論の史的展開」：田中耕治編著『戦後日本教育方法論史（下）―各教科・領域等における理論と実践―』、ミネルヴァ書房、pp.1-17.

（3）文部科学省（2009）『小学校学習指導要領解説 総則』東洋館出版、pp.69-70.

（4）中央教育審議会答申（2008）「幼稚園、小学校、中学校、高等学校及び特別支援学校の学習指導要領等の改善について（答申）」

（5）安彦忠彦（2010）『各教科等での「見通し・振り返り」学習活動の充実』1-2『生きる力と「見通し・振り返り」学習活動』教育開発研究所、p.17.

来型の学力観から能力型への転換の中でアクティブ・ラーニングが盛んに語られ、それに付随して「見通し・振り返り」が注目をされるようになった。

今回の学習指導要領でも「見通し・振り返り」はセットとして重要視されているが、学力論の中心が「学力向上」から「資質・能力」の育成に移る中で、次第に「目標や見通し」をもつことよりも「振り返り」へと重点が移っている。それは中教審答申（2016）[6]や学習指導要領（2018）の記述において、「見通す」よりも「振り返り」の用語の出現回数が如実に増えてきていることからも「振り返り」をより重視する傾向が伺える。今や「振り返り」は授業改善の大きな鍵となっている。

こうした「振り返り」重視の背景には、世界的な教育動向が大きく影響している。2003年のOECD-DeSeCoにおいて「振り返り」は『キー・コンピテンシー』の中核として省察/振り返り（reflectiveness）できることが注目され、日本の経済産業省などの示すスキルや能力に大きな影響を与えてきた[7]（和栗、2010）。「省察」の能力については、自分の進めている学習を、もう一人の自分が正確にモニターし、問い直し、その意味や価値を振り返るといった慎重で思慮深い俯瞰的な思考を可能とする能力であり、態度や習慣である[8]（那須、2017）。こうした動きは、学習者自身が自己の学習をコントロールできる能力を育成する傾向を強めてきた。また、2015年から始まったOECD Education 2030（OECD 2030年を見据えた新たな計画）に関わるCCRの未来への「4次元の教育」モデル[9]の中でも、自分で自己の全学習を振り返る「メタ学習」が重要視されている[10]（松下、2016）。さらに、OECDの示すEducation 2030の学習枠組み[11]では、連続した「見通し、行動、振り返り」（AAR）という学習過程をとおして「変革を起こす力のあるコンピテンシー」を身に付けるという「学びの羅針盤」が構想されている。そうした傾向は多分に新学習指導要領にも反映されているといえよう。

しかし、実際の日本の学校教育においては、「目標・見通し」への意識は高まっているものの、「振り返り」への認識は希薄であるという現状は否めない。平成25年度の「全国学力・学習状況調査」における「振り返り」活動は、時間不足やその軽視によって十分行われていない実態が浮かび上がる。また調査のクロス集計結果[12]では、日頃「振り返り」活動を行っている学校ほど学力が高い傾向にあり「振り返り」と学力との相関も指摘されている。「見通し・振り返り」への関心が高まる中で、今回の改訂では、**資質・能力の育成**における**「主体的・対話的で深い学び」**を実現する**授業改善の鍵**として、「見通し・振り返り」は、全ての学習過程の中に位置付けられ重視されるのである。

③ これから求められる「見通し・振り返り」の取組

「見通し・振り返り」の具体的な取組のポイントとして、田村は、「見通し・

（6）中央教育審議会答申（2016）「幼稚園、小学校、中学校、高等学校及び特別支援学校の学習指導要領等の改善及び必要な方策等について（答申）」

（7）和栗百恵（2010.3）「ふりかえり」と学習 ―大学教育におけるふりかえり支援のために― 国立教育政策研究所紀要 第139 pp.85-100.

（8）那須正裕（2017）『資質・能力』と学びのメカニズム』東洋館出版社、pp.21-34.

（9）CCR（Center for Curriculum Redesign）の「4次元の教育」のモデルについては、松下の翻訳した構想図を参考資料に提示した。（Fadel et al.（2015、p.43.）より訳出）

（10）松下佳代（2016）「資質能力の新たな枠組み―「3・3・1モデル」の提案―」京都大学高等教育研究開発推進センター、22：pp.139-149.

（11）文部科学省（2019）「教育とスキルの未来：Education 2030【仮訳（案）】

（12）平成25年度 全国学力・学習状況調査クロス集計結果（概要）（2013）国立教育政策研究所

振り返り」活動を「深い学び」の実現に欠かせない要素として、次のように、「振り返り」の３つの意義を提示している。

①学習内容を確認する振り返り

②学習内容を現在や過去の学習と関連付けたり、一般化したりする振り返り

③学習内容を自らとつなげ自己変容を自覚する振り返り

そこでは、「振り返り」は**学習をつなぐ機能的な意味合い**を強める一方で、「**自己評価**」としての意味合いをも含められている[13]（田村、2018）。

(13) 田村学（2018）『深い学び』東洋館出版社、pp.208-221.

また、学習過程における「見通し・振り返り」の具体的な運用のポイントとして、梶浦は、

①「**授業導入部**での振り返り」は、既習の内容を確認したり、関連する内容の再確認をうながしたりする「振り返り」。

②「**授業の展開・中核的な学習段階**での「振り返り」では、学習内容に対する関心の整理や、思考や活動の焦点化を図る効果が狙われ、学習者に学習状況をフィードバックする振り返り。

③「**授業終盤**での振り返り」は、❶題材・教材との出会い（解釈）❷異なる意見との出会いと葛藤（選択・判断）❸新たな考えや気づきの発見（創造）という「学びが深まる過程」が表され、学びの価値を実際の問題と結び付けての振り返り。

(14) 梶浦真（2018）『【振り返り指導】の基礎知識』―質の高い授業づくりを支える理論と実践《Ver1.2》―：教育報道出版社、pp.37-40.

の３点を示し、**計画的な授業での取入れ**が必要であると提案する[14]（梶浦、2018）。

今回の改訂では、学習過程における「見通し・振り返り」の重要性が注目される中で、本来「振り返り」のもつ**学習者の内省的な認識を促す働き**に加え、豊かな人間性を醸成する能力概念としても捉え直すことが求められている。そこでは、「見通し・振り返り」の活動を主体的で深い学びを促進する授業改善の方策の一つとして、**計画的**に取り入れることが求められ、授業の「**どこで**」「**何を**」「**どのよう**」に振り返らせるのか、教師は、**学習過程**の中でその内省的な「振り返り」の働きに留意しながら、より計画的・意図的な対応が必要である。

平成20年度版と平成29年度版学習指導要領における「振り返り」の取り扱い方の比較

平成20年度版	平成29年度版
第４章　指導計画の作成等に当たって配慮すべき事項 第２節　以上のほか、次の事項に配慮するものとする。	第３章　教育課程の実施と学習評価 第１節　主体的・対話的で深い学びの実現に向けた授業改善
（４）各教科等の指導に当たっては、児童が学習の見通しを立てたり学習したことを振り返ったりする活動を計画的に取り入れるように工夫すること。	（１）第１の３の（１）から（３）までに示すことが偏りなく実現されるよう、単元や題材など内容や時間のまとまりを見通しながら、児童の主体的・対話的で深い学びの実現に向けた授業改善を行うこと。
	（４）児童が学習の見通しを立てたり学習したことを振り返ったりする活動を、計画的に取り入れるように工夫すること。

小学校学習指導要領解説における記述の比較

平成20年度版	平成29年度版
4　見通しを立てたり、振り返ったりする学習活動の重視 （第1章第4の2（4）） ・指導に当たって、児童が学習の見通しを立てたり学習したことを振り返ったりする活動を計画的に取り入れ、自主的に学ぶ態度をはぐくむことは、学習意欲の向上に資することから、今回特に規定を新たに追加したものである。 ・各教科等の指導に当たっては、児童が見通しを立てたり学習を振り返ったりする活動を計画的に取り入れるように工夫することが重要である。 ・児童の学習意欲が向上するとともに、児童が学習している事項について、事前に見通しを立てたり、事後に振り返ったりすることで学習内容の確実な定着が図られ、思考力・判断力・表現力等の育成にも資するものと考えられる。	（1）主体的・対話的で深い学びの実現に向けた授業改善 （第1章第3の1の（1）） ・児童が自主的に学ぶ態度を育み、学習意欲の向上に資する観点から、各教科等の指導に当たり、児童が学習の見通しを立てたり学習したことを振り返ったりする活動を計画的に取り入れるように工夫することが重要である。 ・引き続き児童の学習意欲の向上を重視しており、主体的・対話的で深い学びの実現に向けた授業改善を進めるに当たって、特に主体的な学びとの関係からは、児童が学ぶことに興味や関心をもつことや、見通しをもって粘り強く取り組むこと、自己の学習活動を振り返って次につなげることなどが重要になる。

＊下線は筆者によるもの。

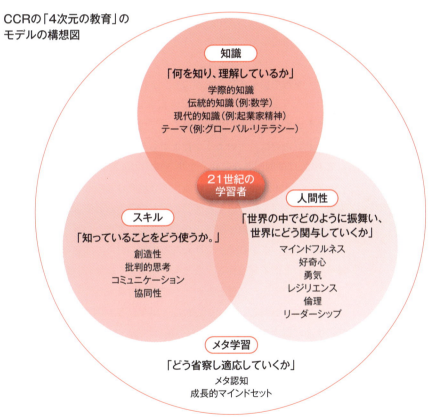

図1　CCRフレームワーク —4次元の教育—

（溝上敦子）

社会に開かれた教育課程
―背景・意義・実現方法―

> **本節のポイント**
> ・「予測困難な時代」に対応できる子どもを意識した改訂となっている。
> ・「開かれた学校づくり」から「地域とともにある学校づくり」、そして「社会に開かれた教育課程」へと政策スローガンの重点が移動し、学校運営協議会、地域学校協働活動を通して「社会に開かれた教育課程」を実現することが企図されている。

1 「社会に開かれた教育課程」が打ち出された背景

「**社会に開かれた教育課程**」は、2017年改訂の学習指導要領の作成に向けた中央教育審議会（以下、中教審）教育課程企画特別部会の第13回（2015年7月22日）の配布資料で、はじめて登場したことが確認される[1][2]。「保護者や地域との共有」「学校教育を社会と共有」することが記されており、これらは、後の論点整理で提示される内容にも含まれている。そして、2015年8月26日に発表された「論点整理」にて、学習指導要領の「新しい理念」として、「社会に開かれた教育課程」が提示された[3]。では、「社会に開かれた教育課程」が打ち出されたのは、どのような背景があるのだろうか。

第1に、「予測困難な時代」を生き抜く力を持った子どもの育成である。AI（Artificial Intelligence：人工知能）の登場をはじめとした、科学技術の急速な進展、グローバル化の更なる進展、人々の価値観の多様化など、社会動向の予測の難しさ、問題構造の複雑化などがある。こうした背景に対し、従来、学校教育などで受け継がれてきた社会形態維持のための通念や方法では、対処が困難になることが予測される。子どもを取り巻く環境の困難化を意識し、社会を見渡し、社会変化を見据えることができる力を育むことが背景の1つである。

第2に、「人口減少問題」である。現在、我が国の人口は減少傾向にあり、特に生産年齢人口（15〜64歳）の減少が著しい。また、高齢化率（65歳以上人口割合）の上昇も顕著である[4]。人口減少が生じることから、地域の衰退が懸念されており、学校、子どもの教育環境に大きな影響を与えることが予測される。ところが、これまで人口減少問題は教育問題として取り扱われることは少なかった。この点で新学習指導要領では、人口減少問題など学校教育及び子どもを取り巻く環境と密接に関連させることを意識しており、将来的に続くことが推測される課題に対応できる子どもの育成を企図した。2015年8月26日「論点整理」では、「学校が社会や地域とのつながりを意識する中で、社会の中

（1）松田武雄（2018）「『社会に開かれた教育課程』の歴史的考察」『中村学園大学・中村学園大学短期大学部 研究紀要』第50号、pp.133-144.

（2）中央教育審議会（2015）『教育課程部会 教育課程企画特別部会（第12回）議事録』「社会に開かれた教育課程」の初出は、大杉教育課程企画室長の発言である。

（3）石井拓児（2018）「（4）社会に開かれた教育課程」、日本教育経営学会編『講座 現代の教育経営5 教育経営ハンドブック』学文社、pp.136-137.

（4）国立社会保障・人口問題研究所（2017）『我が国の将来人口予測（平成29年推計）』.

Ⅲ-9 社会に開かれた教育課程 ─背景・意義・実現方法─

資料1 社会に開かれた教育課程の3つの条件[5]

①社会や世界の状況を幅広く視野に入れ、よりよい学校教育を通じてよりよい社会を創るという目標を持ち、教育課程を介してその目標を社会と共有していくこと。

②これからの社会を創り出していく子供たちが、社会や世界に向き合い関わり自らの人生を切り拓（ひら）いていくために求められる資質・能力とは何かを、教育課程において明確化し育んでいくこと。

③教育課程の実施に当たって、地域の人的・物的資源を活用したり、放課後や土曜日等を活用した社会教育との連携を図ったりし、学校教育を学校内に閉じずに、その目指すところを社会と共有・連携しながら実現させること。

下線部は筆者による

（5）資料1　中央教育審議会教育課程企画特別部会（2015）『教育課程企画特別部会 論点整理』pp.1-53.

資料2 「開かれた学校づくり」政策の展開[6]

	年月日	答申等	趣旨等
開かれた学校づくり	1996.7.19	中央教育審議会答申「21世紀を展望した我が国の教育の在り方について」	家庭や地域社会とともに子供たちを育成する開かれた学校となることが提言される。
	1998.9.21	中央教育審議会答申「今後の地方教育行政の在り方について」	学校が保護者や地域社会に対してより一層開かれたものなることの必要性が指摘される。
	2000.4.1	改正学校教育法施行規則の試行	学校評議員制度の導入。
	2002.4.1	完全学校週5日制の開始	月2回の学校週5日制を毎週の完全学校週5日制とし、1998年改訂の学習指導要領の実施に合わせて開始。
	2005.4.1	地方教育行政の組織及び運営に関する法律改正（法改正2004年6月）により、学校運営協議会制度発足。	学校運営協議会を設置したコミュニティ・スクールが発足する。

（6）資料2は、下記文献より抜粋し、改変、統合したものである。
山崎保寿（2018）「第1章 社会に開かれた教育課程を実現する教育環境」、山崎保寿編『社会に開かれた教育課程を実現する教育環境』静岡学術出版、pp.6-23.

の学校であるためには、教育課程もまた社会とのつながりを大切にする必要」がある点、「これからの教育課程には、社会の変化に目を向け、教育が普遍的に目指す根幹を堅持しつつ、社会の変化を柔軟に受け止めていく『社会に開かれた教育課程』としての役割が期待されている。」と触れられていることからも読み取ることができるだろう[7]。

2 学校教育像の転換と「社会に開かれた教育課程」

資料3は、「開かれた学校づくり」の展開を描いている。この学校像は、2000年の学校教育法施行規則の改正にともなう、学校評議員制度導入から本格的に打ち出された。導入当初は、学校が保護者、地域住民の意向、地域の実情の把握、反映をして、学校運営を行う必要性が提起された。同じく2000年に、教育改革国民会議において「コミュニティ・スクール構想」として、「地域独自のニーズに基づき、地域が運営に参画する新しいタイプの公立学校（「コミュニティ・スクール」)」（金子、鈴木、渋谷 2000：165）が提案されている[8]。その後、2004年に地方教育行政の組織及び運営に関する法律が改正され、保護者、地域住民の参加が法的に明記され、教育課程編成等の承認が委員権限とされた**学校運営協議会制度（コミュニティ・スクール、以降CS）**が導入された。

上記のような学校ガバナンス改革、そして、2006年改正の教育基本法改正（特に第13条）、第2次安倍政権による「地方創生」の展開にともない、全公立小中学校への学校運営協議会設置の努力義務化が図られ、「学校を核とした地域づくり」が提起されるに至るのである。「社会に開かれた教育課程」は、こうした学校教育像の転換と密接に関係している。

そこで、踏まえるべきは「**地域学校協働活動**」（2015年）答申である。答申の要点として、「地域でどのような子供たちを育てるのか」、教育の「目標やビジョンを地域住民等と共有」し、「地域と一体となって子供たちを育む」ことが求められているという[9]。そこで、「地域」と「学校」をつなぐにあたり、双方をつなぐ軸として、「社会に開かれた教育課程」が重要だとする見方も提示されている[10]。

3 「社会に開かれた教育課程」の編成と実施に向けて

資料1に挙げている、社会に開かれた教育課程の3つの条件を実現するに際し、①「何ができるようになるか」（育成を目指す資質・能力）、②「何を学ぶか」（教科等を学ぶ意義と、教科等間・学校段階間のつながりを踏まえた教育課程の編成）、③「どのように学ぶか」（各教科等の指導計画の作成と実施、学習指導の改善・充実）、④「子ども一人一人の発達をどのように支援するか」（子どもの発達を踏まえた指導）、⑤「何が身に付いたか」（学習評価の充実）、⑥「実

（7）注5に同じ。

（8）構想におけるコミュニティ・スクールの考え方は、イギリスの学校理事会、アメリカのチャータースクールの要素が含まれており、市町村が校長を募集し、有志による提案を市町村が審査して学校を設置、校長がマネジメント・チームを任命し、教員採用権を持って学校経営を行うことが構想されていた。
金子郁容、鈴木寛、渋谷恭子（2000）『コミュニティ・スクール構想』岩波書店.

（9）藤原文雄（2017）「第2章理論編地域協働活動の推進と人材育成についての考え方 1 地域学校協働活動について」、国立教育政策研究所、社会教育実践研究センター『地域学校協働活動推進のための地域コーディネーターと地域連携担当教職員の育成研修ハンドブック』pp.90-98.

（10）注8に同じ。

| 資料3 | 「地域とともにある学校づくり」及び「社会に開かれた教育課程」関連答申の展開[11] |

(11) 資料3は、注6・山崎（2018）、猿田（2017）を改変、統合したものである。
猿田真嗣（2017）「『社会に開かれた教育課程』の実現と地域社会との連携（特集 新学習指導要領が教育制度に問うもの「社会に開かれた教育課程」の実現に向けた制度設計）」『教育制度学研究』24、pp.2-18.

	年月日	答申等	趣旨等
地域とともにある学校づくり・社会に開かれた教育課程	2015.8.26	中央教育審議会初等中等教育分科会教育課程企画特別部会「論点整理」	学校教育を学校内に閉じずに、その目指すところを社会と共有・連携しながら実現させることが重要とされる。
	2015.12.21	「新しい時代の地方創生の実現に向けた学校と地域の連携・協働の在り方と今後の推進方策について」答申	未来を創り出す子供たちの成長のために、学校のみならず、地域住民や保護者等も含め、国民一人一人が教育の当事者となり、社会総掛かりで教育の実現を図り、このことを通じて、生涯学習社会の実現を果たすことを目指す。
	2016.12.21	中央教育審議会答申「幼稚園、小学校、中学校、高等学校及び特別支援学校の学習指導要領等の改善及び必要な方策等について」	我が国が社会的な課題を乗り越え、未来を切り拓いていくためには、社会とのつながりの中で学校教育を展開していくことが重要とされる。
	2017.3.31	社会教育法一部改正（地域学校協働活動、地域学校協働活動推進員の規定の新設）。地方教育行政の組織及び運営に関する法律一部改正（学校運営への支援の位置づけ、地域学校協働活動推進員の委員としての任命）	地域の高齢者、成人、PTA、NPO、民間企業・団体機関等、地域住民等の参画を得て、地域全体で子供たちの学びや成長を支え、「学校を核とした地域づくり」を目指し、地域と学校が相互にパートナーシップとして連携・協働する[12]。
	2017.3.31	小学校・中学校学習指導要領改訂（高等学校・特別支援学校学習指導要領も続いて改訂）	学校教育を通してよりよい社会を創るという理念を学校と社会が共有し、子どもたちがどのように学び、どのような資質・能力を身に付けるのかを教育課程において連携・協働によって実現していくことが重要とされる。

(12) 文部科学省（2017）『地域学校協働活動―地域と学校でつくる学びの未来―』.

施するために何が必要か」(学習指導要領等の理念を実現するために必要な方策)といった、6つの要点が意識されている[13]。子どもたちの資質・能力を育んでいくにあたり、6点に関わる事項を学校が構成していき、家庭・地域と連携・協働を通して実施し、見直しを図っていくことが、新学習指導要領における「カリキュラム・マネジメント」である[14]。

また、学校が社会との関係を密接にしていくにあたり、「地域とともにある学校」の根幹でもある、CS、地域学校協働活動の存在も重要である[15]。学校が「教育課程編成の主体」として、授業をはじめ、生徒指導・生活指導、学校行事、地域行事を柔軟に教育活動の一部として計画化し[16]、学校運営協議会の場等で、多様な構成員とともに教育課程のあり方を議論することが求められるだろう。

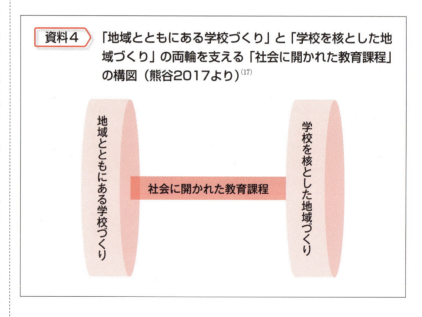

資料4　「地域とともにある学校づくり」と「学校を核とした地域づくり」の両輪を支える「社会に開かれた教育課程」の構図(熊谷2017より)[17]

そして、学校運営協議会で議論されて定まった教育活動の一連の計画を、実践として具体化することが目指されるわけだが、その際、「外部人材」と呼ばれる存在が重要な位置に付くことになる[18]。こうした外部人材と、社会に開かれた教育課程の編成と実施に向けて児童・生徒の実態を踏まえ、教育ビジョン、「学校の課題や協働・連携の目標を共有することが重要である。そのため、計画的な作業工程を策定しながら連携意識を高め、同時に地域住民や保護者が学校の活動に参画する機会を意識的・計画的」に設けるなどして、指導計画を検討することが同時に求められるだろう[19]。

---

(13) 大杉住子 (2017)「次期学習指導要領等へ向けて—中教審『学習指導要領』の概要とその方向性—」『月刊高校教育』2017年4月号、pp.24-29.

(14) 注8に同じ。新学習指導要領における「カリキュラム・マネジメント」は、本書のⅢ-4.にて詳述している。

(15) 玉井康之 (2018)「地域・社会に開かれた教育課程の創造と地域教育経営の課題」、日本教育経営学会編『講座 現代の教育経営2 教育経営ハンドブック』学文社、pp.169-180.

(16) 熊谷愼之輔 (2017)「第2章理論編 地域学校協働活動の推進と人材育成についての考え方 2地域と学校の連携・協働の在り方」、国立教育政策研究所、社会教育実践研究センター『地域学校協働活動推進のための地域コーディネーターと地域連携担当教職員の育成研修ハンドブック』、pp.99-104.

(17) 注16に同じ。過去に、学校と地域の関わりのもと、教育を営むことについて触れられている代表的文献は下記の通りである。
エドワード・G・オルゼン著, 宗像誠也、渡辺誠、片山清一共訳 (1950)『学校と地域社会—学校教育を通した地域社会研究と奉仕の哲学・方法・問題—』小学館.

(18) 長田徹 (2018)「特集1 もう失敗しない外部人材との『連携授業』外部人材なしには教育課程が組めない時代」『教職研修』2018年12月号、pp.18-20.

(19) 小林昇光 (2016)「基準5 家庭・地域社会との協働」、牛渡淳・元兼正浩編『専門職としての校長の力量形成』花書院、pp.271-276.

III-9 社会に開かれた教育課程 —背景・意義・実現方法—

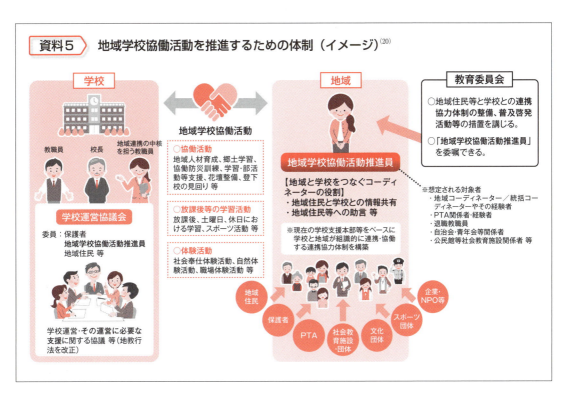

資料5 地域学校協働活動を推進するための体制（イメージ）[20]

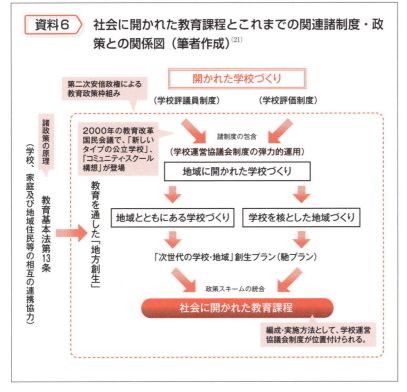

資料6 社会に開かれた教育課程とこれまでの関連諸制度・政策との関係図（筆者作成）[21]

(20)『地域学校協働活動ハンドブック』
https://manabimirai.mext.go.jp/document/handbook_2.pdf
（確認日：2019年5月13日）.

(21)「『次世代の学校・地域』創生プラン～学校と地域の一体改革による地域創生～」
http://www.mext.go.jp/b_menu/houdou/28/01/__icsFiles/afieldfile/2016/02/01/1366426_01.pdf.
（確認日：2019年2月8日）.

なお、「馳プラン」では、学校にかかるプランの方向として、「社会に開かれた教育課程」の実現や学校の指導体制の質・量両面での充実、「地域とともにある学校」への転換、地域にかかる観点からは、「次代の郷土をつくる人材の育成、学校を通じた社会的包摂という方向」を目指すことが言及されており、そのための取組施策と平成28年度から平成32年度にかけた改訂工程表が明示されていた。

（小林昇光）

103

Ⅲ 10 学校段階間の接続
―教育課程編成の要素への変化―

本節のポイント

・新学習指導要領では「学校段階間の接続」に関する項目が新設された。
・教育課程編成にあたり学校段階間の接続は「図るものとする」こととなっている。
・「学校段階間の接続」の項目では、①学習者の円滑な学びのための工夫、②教育課程間の円滑な接続のための工夫、の２点が配慮事項として記述されている。

1 平成20年版・21年版学習指導要領からの変化

（1）項目名は、小学校学習指導要領では「学校段階等間の接続」、中学校学習指導要領では「学校段階間の接続」、高等学校学習指導要領では「学校段階等間の接続」、特別支援学校小学部・中学部学習指導要領では「学部段階間及び学校段階等間の接続」であり、項目名に違いがある。本項では特に示さない限り、便宜上「学校段階間の接続」と呼ぶ。

（2）教育課程企画特別部会「教育課程企画特別部会における論点整理について（報告）」2015年、p.14.

（3）中教審「幼稚園、小学校、中学校、高等学校及び特別支援学校の学習指導要領等の改善及び必要な方策等について（答申）」2016年、p.47.

　「学校段階間の接続」は新学習指導要領（以下、「新要領」）において新設された項目の１つである[1]。後述するように、平成20年版・21年版学習指導要領にも類似の項目が存在したが、接続の目的、意義やねらいは曖昧であったと言ってよい。この点、新要領は設計段階において、学習者の視点からそれらの点が明確にされた。すなわち、2015（平成27）年の「教育課程企画特別部会における論点整理について（報告）」では、「学校段階ごとの特徴を踏まえつつ、前の学校段階での教育が次の段階で生かされるよう、学びの連続性が確保されることが重要」[2]とされた。学習者にとって学校段階により生まれる段差は学びの上での障害になる。新要領はそのような障害を取り除き、円滑な学びをもたらすことを目指していると言える。また、2016（平成28）年の中教審答申では「各学校においては、学習指導要領、特に総則を手掛かりとしながら、学校教育目標や学校として育成を目指す資質・能力を実現するため（中略）学校段階間の連携・接続の視点を踏まえて、教育課程を編成することが求められる」[3]とされた。各学校の目指す教育目標、資質・能力の実現のために学びの連続性を確保した教育課程を編成することが期待されている。

　以上のように新要領は学習者の視点に立つ教育課程編成を求めており、それゆえ、平成20年版・21年版学習指導要領の内容と比較したとき、新要領における「学校段階間の接続」の位置、記述量は大きく変化している。

　すなわち、例えば小・中学校について見ると、前回の学習指導要領では、「第1章　総則」「第4　指導計画の作成等に当たって配慮すべき事項」の中の1つの事項にとどまり、その記述も2行に過ぎなかったが（表1）、新要領では「第1章　総則」「第2　教育課程の編成」の中に「4　学校段階等間の接続」（中学校は「4　学校段階間の接続」）と1つの項を与えられ、その記述は増加している（表2）。

104

あわせて指摘すべきは、新要領の「学校段階間の接続」の項では、冒頭に「教育課程の編成に当たっては、次の事項に配慮しながら、学校段階等間の接続を図るものとする」（下線部筆者）[4]と述べられていることである。前回の学習指導要領では、表1下線部の通り、「接続」ではなく「連携や交流」であり、しかも指導計画の作成にあたって配慮すべき事項となっていた。つまり、配慮の上で、同一あるいは異なる学校種の学校との連携や交流を教育課程に取り入れない可能性も含まれていたと言える。しかし、新要領では学校段階間の接続それ自体を「図るもの」としており、それゆえ学校段階間の接続は教育課程の1つの要素になったと評価できよう。

　以上のように「学校段階間の接続」は前回の学習指導要領と比較したとき、その重要度を大きく高めており、教育課程編成にあたって無視しえないものとなったと言える。

（4）中学校学習指導要領では「学校段階等間」の部分が「学校段階間」となっている。また、特別支援学校小学部・中学部学習指導要領では「教育課程の編成に当たっては、次の事項に配慮しながら、学部段階間及び学校段階等間の接続を図るものとする」となっている。

表１　平成20年版・21年版学習指導要領の「学校段階の接続」に関する記述

幼稚園	第3章　指導計画及び教育課程に係る教育時間の終了後等に行う教育活動などの留意事項 第1　指導計画の作成に当たっての留意事項 1　一般的な留意事項 （9）幼稚園においては、幼稚園教育が、小学校以降の生活や学習の基盤の育成につながることに配慮し、幼児期にふさわしい生活を通して、創造的な思考や主体的な生活態度などの基礎を培うようにすること。 2　特に留意する事項 （5）幼稚園教育と小学校教育との円滑な接続のため、幼児と児童の交流の機会を設けたり、小学校の教師との意見交換や合同の研究の機会を設けたりするなど、連携を図るようにすること。
小学校	第1章　総則　第4　指導計画の作成等に当たって配慮すべき事項 2（12）学校がその目的を達成するため、地域や学校の実態等に応じ、家庭や地域の人々の協力を得るなど家庭や地域社会との連携を深めること。また、小学校間、幼稚園や保育所、中学校及び特別支援学校などとの間の連携や交流を図るとともに、障害のある幼児児童生徒との交流及び共同学習や高齢者などとの交流の機会を設けること。
中学校	第1章　総則　第4　指導計画の作成等に当たって配慮すべき事項 2（14）学校がその目的を達成するため、地域や学校の実態等に応じ、家庭や地域の人々の協力を得るなど家庭や地域社会との連携を深めること。また、中学校間や小学校、高等学校及び特別支援学校などとの間の連携や交流を図るとともに、障害のある幼児児童生徒との交流及び共同学習や高齢者などとの交流の機会を設けること。
高等学校	第1章　総則　第5款　教育課程の編成・実施に当たって配慮すべき事項 5　教育課程の実施等に当たって配慮すべき事項 (14)学校がその目的を達成するため、地域や学校の実態等に応じ、家庭や地域の人々の協力を得るなど家庭や地域社会との連携を深めること。また、高等学校間や中学校、特別支援学校及び大学などとの間の連携や交流を図るとともに、障害のある幼児児童生徒などとの交流及び共同学習や高齢者などとの交流の機会を設けること。
特別支援学校小学部・中学部	第1章　総則　第2節　教育課程の編成 第4　指導計画の作成等に当たって配慮すべき事項 1（6）学校がその目的を達成するため、地域や学校の実態等に応じ、家庭や地域の人々の協力を得るなど家庭や地域社会との連携を深めること。また、学校相互の連携や交流を図ることにも努めること。特に、児童又は生徒の経験を広めて積極的な態度を養い、社会性や豊かな人間性をはぐくむために、学校の教育活動全体を通じて、小学校の児童又は中学校の生徒などと交流及び共同学習を計画的、組織的に行うとともに、地域の人々などと活動を共にする機会を積極的に設けること。

出典：各学校種の学習指導要領を参照して筆者作成。

2 「学校段階間の接続」のための配慮事項

（1）円滑な接続のための工夫

「学校段階間の接続」の項目においては、①学習者の円滑な学びのための工夫、②教育課程間の円滑な接続のための工夫、の2点が配慮事項として記されている。

例えば前者については、中学校、高等学校学習指導要領ともに、前の学校段階の学習指導要領を踏まえることとし、前者では小学校教育の学習の成果が中学校教育に、また後者では中学校教育の学習の成果が高等学校教育に円滑に接続されるよう明記された（表2下線部）。このような前の学校段階での学習成果や育まれた資質・能力を踏まえることは、小学校学習指導要領、特別支援学校小学部・中学部学習指導要領でも同様に記述されている[5]。

また、後者については、小学校学習指導要領では「中学校学習指導要領及び高等学校学習指導要領を踏まえ、中学校教育及びその後の教育との円滑な接続が図られるよう工夫する」ことが、中学校学習指導要領では「高等学校学習指導要領を踏まえ、高等学校教育及びその後の教育との円滑な接続が可能となるよう工夫する」ことが述べられている。

（2）義務教育9年間を見通した接続

「学校段階間の接続」の項目の新たな特徴として、小学校と中学校の9年間を見通した円滑な接続を求めていることが挙げられる。小学校、中学校学習指導要領では「特に、義務教育学校、中学校連携型小学校及び中学校併設型小学校」とされるが、このような捉え方は通常の公立学校にも及ぶと考えられる[6]。

なお、学習指導要領の解説では、「同一中学校区内の小学校と中学校の間の連携を深めるため」の工夫として以下の点を掲げている[7]。

- 学校運営協議会や地域学校協働本部等の各種会議の合同開催を通じて、各学校で育成を目指す資質・能力や教育目標、それらに基づく教育課程編成の基本方針などを、学校、保護者、地域間で共有して改善を図ること。
- 校長・副校長・教頭の管理職の間で、各学校で育成を目指す資質・能力や教育目標、それらに基づく教育課程編成の基本方針などを共有し、改善を図ること。
- 教職員の合同研修会を開催し、地域で育成を目指す資質・能力を検討しながら、各教科等や各学年の指導の在り方を考えるなど、指導の改善を図ること。
- 同一中学校区内での保護者間の連携・交流を深め、取組の成果を共有していくこと

（5）なお、幼児教育との接続を意識しつつ、生活科を中心に合科的・関連的な指導を行うよう編成された小学校、特別支援学校小学部低学年の教育課程はスタートカリキュラムと呼ばれている。新学習指導要領では、学習者の円滑な学びのため、上記のような接続を実現したスタートカリキュラムの実施を求めている（表2参照）。

（6）学習指導要領の解説においては「小学校と中学校の接続に際しては、義務教育9年間を見通して児童生徒に必要な資質・能力を育むことを目指した取組が求められる」（文部科学省（2017）『小学校学習指導要領（平成29年告示）解説 総則編』、p.75）とされており、必ずしも義務教育学校、中学校連携型小学校及び中学校併設型小学校に限ってはいない。

（7）文部科学省（2017）『小学校学習指導要領（平成29年告示）解説 総則編』、p.75.

Ⅲ-10 学校段階間の接続 ―教育課程編成の要素への変化―

表2　各学校種学習指導要領上の「学校段階等間の接続」に関する記述

小学校	（1）幼児期の終わりまでに育ってほしい姿を踏まえた指導を工夫することにより、幼稚園教育要領等に基づく幼児期の教育を通して育まれた資質・能力を踏まえて教育活動を実施し、児童が主体的に自己を発揮しながら学びに向かうことが可能となるようにすること。 　　また、低学年における教育全体において、例えば生活科において育成する自立し生活を豊かにしていくための資質・能力が、他教科等の学習においても生かされるようにするなど、教科等間の関連を積極的に図り、幼児期の教育及び中学年以降の教育との円滑な接続が図られるよう工夫すること。特に、小学校入学当初においては、幼児期において自発的な活動としての遊びを通して育まれてきたことが、各教科等における学習に円滑に接続されるよう、生活科を中心に、合科的・関連的な指導や弾力的な時間割の設定など、指導の工夫や指導計画の作成を行うこと。 （2）中学校学習指導要領及び高等学校学習指導要領を踏まえ、中学校教育及びその後の教育との円滑な接続が図られるよう工夫すること。特に、義務教育学校、中学校連携型小学校及び中学校併設型小学校においては、義務教育9年間を見通した計画的かつ継続的な教育課程を編成すること。
中学校	（1）小学校学習指導要領を踏まえ、小学校教育までの学習の成果が中学校教育に円滑に接続され、義務教育段階の終わりまでに育成することを目指す資質・能力を、生徒が確実に身に付けることができるよう工夫すること。特に、義務教育学校、小学校連携型中学校及び小学校併設型中学校においては、義務教育9年間を見通した計画的かつ継続的な教育課程を編成すること。 （2）高等学校学習指導要領を踏まえ、高等学校教育及びその後の教育との円滑な接続が可能となるよう工夫すること。特に、中等教育学校、連携型中学校及び併設型中学校においては、中等教育6年間を見通した計画的かつ継続的な教育課程を編成すること。
高等学校	（1）現行の中学校学習指導要領を踏まえ、中学校教育までの学習の成果が高等学校教育に円滑に接続され、高等学校教育段階の終わりまでに育成することを目指す資質・能力を、生徒が確実に身に付けることができるよう工夫すること。特に、中等教育学校、連携型高等学校及び併設型高等学校においては、中等教育6年間を見通した計画的かつ継続的な教育課程を編成すること。 （2）生徒や学校の実態等に応じ、必要がある場合には、例えば次のような工夫を行い、義務教育段階での学習内容の確実な定着を図るようにすること。 　ア　各教科・科目の指導に当たり、義務教育段階での学習内容の確実な定着を図るための学習機会を設けること。 　イ　義務教育段階での学習内容の確実な定着を図りながら、必履修教科・科目の内容を十分に習得させることができるよう、その単位数を標準単位数の標準の限度を超えて増加して配当すること。 　ウ　義務教育段階での学習内容の確実な定着を図ることを目標とした学校設定科目等を履修させた後に、必履修教科・科目を履修させるようにすること。 （3）大学や専門学校等における教育や社会的・職業的自立、生涯にわたる学習のために、高等学校卒業以降の教育や職業との円滑な接続が図られるよう、関連する教育機関や企業等との連携により、卒業後の進路に求められる資質・能力を着実に育成することができるよう工夫すること。
特別支援学校小学部・中学部	（1）小学部においては、幼児期の終わりまでに育ってほしい姿を踏まえた指導を工夫することにより、特別支援学校幼稚部教育要領及び幼稚園教育要領等に基づく幼児期の教育を通して育まれた資質・能力を踏まえて教育活動を実施し、児童が主体的に自己を発揮しながら学びに向かうことが可能となるようにすること。 　　また、低学年における教育全体において、例えば生活科において育成する自立し生活を豊かにしていくための資質・能力が、他教科等の学習においても生かされるようにするなど、教科等間の関連を積極的に図り、幼児期の教育及び 中学年以降の教育との円滑な接続が図られるよう工夫すること。特に、小学部入学当初においては、幼児期において自発的な活動としての遊びを通して育まれてきたことが、各教科等における学習に円滑に接続されるよう、生活科を中心に、合科的・関連的な指導や弾力的な時間割の設定など、指導の工夫や指導計画の作成を行うこと。 （2）小学部においては、特別支援学校小学部・中学部学習指導要領又は中学校学習指導要領及び特別支援学校高等部学習指導要領又は高等学校学習指導要領を踏まえ、中学部における教育又は中学校教育及びその後の教育との円滑な接続が図られるよう工夫すること。 （3）中学部においては、特別支援学校小学部・中学部学習指導要領又は小学校学習指導要領を踏まえ、小学部における教育又は小学校教育までの学習の成果が中学部における教育に円滑に接続され、義務教育段階の終わりまでに育成することを目指す資質・能力を、生徒が確実に身に付けることができるよう工夫すること。 （4）中学部においては、特別支援学校高等部学習指導要領又は高等学校学習指導要領を踏まえ、高等部における教育又は高等学校教育及びその後の教育との円滑な接続が図られるよう工夫すること。

出典：各校種の学習指導要領を参照して筆者作成。

（雪丸武彦）

考えてみよう

1. 未来は私達にどのような資質・能力を求めているのでしょうか。

2. 主体的な学びを促すために教師は何をすればよいでしょうか。

各教科・領域の資質・能力と見方・考え方

国語科
― 小学校国語科における目標の構成と「資質・能力」「見方・考え方」―

本節のポイント

平成29年度告示の学習指導要領において、小学校国語科では、目標・内容ともに構成の改善が図られた。総則でも述べられているように、国語科学習においても「資質・能力」「見方・考え方」が明記され、他教科との関連や発達段階ごとの系統的・発展的な指導内容も整理されている。ここでは、おもに答申や基本方針・目標等の変更点をとりあげながら、何がどのように見直しされたのか検討する。

1 目標の構成の改善

資料１のとおり、国語科で育成を目指す資質・能力を「国語で正確に理解し適切に表現する資質・能力」と規定するとともに、「知識及び技能」、「思考力、判断力、表現力等」、「学びに向かう力、人間性等」の３つの柱で整理している。また、このような資質・能力を育成するためには、児童が「言葉による見方・考え方」を働かせることが必要であることを示している。

この改善は、学習指導要領における国語科の目標設定を見直ししただけでなく、他教科と枠組みを統一したことも、これまでとは異なっている。従前は、学年の目標に沿って、「話すこと・聞くこと」、「書くこと」、「読むこと」の領域ごとに示していた。今回は、目標とする目指す資質・能力について、①「何を理解しているか、何ができるか（生きて働く「知識・技能」の習得）」、②「理解していること・できることをどう使うか（未知の状況にも対応できる「思考力・判断力・表現力等」の育成）」、③「どのように社会・世界と関わり、よりよい人生を送るか（学びを人生や社会に生かそうとする「学びに向かう力・人間性等」の涵養）」の３つの柱に整理し、他教科の目標設定の枠組みと同様に示している[1]。

これまでの目標では、文末が「養う・育てる」という表現であったが、「育成することを目指す」という表現に変更されていることも特徴である。これは、「関心を深め、態度を育てる」という意識面よりも「国語を尊重してその能力の向上を図る」という能力面を強調しているとも言える。また、「理解し、表現する能力」の語順が、1998（平成10）年から19年間「国語を適切に表現し、正確に理解する能力」と逆転していた。しかし、今回は20年ぶりに「国語で正確に理解し適切に表現する資質・能力」という語順[2]に戻されたことにも注目したい。このとき、「国語を…」ではなく「国語で…」という助詞になっていることにも留意したい。これは、目標の文頭の「言葉による見方・考え方」、「言語活動」を受けての表現でもあるが、今回の改訂のポイントにも示されている「言語能

(1) 文部科学省『小学校学習指導要領（平成29年告示）解説国語編』2017年、p.3.

(2) 資料２参照。

力の確実な育成」において国語が基盤となることの強調でもあるととらえたい。

2 内容の構成の改善と「資質・能力」

　３つの柱に沿った資質・能力の整理を踏まえ、従前、「話すこと・聞くこと」、「書くこと」、「読むこと」の３領域及び〔伝統的な言語文化と国語の特質に関する事項〕で構成していた内容を、〔知識及び技能〕及び〔思考力、判断力、表現力等〕に構成[3]し直している点も見逃せない。従前の「言語活動」領域を大項目にして構成した指導要領では、「言語活動によって具体的に理解させる指導」が強調されたように感じられた。今回の改訂では、「言葉を正確に理解することに重点を置き、そのうえで、適切に表現させる指導」を強調したよ

（3）前掲資料（1）、p.7.

資料1　学習指導要領改訂による国語科の目標の変遷

1958（昭和33）年改訂
1　日常生活に必要な国語の能力を養い、思考力を伸ばし、心情を豊かにして、言語生活の向上を図る。
2　経験を広め、知識や情報を求め、また、楽しみを得るために、正しく話を聞き文章を読む態度や技能を養う。
3　経験したこと、感じたこと、考えたことをまとめ、また、人に伝えるために、正しくわかりやすく話をし文章に書く態度や技能を養う。
4　聞き話し読み書く能力をいっそう確実にするために、国語に対する関心や自覚をもつようにする。

1968（昭和43）年改訂
生活に必要な国語を正確に理解し表現する能力を養い、国語を尊重する態度を育てる。このため、
1　国語で思考し創造する能力と態度を養う。
2　国語による理解と表現を通して、知識を身につけ、心情を豊かにする。
3　国語による伝達の役割を自覚して、社会生活を高める能力と態度を養う。
4　国語に対する関心を深め、言語感覚を養い、国語を愛護する態度を育てる。

1977（昭和52）年改訂
国語を正確に理解し表現する能力を養うとともに、国語に対する関心を深め、言語感覚を養い、国語を尊重する態度を育てる。

1989（平成元）年改訂
国語を正確に理解し適切に表現する能力を育てるとともに、思考力や想像力及び言語感覚を養い、国語に対する関心を深め国語を尊重する態度を育てる。

1998（平成10）年改訂
国語を適切に表現し正確に理解する能力を育成し、伝え合う力を高めるとともに、思考力や想像力及び言語感覚を養い、国語に対する関心を深め国語を尊重する態度を育てる。

2008（平成20）年改訂
国語を適切に表現し正確に理解する能力を育成し、伝え合う力を高めるとともに、思考力や想像力及び言語感覚を養い、国語に対する関心を深め国語を尊重する態度を育てる。

2017（平成29）年改訂
言葉による見方・考え方を働かせ、言語活動を通して、国語で正確に理解し適切に表現する資質・能力を次のとおり育成することを目指す。
（1）日常生活に必要な国語について、その特質を理解し適切に使うことができるようにする。
（2）日常生活における人との関わりの中で伝え合う力を高め、思考力や想像力を養う。
（3）言葉がもつよさを認識するとともに、言語感覚を養い、国語の大切さを自覚し、国語を尊重してその能力の向上を図る態度を養う。

（4）資料3を参照。中央教育審議会「幼稚園、小学校、中学校、高等学校及び特別支援学校の学習指導要領等の改善及び必要な方策等について（答申）平成28年12月21日」（別添2-1）

うに感じられる。1977（昭和52）年の学習指導要領のように「理解」と「表現」を分けて指導するということではなく、育成しようとする「知識・能力」を明確にし（答申の別添2-1[4]）ながら、言語活動の質も向上させていくということであろう。よく揶揄される「活動はしたが、学びがなかった」という状況であってはならない。「学びのある活動である」ことも大切であるし、「活動したことで学んだことが明らかになり、なおかつ、その学びが生かせる」ことも大切にしていく指導が望まれている。国語科においては、ただ活動するだけの学習にならないよう、学習過程を通じてどのように資質・能力を育成していくのかを答申の別添2-3に図示している。また、「国語科においては、こうした学習活動は言葉による記録、要約、説明、論述、話し合い等の言語活動を通じて行われる必要がある。したがって、国語科で育成を目指す資質・能力の向上を図るためには、資質・能力が働く一連の学習過程をスパイラルに繰り返すとともに、一つ一つの学習活動において資質・能力の育成に応じた言語活動を充実することが重要である」[5]とも述べられている。

（5）前掲資料（4）、p.127.

3 国語科における「見方・考え方」

（6）前掲資料（4）、p.126.

このことについても、答申に以下の3点が明記されている[6]。

○国語科は、様々な事物、経験、思い、考え等をどのように言葉で理解し、どのように言葉で表現するか、という言葉を通じた理解や表現及びそこで用いられる言葉そのものを学習対象とするという特質を有している。それは、様々な事象の内容を自然科学や社会科学等の視点から理解することを直接の学習目的とするものではないことを意味している。

○事物、経験、思い、考え等を言葉で理解したり表現したりする際には、対象と言葉、言葉と言葉の関係を、創造的・論理的思考、感性・情緒、他者とのコミュニケーションの側面から、言葉の意味、働き、使い方等に着目して捉え、その関係性を問い直して意味付けるといったことが行われており、そのことを通して、自分の思いや考えを形成し深めることが、国語科における重要な学びであると考えられる。

○このため、自分の思いや考えを深めるため、対象と言葉、言葉と言葉の関係を、言葉の意味、働き、使い方等に着目して捉え、その関係性を問い直して意味付けることを、「言葉による見方・考え方」として整理することができる。

　今回の学習指導要領では、各領域における学習過程の指導事項も枠組みの項目として統一している。小・中学校間の円滑な連携、見通しのある系統的な指導を重視していることの表れである。全ての領域において、自分の考えを形成する学習過程を重視し、「考えの形成」に関する指導事項を位置付けていることを忘れないようにしたい。

112

資料2 文部科学省『小学校学習指導要領（平成29年告示）解説国語編』第2章国語科の目標及び内容（p.11）

　教科の目標では、まず、国語科において育成を目指す資質・能力を国語で正確に理解し適切に表現する資質・能力とし、国語科が国語で理解し表現する言語能力を育成する教科であることを示している。

　言語は、言語形式とそれによって表される言語内容とを併せもっている。平成20年告示の学習指導要領においては、「国語を適切に使う能力と国語を使って内容や事柄を適切に表現する能力」、「国語の使い方を正確に理解する能力と国語で表現された内容や事柄を正確に理解する能力」の両方の内容を含んだものとして、「国語を適切に表現し正確に理解する能力」を示していたところである。今回の改訂において示す国語で正確に理解し適切に表現する資質・能力とは、国語で表現された内容や事柄を正確に理解する資質・能力、国語を使って内容や事柄を適切に表現する資質・能力であるが、そのために必要となる国語の使い方を正確に理解する資質・能力、国語を適切に使う資質・能力を含んだものである。正確に理解する資質・能力と、適切に表現する資質・能力とは、連続的かつ同時的に機能するものであるが、表現する内容となる自分の考えなどを形成するためには国語で表現された様々な事物、経験、思い、考え等を理解することが必要であることから、今回の改訂では、「正確に理解」、「適切に表現」という順に示している。

資料3 幼稚園、小学校、中学校、高等学校及び特別支援学校の学習指導要領等の改善及び必要な方策等について（答申）別添資料2−1／国語科において育成を目指す資質・能力の整理

知識・技能	思考力・判断力・表現力等	学びに向かう力・人間性等
○言葉の働きや役割に関する理解 ○言葉の特徴やきまりに関する理解と使い分け ・書き言葉（文字）、話し言葉、言葉の位相（方言、敬語等） ・語、語句、語彙 ・文の成分、文の構成 ・文章の構造（文と文の関係、段落、段落と文章の関係）など ○言葉の使い方に関する理解と使い分け ・話し方、書き方、表現の工夫 ・聞き方、読み方、音読・朗読の仕方 ・話合いの仕方 ○書写に関する知識・技能 ○伝統的な言語文化に関する理解 ○文章の種類に関する理解 ○情報活用に関する知識・技能	国語で理解したり表現したりするための力 **【創造的・論理的思考の側面】** ○情報を多面的・多角的に精査し構造化する力 ・推論及び既有知識・経験による内容の補足、精緻化 ・論理（情報と情報の関係性：共通−相違、原因−結果、具体−抽象等）の吟味・構築 ・妥当性、信頼性等の吟味 ○構成・表現形式を評価する力 **【感性・情緒の側面】** ○言葉によって感じたり想像したりする力、感情や想像を言葉にする力 ○構成・表現形式を評価する力 **【他者とのコミュニケーションの側面】** ○言葉を通じて伝え合う力 ・相手との関係や目的、場面、文脈、状況等の理解 ・自分の意思や主張の伝達 ・相手の心の想像、意図や感情の読み取り ○構成・表現形式を評価する力 **《考えの形成・深化》** ○考えを形成し深める力（個人または集団として） ・情報を編集・操作する力 ・新しい情報を、既に持っている知識や経験、感情に統合し構造化する力 ・新しい問いや仮説を立てるなど、既に持っている考えの構造を転換する力	○言葉が持つ曖昧性や、表現による受け取り方の違いを認識した上で、言葉が持つ力を信頼し、言葉によって困難を克服し、言葉を通して社会や文化を創造しようとする態度 ○言葉を通じて、自分のものの見方や考え方を広げ深めようとするとともに、考えを伝え合うことで、集団としての考えを発展・深化させようとする態度 ○様々な事象に触れたり体験したりして感じたことを言葉にすることで自覚するとともに、それらの言葉を互いに交流させることを通して、心を豊かにしようとする態度 ○言葉を通じて積極的に人や社会と関わり、自己を表現し、他者の心と共感するなど互いの存在についての理解を深め、尊重しようとする態度 ○我が国の言語文化を享受し、生活や社会の中で活用し、継承・発展させようとする態度 ○自ら進んで読書をし、本の世界を想像したり味わったりするとともに、読書を通して様々な世界に触れ、これを擬似的に体験したり知識を獲得したり新しい考えに出会ったりするなどして、人生を豊かにしようとする態度

（牧英治郎）

IV-2 算数科・数学科
―小学校算数科における「数学的な見方・考え方」とは？―

本節のポイント

算数科の目標には、新たな用語として「数学的な見方・考え方を働かせ」が明記されている。これまで学習指導要領の中で、教科の目標に位置付けられたり、思考・判断・表現の評価の観点名として用いられたりしてきた「数学的な考え方」とは、捉え方が異なるのであろうか。ここでは、その共通点や差異点について検討する。

1　算数科における「数学的な見方・考え方」

新学習指導要領の算数科の目標には、「数学的な見方・考え方を働かせ、（中略）数学的に考える資質・能力を育成することを目指す」と明示されている。この「数学的な見方・考え方」について、小学校学習指導要領（平成29年告示）解説算数編〈以下、H29解説算数編と記す〉では、資料1のとおり解説や定義付けがなされている(1、2)。これは、中央教育審議会答申（平成28年12月）〈以下、答申と記す〉から若干の修正がなされて記述されており、新学習指導要領の「**根拠を基に筋道を立てて考え**」は、答申では資料2のとおり、「論理的」が用いられていた(3)。これまでの算数科の目標を学習指導要領の改訂ごとに調べてみても、資料3のとおり、1977（昭和52）年改訂では「筋道を立てて考え」、1989（平成元）年、1998（平成10）年、2008（平成20）年改訂では「見通しをもち筋道を立てて考える」と表記されていた。

このことから考えると、今回の改訂でもこの表記を踏襲したのであろう。ただ、松原元一（1990）が「筋道を<u>通して</u>考える（下線；引用者　松原は"通して"と表記している）ことのできる対象は、その人にとってやさし過ぎるものでしかあり得ない」(4)と述べているように、事象の問題解決に向けての方法が理解できていないと、筋道を立てて考えることはできないのではないだろうか。また、「文章題などで問題から式をたてるのは、その問題の解決過程で少なくとも構造化が終わったときであって、それ以前には式はできない。考えてほぼわかってから式が出てくる。『まず、はじめに式を立てなさい』という教師は、式を立ててから考えよ、というのであろうか」(5)と、算数科学習の問題点についての提起をしているように、**根拠を基に筋道を立てて考える**ことは、そう易しいことではないのである。

さて、数学的な見方・考え方の検討に戻る。H29解説算数編では、「数学的な見方」については、「事象の特徴や本質を捉えること」であると示されており、

（1）文部科学省『小学校学習指導要領（平成29年告示）解説　算数編』第1章 総説 p.7.

（2）同上 pp.22-23.

（3）中央教育審議会答申（平成28年12月）「幼稚園、小学校、中学校、高等学校及び特別支援学校の学習指導要領等の改善及び必要な方策等について」第2部第2章 p.141.

（4）松原元一（1990）「数学的見方考え方」国土社 p.5.

（5）同上 p.137.

資料1 「新小学校学習指導要領解説算数編」で明記された「数学的な見方・考え方」についての解説と定義付け

○「数学的な見方・考え方」については、これまでの学習指導要領の中で、「数学的な考え方」として教科の目標に位置付けられたり、思考・判断・表現の評価の観点名として用いられたりしてきた。 p.7
○算数科の学習における「数学的な見方・考え方」については「事象を数量や図形及びそれらの関係などに着目して捉え、根拠を基に筋道を立てて考え、統合的・発展的に考えること」であると考えられる。 p.7

○算数の学習において、「数学的な見方・考え方」を働かせながら、知識・技能を習得したり、習得した知識及び技能を活用して探究したりすることにより、生きて働く知識の習得が図られ、技能の習熟にもつながるとともに、日常の事象の課題を解決するための思考力、判断力、表現力等が育成される。 p.22

○「数学的な見方」については、「事象を数量や図形及びそれらの関係についての概念等に着目してその特徴や本質を捉えること」であると考えられる。また、「数学的な考え方」については、「目的に応じて数、式、図、表、グラフ等を活用しつつ、根拠を基に筋道を立てて考え、問題解決の過程を振り返るなどして既習の知識及び技能等を関連付けながら、統合的・発展的に考えること」であると考えられる。 pp.22-23

資料2 中央教育審議会答申（平成28年12月）「幼稚園、小学校、中学校、高等学校及び特別支援学校の学習指導要領等の改善及び必要な方策等について」に明記された「数学的な見方・考え方」についての定義付け

○算数科・数学科における「数学的な見方・考え方」については、「事象を数量や図形及びそれらの関係などに着目して捉え、論理的、統合的・発展的に考えること」と再整理する。 p.141

資料3 学習指導要領改訂による算数科の目標の変遷

1977（昭和52）年改訂
　数量や図形について基礎的な知識と技能を身につけ、日常の事象を数理的にとらえ、筋道を立てて考え、処理する能力と態度を育てる。

1989（平成元）年改訂
　数量や図形についての基礎的な知識と技能を身に付け、日常の事象について見通しをもち筋道を立てて考える能力を育てるとともに、数理的な処理のよさが分かり、進んで生活に生かそうとする態度を育てる。

1998（平成10）年改訂
　数量や図形についての算数的活動を通して、基礎的な知識と技能を身に付け、日常の事象について見通しをもち筋道を立てて考える能力を育てるとともに、活動の楽しさや数理的な処理のよさに気付き、進んで生活に生かそうとする態度を育てる。

2008（平成20）年改訂
　算数的活動を通して、数量や図形についての基礎的・基本的な知識及び技能を身に付け、日常の事象について見通しをもち筋道を立てて考え、表現する能力を育てるとともに、算数的活動の楽しや数理的な処理のよさに気付き、進んで生活や学習に活用しようとする態度を育てる。

（※下線：引用者）

（6）『小学校学習指導要領（平成29年告示）解説 算数編』第2章 算数科の目標及び内容 p.26.

（7）安西祐一郎（1985）『問題解決の心理学』中央公論新社 p.87.

（8）波頭亮（2004）『思考・論理・分析－「正しく考え、正しく分かること」の理論と実践－』産業能率大学出版部 pp.22-23.

（9）田村学・黒上晴夫（2013）『考えるってこういうことか！「思考ツール」の授業』小学館 p.11.

（10）杉岡司馬（2002）『「学び方・考え方」をめざす算数指導』東洋館出版 pp.30-31.

（11）片桐重男（2004）『数学的な考え方の具体化と指導』明治図書出版 pp.37-39.

この言葉にかかっている「数量や図形及びそれらの関係についての概念等に着目して」からすると、事象の構造や関係を数や量の加減乗除や変化と対応、図形の構成要素に着目するなどして捉えることだと理解することができる。「数学的な考え方」については、「**根拠を基に筋道を立てて考え、統合的・発展的に考えること**」であり、「**『統合的に考察する』**」ことは、異なる複数の事柄をある観点から捉え、それらに共通点を見いだして一つのものとして捉え直すことであり、（中略）**『発展的に考察する』**とは、物事を固定的なもの、確定的なものと考えず、絶えず考察の範囲を広げていくことで新しい知識や理解を得ようとすることである」と解説されている[6]。

これは、安西祐一郎（1985）[7]、波頭亮（2004）[8]、田村学（2013）[9]の「別々のイメージ、あるいは情報と知識を、関連付けたり再構成したりして考えを創造する」という思考の捉えと共通するものであり、系統性、客観性、普遍性が顕著である算数・数学科において、「**根拠を基に筋道を立てて考え、統合的・発展的に考える**」という数学的な考え方を働かせることだと考えることができるのではないだろうか。

② 「数学的な考え方」についての先行研究

教科の目標に位置付けられたり、評価の観点名として用いられたりしてきた「数学的な考え方」と「数学的な見方・考え方」には、どのような関連があるのであろうか。このことを明らかにするため、「数学的な考え方」に関する先行研究の検討を行う。

杉岡司馬（2002）は、数学的な考え方について、「ⅰ）算数教育の目標を意味する場合、ⅱ）算数を特徴づける個々の具体的な見方・考え方や方法などを意味する場合」の2つに分け、特にⅱ）については、「狭い意味では数学的な原理法則や概念を指すこともあり、広い意味では数学的な着想や発想を指すこともある。大部分は、両者の中間にあり、一つ一つの算数的な見方、考え方や方法を表す。これらを総称して数学的な考え方と言い表す」と説明している[10]。また、片桐重男（2004）は、数学的な考え方として「Ⅰ 数学的な態度、Ⅱ 数学の方法に関係した数学的な考え方、Ⅲ 数学の内容に関係した数学的な考え方」という3つのカテゴリーで示している[11]。両者の研究を基に「数学的な考え方」を整理したものが資料4である。

ここに示した「数学的な考え方」の一覧から捉えると、H29解説算数編で解説された「**統合的・発展的に考察する力**」は、統合的な考え方及び発展的な考え方と同義であることが読み取れる。また、「**根拠を基に筋道を立てて考える**」ことについても、推論の仕方としての帰納的・類推的・演繹的な考え方のことだと理解することができる。さらに、上述している他の算数・数学の方法や内容に関係した数学的な考え方が関連付くことで、より広い領域や複雑な事象に対しての思考・判断・表現する力も育成されていくということになるのである。

116

IV-2 算数科・数学科 ―小学校算数科における「数学的な見方・考え方」とは？―

> **資料4** 数学的な考え方

◇算数・数学の方法に関係した数学的な考え方
〈推論の仕方として〉
・帰納的な考え方………ある事柄に関するいくつかの事例から、それらの事例に共通する性質を見出し、その性質を事柄全体に対して一般的な結論を導く考え方
・類推的な考え方………2つの事柄の類似性に着目して、既知である一方の対象が成り立つ事柄から、未知なる他方の対象についても成り立つであろうとする考え方
・演繹的な考え方………既に分かっていることを基にして、その正しいことを説明しようとする考え方

〈算数・数学の進む方向として〉
・統合的な考え方………別個に考えられた事柄を、より広い観点からそれらの本質的な共通性を見出し、その観点から統合を図ろうとする考え方
・発展的な考え方………1つのことが得られてもさらによりよい方法を求めたり、これを基にしてより一般的な、より新しいものを発見したりしようとする考え方
・抽象化の考え方………いくつかのものに共通な性質を引き出そうとする考え方
・理想化の考え方………いくつかの条件を捨象し、ある条件を抽象する考え方
・具体化の考え方………意味が明らかでない抽象的、一般的なことを、数をあてはめるなどして具体的にすることによって、その意味を明らかにする考え方
・単純化の考え方………たくさんの条件があって、それら全てを考慮しなければならないとき、条件を1つずつ考えていこうとする考え方と、条件のいくつかを簡単なものに置き直して考えようとする考え方
・一般化の考え方………ある概念の外延（意味の適用範囲）を広げていこうとする考え方
・特殊化の考え方………ある事象の考察をするために、それに含まれる1つの事象について考えようとする考え方
・記号化の考え方………記号に表していこうとする考え方と記号化されたものをよんでいこうとする考え方や、数学的用語を用いて簡潔、明瞭に表したり、これをよんだりしようとする考え方
・数量化の考え方………質的なことがらなどを量的な性質としてとらえ、場面やねらいに応じて適切な量を選択するという考え方が量化の考え方、量の大きさを数を用いて表そうとする考え方が数化の考え方、このような考え方をまとめた考え方
・図形化の考え方………数的な事柄や関係を、図形やその関係に置き換えたり、場面や事柄、関係などを図に表してとらえたりしようとする考え方

◇算数・数学の内容に関係した数学的な考え方（数学的アイデア）
・集合の考え……………考察の対象の集まりや、それに入らないものを明確にしたり、その集まりに入るかどうかの条件を明確にしたりする考え
・単位の考え……………構成要素や単位の大きさ、個数、それらの関係に着目するという考え
・表現の考え……………表現の基本原理に基づいて考えようとする考え
・操作の考え……………数えたり、計算での四則や、合同、拡大・縮小や作図など頭の中で数の計算をしたり、図形の関係やかき方を考えたりする考え
・アルゴリズムの考え…操作の仕方を形式化しようとする考え
・概括的把握の考え……ものや操作の方法を大づかみに捉えたり、その結果を用いたりしようとする考え
・基本的性質の考え……基本法則や性質に着目する考え
・関数の考え……………何を決めれば何が決まるかということに着目したり、変数間の対応のルールを見出したり用いたりしようとする考え
・式についての考え……事柄や関係を式に表したり、式をよんだりしようとする考え

（吉田安孝）

理科
―多様な「見方」と共通した「考え方」―

本節のポイント

- 理科の目標及び学習内容は小・中・高等学校一貫した形式で示されている。
- 理科の「見方」は領域・科目ごとに多様性が、「考え方」は全領域に共通性が見られる。
- 「見方・考え方」を働かせた学習で資質・能力が高まり、それにより高次な「見方・考え方」を獲得し、さらなる資質・能力の向上が期待される。

1 育成すべき資質・能力と理科の目標との関連について

理科では平成20年学習指導要領[1]において小・中学校の学習内容の充実が図られ、これに伴い標準時数が大幅に増加し、高等学校でも科目の再編が行われた。平成29年(高等学校は平成30年)学習指導要領では、前回のような内容・時数上の大きな変化は見られない。今回の改訂で特筆すべきことは、理科で育成すべき資質・能力が「知識・技能の習得」「思考力・判断力・表現力等」「学びに向かう力・人間性等の涵養」の「3つの柱」[2]で整理され、それが目標の示し方にも反映されていることにある。

資料1は小、中、高等学校それぞれの理科の目標を引用したものである。各目標の冒頭の文に続いて箇条書きされている(1)(2)(3)はそれぞれ、資質・能力の3つの柱の「知識・技能の習得」「思考力・判断力・表現力等」「学びに向かう力・人間性等の涵養」に対応する。このような「3つの柱」との対応を意識した表記は、各内容の示し方にも反映されている。資料2は中学校理科第1分野の内容の一部を抜粋したものである。資料2では「ア」「イ」の2つの項目が立てられているが、「ア」では「知識・技能の習得」を、「イ」では「思考力・判断力・表現力等」を身に付けるよう指導することが示されている。なお、資質・能力の3つ目の柱である「学びに向かう力・人間性等の涵養」については、各分野の学習内容全てに通底する概念であるため、第1分野全体の目標の(3)「物質やエネルギーに関する事物・現象に進んで関わり、科学的に探究しようとする態度を養うとともに、自然を総合的に見ることができるようにする。」が適用され[3]、内容ごとの項は立てられていない。

このような目標の示し方については、小学校理科、高等学校理科の各科目においてもほぼ共通した様式が見られる。

---

(1) PISA2015やTIMSS2015では国際的に良好な結果が得られ、平成20年版学習指導要領の成果が評価できる一方で、「観察・実験の結果などを整理・分析した上で、解釈・考察し、説明すること」について課題が明らかになった。
文部科学省『中学校学習指導要領(平成29年告示)解説 理科編』、p.6.参照。

(2) 平成19年に改正された学校教育法の第30条第2項では、「知識及び技能」「思考力、判断力、表現力その他の能力」「主体的に学習に取り組む態度」が明記された。学力の要素が法律で規定されたのはこれが初めてであり、以後「学力の三要素」として広く知られるようになる。
宮内拓也(2018)『中学校 新学習指導要領 理科の授業づくり』、明治図書出版、p.9.参照。

(3) 文部科学省『中学校学習指導要領(平成29年告示)解説 理科編』、p.29.参照。

資料1 新学習指導要領における小・中・高等学校理科の目標の比較

1 小学校

　自然に親しみ、理科の見方・考え方を働かせ、見通しをもって観察、実験を行うことなどを通して、自然の事物・現象についての問題を科学的に解決するために必要な資質・能力を次のとおり育成することを目指す。

（1）自然の事物・現象についての理解を図り、観察、実験などに関する基本的な技能を身に付けるようにする。

（2）観察、実験などを行い、問題解決の力を養う。

（3）自然を愛する心情や主体的に問題解決しようとする態度を養う。

2 中学校

　自然の事物・現象に関わり、理科の見方・考え方を働かせ、見通しをもって観察、実験を行うことなどを通して、自然の事物・現象についての問題を科学的に探究するために必要な資質・能力を次のとおり育成することを目指す。

（1）自然の事物・現象についての理解を深め、科学的に探究するために必要な観察、実験などに関する基本的な技能を身に付けるようにする。

（2）観察、実験などを行い、科学的に探究する力を養う。

（3）自然の事物・現象に進んで関わり、科学的に探究しようとする態度を養う。

3 高等学校

　自然の事物・現象に関わり、理科の見方・考え方を働かせ、見通しをもって観察、実験を行うことなどを通して、自然の事物・現象についての問題を科学的に探究するために必要な資質・能力を次のとおり育成することを目指す。

（1）自然の事物・現象についての理解を深め、科学的に探究するために必要な観察、実験などに関する基本的な技能を身に付けるようにする。

（2）観察、実験などを行い、科学的に探究する力を養う。

（3）自然の事物・現象に主体的に関わり、科学的に探究しようとする態度を養う。

出典：筆者作成。下線は筆者による。＿＿は小学校、＿＿は中学校、＿＿は高等学校に特有の記述

資料2 中学校理科　第1分野　身近な物理現象の内容

（1）身近な物理現象

　身近な物理現象についての観察、実験などを通して、次の事項を身に付けることができるよう指導する。

　ア　身近な物理現象を日常生活や社会と関連付けながら、次のことを理解するとともに、それらの観察、実験などに関する技能を身につけること。

　イ　身近な物理現象について、問題を見いだし見通しをもって観察、実験などを行い、光の反射や屈折、凸レンズの働き、音の性質、力の働きの規則性や関係性を見いだして表現すること。

出典：文部科学省『中学校学習指導要領（平成29年告示）解説　理科編』、p.29.

---

2 理科における内容の構成

理科の学習内容は前回の学習指導要領の方針を踏襲し、小・中・高等学校に一貫して「エネルギー」「粒子」「生命」「地球」の4つを柱とした構成がなされている[4]。小・中学校の各学年においては、この4つの領域がバランスよく配列されている。また、小学校では「A物質・エネルギー」、「B生命・地球」と内容区分され、これが中学校の第1分野、第2分野に対応する[5]。

高等学校理科では「エネルギー」「粒子」「生命」「地球」にそれぞれ対応する「物理基礎」「化学基礎」「生物基礎」「地学基礎」のうち3科目の履修、またはこれら4領域を包括的に網羅している「科学と人間生活」を履修し、これに「物理基礎」「化学基礎」「生物基礎」「地学基礎」から1科目を選択して計2科目の履修を必修としている。これは、基礎的な科学的素養を幅広く養い、科学に対する関心をもち続ける態度を育てることを意図したものである[6]。

なお、学習指導要領における具体的な学習内容の改善点については資料3に示したとおりである。

3 理科における「見方・考え方」

今回の学習指導要領では、資質・能力を育成する過程で働く、物事を捉える視点や考え方としての「見方・考え方」[7]が全ての教科で示されている。

理科の「見方」については、各領域に特徴的な視点が資料4のように示されている。ただし、これらの視点はそれぞれの領域のみに限定されないこと、探究の過程においては複数の視点を組み合わせる必要性もあること、あるいは「定性と定量」、「全体と部分」などその他にも多様な「見方」があることにも留意しなければならない。

一方、「考え方」については領域ごとの提示はなく、全領域に共通した大きな思考の枠組みが資料5のように示されている。小学校は問題解決の過程、中・高等学校では探究の過程を通した学習活動を想定していることに若干の違いが見られるものの、「比較」・「関係付け」といった小・中・高等学校に共通・一貫した理科特有の方法の言及に留意したい。

理科の学習では上記のような「見方・考え方」を働かせながら、知識・技能を習得し、思考・判断・表現していくことが求められる。また、こうした学習の過程を繰り返しながら自然の事物・事象に関わることで、児童・生徒の「見方・考え方」はさらに豊かで確かなものとなり、それに伴い資質・能力のさらなる向上が期待されるのである。

（4）文部科学省『高等学校学習指導要領（平成30年告示）解説 理科編 理数編』、pp.16-20.において小・中・高等学校の系統的な内容構成が示されている。

（5）A、Bや第1、第2は内容上の序列的な意味合いはない。

（6）しかしながら、すべての高校生が理科の4領域を包括的に学ぶことは制度上不可能であり、特に地学の履修者は他の3科目に比べて非常に少ない。
畑中忠雄（2018）『若い先生のための理科教育概論』、東洋館出版社、p.46.参照。

（7）まず「見方」があって、次に「考え方」があるといった順序性のあるものではないとしている。
文部科学省『中学校学習指導要領（平成29年告示）解説 理科編』、p.12.参照。

資料3　学習内容の主な改善点

	追加	学年間で移行
小学校	・音の伝わり方と大小　　（第3学年） ・雨水の行方と地面の様子（第4学年） ・人と環境　　　　　　　（第6学年）	・光電池の働き　　　（第4学年→第6学年） ・水中の小さな生物（第5学年→第6学年） ・電気による発熱　　（第6学年→中学校へ）
中学校	・放射線 　（第3学年に加え第2学年でも扱う） ・自然災害　　　　　　（全学年で扱う） ・生物の分類の仕方　　　（第1学年）	・圧力（第1学年→第3学年） ・根・茎・葉のつくりと働き（第1学年→第2学年） ・動物の体の共通点と相違点（第2学年→第1学年） ・生物の種類の多様性と進化（第2学年→第3学年） ・自然の恵みと火山災害・地震災害 　　　　　　　　　　　　（第3学年→第1学年） ・自然の恵みと気象災害　（第3学年→第2学年）
高等学校	・「科学と人間生活」の「（2）ア（ウ）　生命の科学」に「㋐　ヒトの生命現象」を新設 ・「化学基礎」に「（3）ア（ウ）　化学が拓く世界」を新設 ・「生物」において「（1）　生物の進化」を内容の冒頭に設定し、進化の視点を重視 ・「生物」の「（5）ア（イ）　生態系」に「㋑　生態系と人間生活」を新設 ・専門学科に開設される教科「理数」において「理数探究基礎」と「理数探究」を科目として設定。これに伴い、「理科課題研究」を廃止。	

出典：各学習指導要領を参考に筆者作成。

資料4　小・中・高等学校における理科の各領域から整理した「見方」

	エネルギー	粒子	生命	地球
小学校	A		B	
中学校	第1分野		第2分野	
高等学校	物理基礎・物理	化学基礎・化学	生物基礎・生物	地学基礎・地学
見方	量的・関係的な視点	質的・実体的な視点	共通性・多様性の視点	時間的・空間的な視点

出典：各学習指導要領を参考に筆者作成。

資料5　小・中・高等学校における理科の「考え方」

	小学校	中学校・高等学校
考え方	問題解決の過程の中で用いる、比較、関係付け、条件制御、多面的に考えること。	探究の過程を通した学習活動の中で、例えば、比較したり、関係付けたりするなどの科学的に探究する方法を用いて考えること。

出典：各学習指導要領を参考に筆者作成。

（小杉進二）

4 社会科・地歴公民科
─主体的で対話的な学びを要請する学習活動─

本節のポイント

〈小学校社会科〉
・3・4年生の学習内容をそれぞれの学年で分割
・4年生における災害学習の追加（5年生における気候・公害・災害学習は後ろへ移動）
・6年生での学習順、歴史学習から政治学習を反転させる

〈中学校社会科〉
・「国民」という言葉の登場
・歴史分野に、日本文化としての古事記と日本書紀のなかの神話や伝承が登場

〈高校における新設領域〉
・地理歴史科における「歴史総合」「地理総合」の新設、公民科における「公共」の新設

 2008（平成20）年から始まった新しい学力観

（1）「生きる力」と学力

　2006（平成18）年に行われたOECDによるPISA（国際学力調査）の結果は、それまでのゆとり重視の教育路線を転換させることになった。学力低下の判断材料ともなったPISAの調査結果ともされたが、この調査から見えてきたものは何だったのだろうか。

　実は、この調査が明らかにしたことはテスト結果の順位が下がったというような単純なことではなかった。日常の生活や学習習慣についてのアンケートから、日本の子どもは自宅で学習する時間が他の国々よりも短く、一方で他の国々よりもテレビやビデオを見る時間が圧倒的に長いという現実であった[1]。また、同時に行われた調査では、自立した生活習慣や学習習慣を身につけている子どもの方が、正答率が高い（学力が高い）ということが明らかになった[2]。

　そこで2008（平成20）年告示学習指導要領（以下、現行学習指導要領）では、**「生きる力」の定義が明確化**された。それが、「**基礎・基本を確実に身に付け、いかに社会が変化しようと、自ら課題を見つけ、自ら学び、自ら考え、主体的に判断し、行動し、よりよく問題を解決する資質や能力、自らを律しつつ、他人とともに協調し、他人を思いやる心や感動する心などの豊かな人間性、たくましく生きるための健康や体力**」である[2]。「生きる力」とともに「確かな学力」を育む重要な要素として、基礎的・基本的な知識・技能の習得および活用、課題解決のために必要な思考力・判断力・表現力等の育成、学習意欲の喚起が求められたのである。

（1）国際数学・理科教育動向調査（TIMSS2003）（国際教育到達度評価学会（IEA）実施）

（2）平成20年1月17日、中央教育審議会「幼稚園、小学校、中学校、高等学校及び特別支援学校の学習指導要領等の改善について（答申）」

（2）アクティブラーニングと「学びに向かう力」

　2017（平成29）年・2018（平成30）年告示の初等・中等社会科学習指導要領（以下、新学習指導要領）の特徴は、これまで振り子のように大きく揺れてきた問題解決型の学習と系統的な知識習得型学習の両者をともに盛り込んだものとなったことであろう。どちらかというと、ゆとり脱却という言葉ばかりが先歩きし、学習内容の増加、学習時間の増加ということから、高度成長期に求められた知識重視のカリキュラムを想像しがちである。しかし、現行学習指導要領から、**ゆとり脱却路線のもと学習内容が増加する傾向が続いてきているものの、一方で先のPISAの学力調査にも見られるような、探究し思考する形の授業を求めてきた。**

　この考え方は、新学習指導要領でも継承され、あらたに「主体的・対話的で深い学び」という言葉が登場した。ここに込められているのは、**言語活動、観察・実験、問題解決的な学習活動といったカリキュラムを計画（カリキュラムマネジメント）できる教師、そうした授業改善を図っていこうという教師の姿**である。もちろん、これまで問題解決型の学習はさまざまな教師によって取り組まれてきており、その実践事例も多く存在している。指導要領でもそのことは触れられており、「これまで地道に取り組まれ蓄積されてきた実践を否定し、これまでとは異なる指導方法を導入しなければならないと捉える必要はない」と留意事項に記されている。

　様々な学習活動を計画し授業改善を図るために、新学習指導要領には、これまで記載されてこなかった指導方法が、**資料１**のように加えられた。現行学習指導要領では、理解・態度・能力の到達目標の組み合わせを「調べる→考える」の順に記した（１）（２）と、その下位項目ア・イに学習内容が書かれてあるだけであった。新学習指導要領では、（１）（２）に指導方法が書かれ、その下部項目にはア「知識及び技能」、イ「思考力、判断力、表現力」の順に、それぞれの到達目標が示されている（**資料１**）。このような表記方法は、小学校だ

☞PISAとは、OECD（経済協力開発機構）において2000年以降実施されている生徒の学力到達度調査（PISA: Programme for International Student Assessment）のことである。15歳児（日本では高校１年生）を対象に３年ごとに調査が実施され、読解力、数学的リテラシー、科学的リテラシーの３分野における知識・技能とその活用力、加えて生徒質問紙、学校質問紙により生活や学習状況が調査される。

資料１　指導内容が加わった新学習指導要領

【2008（平成20）年告示版】
　（１）「・・・について、次のことを・・・・したりして**調べ**、・・・を**考えるようにする**」（到達目標）
　　　ア　「・・・や・・・など」（学習内容）

【2017（平成29）年告示版】
　（１）「・・・について、**学習の問題を追求・解決する活動を通して**、・・・を身につけることができるように指導する」（学習内容・指導方法）
　　　ア　次のような知識及び技能を身につけること　**（到達目標）**
　　　（ア）「・・・を理解すること」　　（イ）「・・・を調べたり、まとめたりすること」
　　　イ　次のような思考力、判断力、表現力等を身につけること　**（到達目標）**
　　　（ア）「・・・を考え、表現すること」

けでなく、中学校や高等学校の新学習指導要領でも同様に採用されている。

　習得すべき知識・技能だけでなく、学習活動を組み立て学びの質の向上を目指すという方針のもと、新学習指導要領の解説書は様々な指導方法や学習活動を提示するものになっており、小中高いずれも現行学習指導要領と比較しても約2倍の厚さとなっている。

　それでは、今回の改訂の特徴について小学校から順に見ていこう。

2 小学校社会科学習指導要領

（1）生活・社会につながる多様な学習活動

　社会科の目標を比較してみよう。**資料2**にあるように、下線部の部分が追加されていることに気づく。これまでの小学校学習指導要領における社会科の目標は、1977（昭和52）年版から大幅に縮小されて以降、1989（平成元）年版に「国際社会に生きる」の一文が加えられた程度で、ほとんど変えられることはなかった。

　新学習指導要領の目標には、**社会的な見方・考え方、課題を追求したり解決したりする活動**、公民としての資質・能力の基礎、知識及び技能、思考力・判断力・表現力、**学びに向かう力・人間性**が明記される等になった。そこで、追加された「**見方・考え方**」には特に、「**どのような視点で物事を捉え、どのような考え方で思考していくのか**」という定義づけもなされている。この定義からわかることは、ある特定の見方・考え方を習得するのではなく、児童自身がそれぞれの見方・考え方を深めていくことが求められているということである。そのためにも、学習内容が児童生徒の生活や社会と切り離されたものとならないよう、教師は適切な学習課題を設定し、問題解決型の学習活動などを通して、児童自身が主体的に社会的な事象に対して理解を深めていくことが期待される。明確となった生きる力の定義、つまり児童・生徒の主体性や社会との関わりが今回の学習指導要領改訂の特徴となっていることがわかる。

（2）学習内容の順序が変化

　到達目標としての「知能及び技能」は、3年・4年・5年・6年の4部構成で示され、これまで3・4年生は中学年としてひとかたまりとし3部構成であったのが、分割された形となっている。**3、4年生の学習内容が完全分離されたこと**で、地域のことで関連していても次の学年を待たないとできない場合も出てくる。さらに、**4年生に自然災害についての学習項目が入る**ことで、これは5年生でも行う類似した項目「地形・気候・公害・災害」との重複が避けられず、これまで5年生の最初の項目だったのが、5年生の最後の学習項目へと変更になった。5年生における自然災害の学習は気候・地形と関連して学ぶことが有効と考えられるが、こうした重複もあり公害に特化した授業になってしまうおそれもある。

　さらに、学習内容の変化は、6年生の政治の学習の順番にも表れている。こ

☞新学習指導要領では、育成すべき資質・能力の3本柱を次のように規定している。
ア「何を理解しているか、何ができるか（**生きて働く「知識・技能」の習得**）」
イ「理解していること・できることをどう使うか（**未知の状況にも対応できる「思考力・判断力・表現力等」の育成**）」
ウ「どのように社会・世界と関わり、よりよい人生を送るか（**学びを人生や社会に生かそうとする「学びに向かう力・人間性等」の涵養**）

れまで歴史学習の後に置かれていた**政治学習は、歴史学習の前に行われること**
になった。この順番では、戦争が終わって現憲法（平和主義・民主主義・人権
主義）ができたという流れで教えることができなくなった。戦争と現憲法の流
れで教えられなくなったことは、小学校教育においては児童の現憲法への意識
に大きな影響を持つと考えられる。

3 中学校社会科学習指導要領

　中学校の新学習指導要領の目標は、小学校における目標を引き継ぐものと
なっており、小学校とのつながりを強く意識したものになっている。指導要領
の内容や構成、学習内容についても小学校と同様に、これまでになかった指導
内容「・・・**に着目して、課題を追究したり解決したりする活動を通して、・・・**

資料2　小学校社会科の目標

【1968（昭和43）年告示版】
　社会生活についての正しい理解を深め、民主的な国家、社会の成員として必要な公民的資質の基礎を養う。
　このため、
　　1　家庭の役割、社会および国家のはたらきなどそれぞれの特質を具体的な社会機能と結びつけて
　　　正しく理解させ、家庭、社会および国家に対する愛情を育てるとともに、自他の人格の尊重が民
　　　主的な社会生活の基本であることを自覚させる。
　　2　さまざまな地域にみられる人間生活と自然環境との密接な関係、自然に対する積極的なはたら
　　　きかけの重要性などについて理解させ、郷土や国土に対する愛情、国際理解の基礎などを養う。
　　3　われわれの生活や日本の文化、伝統などはすべて歴史的に形成されてきたものであることを理
　　　解させ、わが国の歴史や伝統に対する理解と愛情を深め、正しい国民的自覚をもって国家や社会
　　　の発展に尽くそうとする態度を育てる。
　　4　社会生活を正しく理解するための基礎的資料を活用する能力や社会事象を観察したりその意味
　　　について考える能力をのばし、正しい社会的判断力の基礎を養う。

【1977（昭和52）年告示版】
　社会生活についての基礎的理解を図り、我が国の国土と歴史に対する理解と愛情を育て、民主的、平
和的な国家・社会の形成者として必要な公民的資質の基礎を養う。

【2008（平成20）年告示版】
　社会生活についての理解をはかり、我が国の国土と歴史に対する理解と愛情を育て、国際社会に生き
る平和で民主的な国家・社会の形成者として必要な公民的資質の基礎を養う。

【2017（平成29）年告示版】
　社会的な見方・考え方を働かせ、課題を追究したり解決したりする活動を通して、グローバル化する
国際社会に主体的に生きる平和で民主的な国家及び社会の形成者に必要な公民としての資質・能力の基
礎を次のとおり育成することを目指す。

を身につけることができるように指導する」が、項目ごとに示され、小学校と同様に学習活動を重視していることがわかる。

　また、小学校とは異なり、中学校の新学習指導要領の目標として特筆すべき点は、「わが国の将来を担う国民としての自覚」、「世界の国々の人々と共に生きていくことの大切さの自覚」を養うという2点である。

（1）「わが国の将来を担う国民としての自覚」

　これまで「公民」という言葉で表現されてきた**育成すべき人間像が、「国民」という言葉として明記されるようになった。**公民という表記が、国民と明示され、市民社会の一員や国家の成員としての両義的な意味で捉えられた公民[3]ではなく、新たな枠組みをもった「国民」像が表現されようしている。そうした「国民」意識の枠組みは、地理的分野、公民的分野、および歴史的分野に新たに設けられた学習項目から垣間見ることができる。

　とりわけ、新学習指導要領に頻繁に登場するのが、領土に関する取り扱い事項である。それは、**資料3**の通り、地理的分野だけでなく、歴史的分野、公民的分野にも及んでいる。また歴史的分野では、「古代までの日本」における「内容の取り扱い」に、「古事記、日本書紀、風土記などにまとめられた神話・伝承などの学習を通して、当時の人々の信仰やものの見方などに気づかせるよう留意すること」という一文が追加されている（**資料4**参照）。こうした神話・伝承の学習は、1989（平成元）年告示の小学校学習指導要領から継続して登場している。それは、「神話・伝承を調べ（2008年告示）」、「神話・伝承を手掛かりに（2018年告示）」、国の形成に関する考え方に関心をもつことと表記されてきた。新学習指導要領から、**中学校の歴史学習においても、科学的根拠をもたない神話・伝承を使い、日本の歴史を理解するよう求めている。**

　日本の神話や伝承を学習することで、中学校の社会科では、誰が日本人であり、何が日本文化なのかということが以前よりも限定され、特定の枠組みをもった単一民族的国民像が中学校の歴史教育によって描かれる可能性が高い。

（2）「世界の国々の人々と共に生きていくことの大切さの自覚」

　一方で、新学習指導要領地理的分野では、地球規模の課題についての記載が増えている。環境問題や環境保全、持続可能な社会への取り組みといった学習項目は、現行学習指導要領では「日本の諸地域」での取り扱いであったが、新学習指導要領では「世界の諸地域」においての取り扱いになっている。諸地域にそれぞれ暮らす人々の生活の様子を学習するだけでなく、グローバリゼーションとしての「**空間的相互依存作用**」に着目させるよう記されている。ここでは、地球規模の環境破壊の問題、気候変動の問題、エネルギー・資源の問題、多国籍企業と途上国のモノカルチャー経済の問題などを考察し、**持続可能な社会づくりについて考える問題解決的な学習活動が求められる。**世界について学

（3）小林信郎（1969）『社会科研究入門』、明治図書

習は地理分野から学んでいくという方向性は、高校で新設された「地理総合」
の内容でも見受けられる。世界は歴史分野（世界史）から学ぶという考え方か
ら、地理分野から国際社会について学んでいく流れが中等教育における社会科
学習の考え方へと方向転換したことがわかる。

なお、歴史的分野の一部に見られる世界の歴史や、公民分野の国際社会といっ
た学習内容において、現行版と新学習指導要領はほとんど変化してはいない。

> **資料3** 「国民」としての自覚（領土問題）

（地理的分野）内容の取り扱い

【2008（平成20）年告示版】

「・・、北方領土が我が国の固有の領土であることなど、我が国の領域をめぐる問題にも着目させる
ようにすること」

【2017（平成29）年告示版】

「・・、竹島や北方領土が我が国の固有の領土であることなど、我が国の領域をめぐる問題も取り上
げるようにすること。その際、**尖閣諸島については我が国の固有の領土であり、領土問題は存在しない
ことも扱うこと**」

（公民的分野）内容の取り扱い

【2017（平成29）年告示版】

「・・（ア）の「国家間の相互の主権の尊重と協力」との関連で、・・・。また、「領土（領海、領空を
含む。）、国家主権」については関連させて取り扱い、我が国が、固有の領土である竹島や北方領土に関
し残されている問題の平和的な手段による解決に向けて努力していることや、**尖閣諸島をめぐり解決す
べき領有権の問題は存在していないこと**などを取り上げること。」

（歴史的分野）内容の取り扱い

【2017（平成29）年告示版】

「「富国強兵・殖産興業政策」については、・・・領土の画定などを取り扱うようにすること。その際、
北方領土に触れるとともに、竹島、尖閣諸島の編入についても触れること。」

> **資料4** 国民としての自覚（神話や伝承の学習）

（歴史的分野）内容の取り扱い

【2017（平成29）年告示版】

「・・・（イ）の「日本列島における国家形成」については、・・・・。また、考古学などの成果を活
用するとともに、**古事記、日本書紀、風土記などにまとめられた神話・伝承などの学習を通して、当時
の人々の信仰やものの見方などに気付かせるよう留意すること。**」

「・・・（ウ）の「律令国家の確立に至るまでの過程」については、・・・・。なお、「聖徳太子の政治」
を取り上げる際には、聖徳太子が**古事記や日本書記においては「厩戸皇子」**などと表記され、のちに「聖
徳太子」と称されるようになったことに触れること。

4 高等学校地理歴史科学習指導要領

1989（平成元）年告示の学習指導要領から世界史Aが必修となったが、それ以来の大きな変化となったのが、今回の科目名変更である。

（旧カリ）		（新カリ）
地理A	→	地理総合
地理B	→	地理探求
世界史A	⎫	歴史総合
日本史A	⎭	
世界史B	→	世界史探求
日本史B	→	日本史探求

世界史Aと日本史Aを合わせた歴史総合は、中学校歴史分野とのつながりを意識したものになっており、どちらかというと日本の近現代に焦点を当てたものであり、世界史の量はかなり減少している。

高等学校の地理歴史科もまた、小中学校の新指導要領の方向性と同様に学習活動を重視している。高等学校の歴史科目・地理科目といえば、今でも大学受験にむけて暗記科目というイメージが強い。しかし、現行の学習指導要領から歴史であれば「解釈」「記述」といった歴史的思考力を高めようとする学習活動が多く提示されていた。しかしながら、多くの高校における地理歴史科目の授業形態は未だ教師による一斉授業の形式から抜け出せてはいない。そのためか、新学習指導要領解説は現行版の内容を踏襲する以上に、様々な学習課題（**資料５、資料６**）や学習活動をより具体的に提示しているものになった。

（１）新科目「地理総合」とは

地理科目を履修する生徒数の減少は、1978（昭和53）年に現代社会が必修化されたことから始まる。それまで高等学校地理の教科書の需要は160万部あったが、これ以降20万部までに落ち込んだ[4]という。さらに、世界史Aが必修となった1989（平成元）年告示学習指導要領の実施以降も履修者数を下げ、地理を学習する機会のないまま卒業する高校生が増えていったという[4]。こうした状況に危機感を抱く地理研究者の中からは改善を求める声が上がっていた[5]。今回の地理総合の必修化は、これまでの**地理離れの傾向に歯止め**がかかることが期待される。新指導要領に挙げられている「地理総合」における改善・充実の要点のうち、主なものは次のとおりである。

・地図や地理情報システムを活用して育む汎用的で実践的な地理的技能
・グローバルな視座から求められる自他の文化の尊重と国際協力
・我が国をはじめとする世界や生徒の生活圏における自然災害と防災
・持続可能な地域づくりのための地域調査と地域展望

特に注目されるのは、**地理情報システム（GIS）** を活用した地理教育、そし

（4）碓井照子編（2018）『「地理総合」ではじめる地理教育』古今書院

（5）油井大三郎（2011）「高校地理・歴史科教育の現状と改革案の全体像」、『学術の動向』16（9）、pp.8-13.

> **資料5** 2018（平成30）年告示・高等学校学習指導要領「日本史探求」の構成
> 　　　　　　（付録p.410-415）
>
> **A　原始・古代の日本と東アジア**
> 　（1）黎明期の日本列島と歴史的環境　　　（2）歴史資料と原始・古代の展望
> 　（3）古代の国家・社会の展望と画期（歴史の解釈、説明、論述）
>
> **B　中世の日本と世界**
> 　（1）中世への転換と歴史的環境　　　　　（2）歴史資料と中世の展望
> 　（3）中世の国家・社会の展望と画期（歴史の解釈、説明、論述）
>
> **C　近世の日本と世界**
> 　（1）近世への転換と歴史的環境　　　　　（2）歴史資料と近世の展望
> 　（3）近世の国家・社会の展望と画期（歴史の解釈、説明、論述）
>
> **D　近現代の地域・日本と世界**
> 　（1）近代への転換と歴史的環境　　　　　（2）歴史資料と近代の展望
> 　（3）近現代の地域・日本と世界の画期と構造　（4）現代の日本の改題の探求

> **資料6** 学習課題として想定される「主題」や「問い」（解説より）
>
> **◎土地支配の変容の学習課題**
> 　「平安時代末、武士はどのように土地を獲得していったのだろうか」
>
> **◎時代を通観する問い**
> 　「なぜ中世では、同じ時期に、政治や社会に力をもつ人や集団が複数存在していたのだろうか」
>
> **◎中世の特色について多面的・多角的に考察し、仮説を表現するための問い**
> 　「武士は全国を支配していたと評価できるのだろうか」
> 　「この時期に、庶民の活動が歴史の資料に多く現れるようになったのはなぜだろうか」
>
> **◎中世の国家・社会の展開について考察するための主題**
> 　「中世の多様な権威や権力の中で、武士は政治的、経済的にどのように権力を拡大したのだろうか」
> 　「この時期に新たな宗教や文化の潮流が生じたのはなぜだろうか、どのような社会の変化が関係しているのだろうか」
>
> **◎中世の国家・社会の変容について考察するための主題**
> 　「15、16世紀、様々な地域で人々の活発な活動が行われた背景には、どのような社会の変化が存在したのだろうか」
>
> **◎村落や都市の自立について社会や経済の変化とその影響などに着目して諸産業の発達などについて、推移や展開を考察するための問い**
> 　「村や町は、なぜ自治的な運営を維持することができたのだろうか」

てグローバルとローカルな視点をもった**持続可能な発展のための教育（ESD）**への取り組みである。特に、GISを使った地理教育には、相次ぐ災害から暮らしを守るための防災教育としても効果が期待されているという点である[6]。もう一方のESD教育については、国際的な課題や国内における地域の課題について、その課題解決にむけて取り組む活動が含まれていることである。国際理解や国際協力のための学習活動としては、開発教育が推進してきたESD教育の参加型学習など[7]が想起される。人々の暮らしや文化から理解し、国際協力のあり方を探究するような学習が望まれるであろう。また、指導要領解説では、国内の問題として過疎化や農林水産業の衰退についての調査や課題解決なども ESD教育の学習課題例として挙げられており、小・中学校社会科で行われる地域学習やフィールドワークといった学習活動が、高等学校においても求められている。

（2）新科目「歴史総合」「日本史探究」「世界史探究」とは

「歴史総合」は、1989（平成元）年告示の学習指導要領から始められた世界史Aと日本史Aに置き換わるものとして設置された。中曽根康弘内閣において開かれることとなった中央教育審議会では、国際化の進展から世界史Aの必修化が提唱され、国際理解に歴史的な背景を学ぶ重要性が認識された。しかし、「世界史A」は各地の高等学校で未履修問題を引き起こし、形式的履修から実際には別の科目を教授する学校を生み出してしまう結果となった[8]。しかし、それでも世界史を必修から外してしまうことで懸念されることは、**自国史中心で他国の歴史を学ばない生徒を生みだすこと**である。新学習指導要領に登場した「歴史総合」は、近現代の日本の歴史を軸に、世界で起こった出来事を配置していくもので、中学校歴史分野から近現代に的を絞ったような内容である。

　これまで、歴史教育は暗記教育として認識される傾向にあり、その克服に向けて多くの研究授業が行われてきた。しかし、大学受験という縛りの中で多くの高等学校の現場では歴史教育だけでなく、社会科系科目は暗記のための授業が行われている。新学習指導要領解説は、現行学習指導要領と同じ方向性を引き継ぎ、**歴史理解、歴史解釈・説明・論述（資料5）に力点が置かれ、授業実践に移すための方策が数多く提示**されている。例えば、「日本史探究」の大項目B中世の時代における学習活動を充実化させるための「主題」や「問い」については解説の中で具体的な例が数多く提示されている（**資料6**）。中には、歴史の大きな変化に着目するものや、世界とその中の日本を広く相互的な視野から捉えるようなものもある。こうした歴史の転換点などに着目させ、歴史を政治的な移り変わりや為政者の立場だけで理解するのではなく、経済的な変化や庶民の暮らしの変化にも着目させ、高校生に考えさせるような授業[9]が求められている。

（6）須原洋次（2018）「高校地理教育実践の課題と展望―地理新科目の設置を見据えて―」『人文地理』70（1）、pp.111-127.

（7）ESD開発教育カリキュラム研究会編（2010）『開発教育で実践するESDカリキュラム』学文社

（8）鶴島博和・古澤政也・高山直也・古賀亮寛・佐藤慶明（2013）「世界史教育の現状と課題（Ⅰ）」『熊本大学教育学部紀要』62、pp.29-56.

（9）このような授業の例として、安井俊夫や加藤公明などの実践が挙げられるだろう。安井俊夫（1982）『子どもが動く社会科―歴史の授業記録』地歴社、加藤公明ら（2012）『新しい歴史教育のパラダイムを拓く―徹底分析！加藤公明「考える日本史」授業』地歴社。

5 高等学校公民科学習指導要領

（1）「公共」の新設

　新学習指導要領での大きな変化は、高等学校公民科において「現代社会」が廃止され、「公共」が新しく設置されたことであろう。「現代社会」はどちらかというと「倫理」と「政治経済」を融合したような科目であった。最初に青年期の特徴、次に民主政治や経済、国際理解といった学習からなった。

　新設置科目「**公共**」には**青年期の特徴についての取り扱いはなくなり、項目Aに「公共の扉」という内容が設置**されている（**資料7**）。そこでは、自己の成長と他者との関係・協働、そして幸福や公正・正義の考え方のもとで選択・問題解決といった学習内容・活動が示されている。**多様な価値観を持った他者とコミュニケーションを図り、ともに尊重しながら共生し、協働していく能力**

資料7 ▶ 「現代社会」と「公共」の内容

2009（平成21）年告示・高等学校学習指導要領公民科「現代社会」の内容
（1）私たちの生きる社会
（2）現代社会と人間としての在り方生き方
　　ア　青年期と自己の形成
　　イ　現代の民主政治と政治参加の意義
　　ウ　個人の尊重と法の支配
　　エ　現代の経済社会と経済活動の在り方
　　オ　国際社会の動向と日本の果たすべき役割
（3）共に生きる社会を目指して

2018（平成30）年告示・高等学校学習指導要領公民科「公共」の内容（一部抜粋）
A　公共の扉
　（1）公共空間を作る私たち
　　　（身につけるべき思考力、判断力、表現力等）
　　　（ア）社会に参画する自立した主体とは、孤立して生きるのではなく、地域社会などの様々な集団の一員
　　　　　として生き、他者との協働により当事者として国家・社会などの公共的な空間を作る存在であること
　　　　　について多面的・多角的に考察し、表現すること。
　（2）公共的な空間における人間としての在り方生き方
　　　（身につけるべき思考力、判断力、表現力等）
　　　（ア）倫理的価値の判断において、行為の結果である個人や社会全体の幸福を重視する考え方と、行為の
　　　　　動機となる公正などの義務を重視する考え方などを活用し、自らも他者も共に納得できる解決方法を
　　　　　見いだすことに向け、思考実験など概念的な枠組みを用いて考察する活動を通して、人間としての在
　　　　　り方生き方を多面的・多角的に考察し、表現すること。
　（3）公共的な空間における基本的原理
　　　（身につけるべき思考力、判断力、表現力等）
　　　（ア）公共的な空間における基本的原理について、思考実験など概念的な枠組みを用いて考察する活動を
　　　　　通して、個人と社会との関わりにおいて多面的・多角的に考察し、表現すること。
B　自立した主体としてよりよい社会の形成に参画する私たち
C　持続可能な社会づくりの主体となる私たち

(10) 原宏史・金原洋輔 (2019)「中学校社会科公民的分野と高等学校公民科「公共」を接続する中学校社会科授業の開発—「対立と合意」・「効率と公正」・「希少性」と「幸福、正義、公正」の接続に着目して—」、『東海学園大学研究紀要：人文科学研究編』(24)、pp.59-74.

を持った人間の育成を目指すものである。この学習は、中学公民分野の正義と公正の考え方、対立から合意形成にむけての解決方法を探る学習活動との接続が強く想起される[10]。ここでも、中高の学習のつながりが強く意識されていることがわかる。

「公共の扉」における正義と公正の考え方の基盤となる思想として、近年の政治経済の教科書にも登場するようになったマイケル・サンデルのコミュニタリアニズム（共同体主義）の思想や、個人の自由な市場経済原理に社会を委ねようとするジョン・ロールズなどに代表されるリバタリアニズムなどが挙げられる。そこでは、市場化の原理が拡大する現代にあって公共空間に生まれる公と私のあり方について考える学習活動が一層重視される。項目Aの（2）には「公共的な空間における人間としての在り方生き方」について身につけるべき思考力、判断力、表現力が、次のように示されている（下線部は筆者による）。

（ア）倫理的価値の判断において、<u>行為の結果である個人や社会全体の幸福を重視する考え方</u>と、<u>行為の動機となる公正などの義務を重視する考え方</u>などを活用し、<u>自らも他者も共に納得できる解決方法を見いだすこと</u>に向け、思考実験など概念的な枠組みを用いて考察する活動を通して、人間としての在り方生き方を多面的・多角的に考察し、表現すること。

現行の中学校教科書では、こうした公正・正義をもとにした話し合いの学習例としてマンションの管理組合における話し合いや、クラブ活動同士の校庭利用の決め方などが挙げられているが、高校では今後問題となる出生前診断による産み分けのような生命倫理の問題、国境を越える移民や外国人労働者の問題などが事例として挙げられる可能性がある。いずれも個人の自由な選択か、もしくは制限されるべき選択なのか、社会的公正に照らして生徒自らが考えることが求められる。

（2）「倫理」と「政治経済」における変化

従来の科目「現代社会」で扱われた青年期の特徴についての学習は、「倫理」の項目Aの（1）に追加される形となって登場している。

（ア）個性、感情、認知、発達などに着目して、豊かな自己形成に向けて、他者と共によりよく生きる自己の生き方についての思索を深めるための手掛かりとなる様々な人間の心の在り方について理解すること。

ここでは、青年期という言葉はないが、個性、感情、認知、発達といったことから、アイデンティティ、葛藤・合理化といった防衛機制（フロイト）、発達段階としてのメタ認知といった内容の学習が想起される。これまで必修科目の「現代社会」で行われていた青年期の自己形成の段階についての学習は、高校生として不安定な時期を過ごす生徒にとっては自己を見つめるよい機会であったが、これからは「倫理」を選択履修する生徒たちにしか、そうした学習の機会がないことは残念である。

次に、もう一つの公民科目「政治経済」であるが、大きな変化としては「国際社会」について新たな項目が立てられたことが挙げられる。現行学習指導要領における「政治経済」では、最初に現代の政治、次に現代の経済の順でその仕組みや特質を学び、最後に日本社会や国際社会にある課題を学習する流れであったが、新学習指導要領では、項目A「現代日本における政治・経済の諸課題」についての学習に続いて、**項目B「グローバル化する国際社会の諸問題」が立てられている**（**資料8**参照）。大規模な内容追加となっており、グローバル化の進展から国際政治・国際経済が絡んだ諸問題が日本の将来にとって大変重要な事項であり、生徒自らにこれらの諸課題に取り組ませることで、これからの多難とされる日本社会を生き抜く人間の養成に努めていることを強く感じさせるものになっている。

「倫理」および「政治経済」は、全体として「公共」の科目を強く意識するような内容となっており、これからの日本の在り方や、日本における人々の生き方とは何かを強く考えさせ、意識させるものになっているといえる。

資料8 「政治経済」に追加された項目B「グローバル化する国際社会の諸課題」

（1）現代の国際政治・国際経済

　平和と人類の福祉に寄与しようとする自覚を深めることに向けて、個人の尊厳と基本的人権の尊重、対立、協調、効率、公正などに着目して、現代の諸課題を追究したり解決に向けて構想したりする活動を通して、次の事項を身に付けることができるよう指導する。

　ア　次のような知識及び技能を身に付けること。

　　（ア）国際社会の変遷、人権、国家主権、領土（領海、領空を含む。）などに関する国際法の意義、国際連合をはじめとする国際機構の役割、我が国の安全保障と防衛、国際貢献について、現実社会の諸事象を通して理解を深めること。

　　（イ）貿易の現状と意義、為替相場の変動、国民経済と国際収支、国際協調の必要性や国際経済機関の役割について、現実社会の諸事象を通して理解を深めること。

　　（ウ）現代の国際政治・経済に関する諸資料から、課題の解決に向けて考察、構想する際に必要な情報を適切かつ効果的に収集し、読み取る技能を身に付けること。

　イ　次のような思考力、判断力、表現力等を身に付けること。

　　（ア）国際社会の特質や国際紛争の諸要因を基に、国際法の果たす役割について多面的・多角的に考察し、表現すること。

　　（イ）国際平和と人類の福祉に寄与する日本の役割について多面的・多角的に考察、構想し、表現すること。

　　（ウ）相互依存関係が深まる国際経済の特質について多面的・多角的に考察し、表現すること。

　　（エ）国際経済において果たすことが求められる日本の役割について多面的・多角的に考察、構想し、表現すること。

（2）グローバル化する国際社会の諸課題の探究

　社会的な見方・考え方を総合的に働かせ、他者と協働して持続可能な社会の形成が求められる国際社会の諸課題を探究する活動を通して、次の事項を身に付けることができるよう指導する。

　ア　グローバル化に伴う人々の生活や社会の変容、地球環境と資源・エネルギー問題、国際経済格差の是正と国際協力、イノベーションと成長市場、人種・民族問題や地域紛争の解決に向けた国際社会の取組、持続可能な国際社会づくりなどについて、取り上げた課題の解決に向けて政治と経済とを関連させて多面的・多角的に考察、構想し、よりよい社会の在り方についての自分の考えを説明、論述すること。

（川上具美）

生活科
―教育課程の「交差点」としての生活科―

> **本節のポイント**
>
> 生活科の教科としての性格は、幼児教育との親和性が高いため、スタートカリキュラムの要としての役割や、中学年以降の学習への橋渡しが期待されている。その特徴を理解し、就学前段階と小学校との教育課程の接続について学習する。

1　教育課程上の役割

　生活科は1989（平成元）年に創設された。同時に小学校低学年（1・2年）における「理科」「社会科」が廃止されたため、形式上代替されたようにみえる。しかし、1989年改訂の学習指導要領の理念でもあった「自立への基礎を培う」という教育理念が新しい**スコープ**と**シークエンス**により具体化された教科であるため、旧来の理科・社会科の合科・総合的な教科としてのみとらえることは適切ではない。吉冨・田村（2014）は、新教科として誕生した生活科の基本的考えについて、「総合的な指導」「子ども中心」「体験や活動によって学ぶ」「能力開発を重視する」という4点を挙げている[1]。合科・総合という側面に加え、具体的な体験を重視し、知識偏重からの脱却という意図に基づき、近年「**非認知的能力**」「**社会情動的スキル**」と呼ばれ注目されている「ソフト・スキル」の育成に焦点化している点で、創設時においてすでに**主体的・対話的で深い学び（アクティブ・ラーニング）**の萌芽を看取できる。**主体的・対話的で深い学び**への転換を掲げた2017（平成29）年の学習指導要領改訂を「教育課程全体に生活科・総合的学習の時間の考え方が広がる方向性が生まれた」[2]とする指摘は誇張ではない。
　同時に創設当初から、生活科には就学前教育と小学校教育との「断絶」を解消する役割が期待されていた[3]。そして、就学前段階の「遊び」を中心とした学びと、小学校以降の教科学習とを架橋し、**円滑な接続**を図るという教育課程上の役割は、新学習指導要領において一層強化されている（資料1）。また、中学年以降のより抽象度の高い学習内容や、総合的学習の時間において重要となる「探究的活動」の基盤としての性格も有する。このように、就学前段階と小学校をつなぎ、小学校低学年と中学年とをつなぐ「学びの交差点」[4]としての役割を担う。

2　スタートカリキュラムの要としての生活科

　生活科の教科としての性格は、幼児教育と親和性が高い。資料2の通り、生

（1）吉冨芳正・田村学（2014）『新教科誕生の軌跡―生活科の形成過程に関する研究』東洋館出版社、pp.134-135.

（2）田村学編著（2017）『小学校新学習指導要領の展開』明治図書、p.10.

（3）中野重人（1990）「生活科は小学校教育をどう変えるか」『現代教育科学』No.401、明治図書、pp.5-16.

（4）田村は、教育課程の「結節点」と表現している。田村、前掲、p.16.

> **資料1** 『小学校学習指導要領（平成29年告示）解説生活編』第1章総説
> 2生活科改訂の趣旨及び要点
> （2）改訂の要点

①改訂の基本的な考え方

・生活科においては、言葉と体験を重視した前回の改訂の上に、幼児期の教育とのつながりや小学校低学年における各教科等における学習との関係性、中学年以降の学習とのつながりも踏まえ、具体的な活動や体験を通して育成する資質・能力（特に「思考力、判断力、表現力等」）が具体的になるよう見直すこととした。

②目標の改善

・具体的な活動や体験を通じて、「身近な生活に関する見方・考え方」を生かし、自立し生活を豊かにしていくための資質・能力を育成することを明確化した。

③内容構成の改善

・学習内容を〔学校、家庭及び地域の生活に関する内容〕、〔身近な人々、社会及び自然と関わる活動に関する内容〕、〔自分自身の生活や成長に関する内容〕の三つに整理した。

④学習内容、学習指導の改善・充実

・具体的な活動や体験を通じて、どのような「思考力、判断力、表現力等」の育成を目指すのかが具体的になるよう、各内容項目を見直した。

・具体的な活動や体験を通して気付いたことを基に考え、気付きを確かなものとしたり、新たな気付きを得たりするようにするため、活動や体験を通して気付いたことなどについて多様に表現し考えたり、「見付ける」、「比べる」、「たとえる」、「試す」、「見通す」、「工夫する」などの多様な学習活動を行ったりする活動を重視することとした。

・動物の飼育や植物の栽培などの活動は2学年間にわたって取り扱い、引き続き重視することとした。

・各教科等との関連を積極的に図り、低学年教育全体の充実を図り、中学年以降の教育に円滑に移行することを明示した。特に、幼児期における遊びを通した総合的な学びから、各教科における、より自覚的な学びに円滑に移行できるよう、入学当初において、生活科を中心とした合科的・関連的な指導などの工夫（スタートカリキュラム）を行うことを明示した。

なお、これまでは国語科、音楽科、図画工作科の各教科において、幼児期の教育との接続及び入学当初における生活科を中心としたスタートカリキュラムについて規定していたが、今回の改訂では、低学年の各教科等（国語科、算数科、音楽科、図画工作科、体育科、特別活動）にも同旨を明記したところである。

活科において児童の意欲や主体性を重視し、体験を通して**資質・能力**の育成を図るという考え方は、幼稚園教育要領における「**環境を通して行う教育**」の考え方と軌を一にしている。したがって、幼児教育との教育課程間の接続の要として位置づけられ、各学校は、生活科を中心とした**スタートカリキュラム**（生活科を中心とした合科的・関連的な指導などの工夫[5]）として具体化することを求められている。

スタートカリキュラムは、2008（平成20）年『小学校学習指導要領解説生活編』において、就学前段階と小学校との教育課程上の円滑な接続のためのカリキュラム編成上の手立てとして初めて示された。それは、「幼小の教育システム間の「段差」を部分的に縮小する」ための規定であった[6]。そして2017年改訂において、創設時の生活科に期待されていた役割が、小学校1年生のカリキュラム全体に拡張された。それに伴い、生活科はその「要」としての役割を新たに付与された。幼稚園教育要領等（保育所保育指針・幼保連携型認定こども園教育・保育要領）に示されている「**幼児期の終わりまでに育ってほしい姿**」を踏まえつつ、各学校は児童や地域の実情に応じた**スタートカリキュラム**を策定し、子どもたちの幼児期の終わりまでの学びを小学校で引き受け、より一層伸長することが課題となる（資料3）。架け橋期の教育[7]においても、架け橋期のカリキュラムの充実において、生活科の果たす役割は引き続き大きい。

このような形で、小学校移行期の教育課程上の接続の推進がナショナル・カリキュラムに明文化されている国はそれほど多くない。OECD（2017）は、小学校移行期に関する報告書において日本の事例を挙げ、「**小1プロブレム**」により小学校移行期に関心が集まり、制度的な規定が整備される過程を紹介している[8]。教育課程上の接続に関しては、国際的にみても評価されるべき条件整備が進みつつあるといえる。

③ 教育課程上の接続を越えて

新学習指導要領の背景となった中央教育審議会答申では、「幼児期に総合的にはぐくまれた資質・能力や、子供たちの成長を、各教科等の特質に応じた学びにつなげていくことが求められる」とされている[9]。しかし、先行研究ではしばしば、就学前段階と小学校との「指導文化」の差異が指摘されている[10]。したがって両者の接続が、教育課程上の接続のみによって達成されるというのは楽観的な見通しであるといえる。架け橋期カリキュラムは、幼保小が協働して作成することが求められている。その過程において、相互理解が促進されることを期待したい。

(5) 文部科学省（2017）『小学校学習指導要領（平成29年告示）解説生活編』、p.7.

(6) 福元真由美（2014）「幼小接続カリキュラムの動向と課題—教育政策における2つのアプローチ—」『教育学研究』第81巻4号、p.16.

(7) 中央教育審議会（2023）「学びや生活の基盤をつくる幼児教育と小学校教育の接続について〜幼保小の協働による架け橋期の教育の充実〜」において、5歳児から小学校1年生までの2年間を「架け橋期」としてその教育の充実を図っている。Ⅳ-16参照。

(8) OECD (2017), Starting Strong V: Transitions from Early Childhood Education and Care to Primary Education, p.44.

(9) 中央教育審議会（2016）「幼稚園、小学校、中学校、高等学校及び特別支援学校の学習指導要領等の改善及び必要な方策等について」（答申）、p.120.

(10) 加藤美帆・高濱裕子・酒井朗・本山方子・天ケ瀬正博（2011）「幼稚園・保育所・小学校連携の課題とは何か」『お茶の水女子大学人文科学研究』7、pp.87-98.

資料2 生活科の学習指導の特質
（『小学校学習指導要領（平成29年告示）解説生活編』「第5章　指導計画の作成と学習指導　第1節　生活科における指導計画と学習指導の基本的な考え方　2学習指導の特質」より抜粋（pp.75-76））

①児童の思いや願いを育み、意欲や主体性を高める学習活動にすること
②児童の身近な生活圏を活動や体験の場や対象にし、本来一体となっている人や社会、自然と身体を通して直接関わりながら、自らの興味・関心を発揮して具体的な活動や体験を行うことを重視すること
③活動や体験の中で感じたり考えたりしている児童の姿を丁寧に見取り、働きかけ、活動の充実につなげること
④表現したり、行為したりすることを通して、働きかける対象についての気付きとともに、自分自身についての気付きをもつことができるようにすること

資料3 スタートカリキュラムをデザインする基本的な考え方
（文部科学省・国立教育政策研究所・教育課程研究センター（2018）『発達や学びをつなぐスタートカリキュラム—スタートカリキュラム導入・実践の手引き』p.10

○一人ひとりの児童の成長の姿からデザインしよう

　　入学時の児童の発達や学びには個人差があり、それぞれの経験や幼児期の教育を考慮したきめ細かい指導が求められる。そのため、「幼児期の終わりまでに育ってほしい姿」を踏まえるなどして、幼児の発達や学びの様子を理解した上で、カリキュラムをデザインすることが重要である。

○児童の発達の特性を踏まえて、時間割や学習活動を工夫しよう

　　入学当初の児童の発達の特性やこの時期の学びの特徴を踏まえて、10分から15分程度の短い時間を活用して時間割を構成したり、具体的な活動の伴う学習活動を位置付けたりするような工夫が必要である。また、児童の意欲の高まりを大切にして、自らの思いや願いの実現に向けた活動をゆったりとした時間の中で進めていけるように活動時間を設定することなども考えられる。

○生活科を中心に合科的・関連的な指導の充実を図ろう

　　自分との関わりを通して総合的に学ぶという、この時期の児童の発達の特性を踏まえ、生活科を中心とした合科的・関連的な指導の充実を図ることが重要である。このような指導により、児童の意識の流れに配慮したつながりのある学習活動を進めていくことが可能となる。

○安心して自ら学びを広げていけるような学習環境を整えよう

　　児童が安心感をもち、自分の力で学校生活を送ることができるように学習環境を整えることが重要である。児童の実態を踏まえること、人間関係が豊かに広がること、学習のきっかけが生まれることなどの視点で、児童を取り巻く学習環境を見直す必要がある。

（垂見直樹）

IV-6 小学校 外国語活動・外国語科
—新しく始まる外国語教育の特徴—

本節のポイント

移行期を経て2020年度から全面実施される外国語活動・外国語科。その「見方・考え方」とは。教科化に当たり、専門性の高い教科指導を行う小学校教員養成課程の外国語（英語）コア・カリキュラムとは。近年、各自治体で広がる英語教育コーディネーターの活用とは。ここでは、新しく始まる外国語教育の特徴等に触れてみたい。

1 外国語活動・外国語科について

（1）文部科学省『小学校学習指導要領（平成29年告示）解説 外国語活動・外国語編』

学習指導要領は、育成を目指す三つの柱[1]としてその資質・能力を示したため、外国語活動の目標・内容についてもこの三つの柱に沿った構成をしている。特に、以前の外国語活動は領域を設定していなかったが、今回、（1）聞くこと、（2）話すこと［やり取り］、（3）話すこと［発表］の三つの領域が設定されている。話すことは、［やり取り］と［発表］に分けられている。双方向で**［やり取り］**をする場面が重要視されており、言語習得の面からも効果が高いとされる。直山・平木[2]（2016）も「児童が外国語を用いて他者とやり取りをすることで、新しい情報を得たり、心が動いたりするとともに、言葉の有用性や言葉でやり取りする大切さを体験的に理解することにつながる」と述べており、他者や指導者とのやり取りには、主体的・対話的で深い学びが意識されている。

（2）直山木綿子・平木 裕（2016）「外国語教育における授業改善のポイント」『新教育課程ライブラリVol.11』ぎょうせい、pp.84-85.

下表は、小学校中学年の外国語活動及び高学年の外国語科、中学校の外国語科の目標（表1）である。高学年のコミュニケーションを図る**「基礎」**とは、中学年の外国語活動の目標及び中学校の外国語科の目標を踏まえて設定されたものとなっている。小学校までの学習の成果が中学校教育に円滑に接続されることで、目指す資質・能力を児童が確実に身に付けることを踏まえたものとされる。

表1　外国語活動・外国語科における学習指導要領　第1目標

小学校　中学年	小学校　高学年	中学校
外国語によるコミュニケーションにおける見方・考え方を働かせ、外国語による聞くこと、話すことの言語活動を通してコミュニケーションを図る素地となる資質・能力を次の通り育成することを目指す。	外国語によるコミュニケーションにおける見方・考え方を働かせ、外国語による聞くこと、読むこと、話すこと、書くことの言語活動を通してコミュニケーションを図る**基礎**となる資質・能力を次の通り育成することを目指す。	外国語によるコミュニケーションにおける見方・考え方を働かせ、外国語による聞くこと、読むこと、話すこと、書くことの言語活動を通して、簡単な情報や考えなどを理解したり表現したり伝え合ったりするコミュニケーションを図る資質・能力を次の通り育成することを目指す。

IV-6 小学校 外国語活動・外国語科 ―新しく始まる外国語教育の特徴―

小学校教員養成課程 外国語（英語）コア・カリキュラム構造図

・授業設計と指導技術の基本を身に付ける。
・小学校において外国語活動・外国語の授業ができる国際的な基準であるCEFR B1レベルの英語力を身に付ける。

外国語・外国語活動において育成を目指す資質・能力

（「小学校学習指導要領（案）パブリックコメント版」「幼稚園、小学校、中学校、高等学校及び特別支援学校の学習指導要領等の改善及び必要な方策等について（答申）別添資料」より作成）

知識・技能
・外国語の特徴やきまりに関する理解
・言語の働きに関する理解
・外国語の音声や文字、語彙、表現、文構造などを、「聞くこと」「読むこと」「話すこと」「書くこと」による実際のコミュニケーションにおいて活用できる技能　など

思考力・判断力・表現力等
◆情報を整理しながら考えなどを形成し、外国語で表現したり、伝え合ったりすることに関する指導
・自分のことや身近で簡単な事柄について、簡単な語句や基本的な表現を使って、相手に配慮しながら、伝え合うこと。
・身近で簡単な事柄について、自分の考えや気持ちなどが伝わるよう、工夫して質問をしたり質問に答えたりすること。
・身近で簡単な事柄について、伝えようとする内容を整理した上で、簡単な語句や基本的な表現を用いて、自分の考えや気持ちなどを伝え合うこと。
・身近で簡単な事柄について、音声で十分に慣れ親しんだ簡単な語句や基本的な表現を推測しながら読んだり、語順を意識しながら書いたりすること。　など

学びに向かう力・人間性等
・外国語を通じて、言語やその背景にある文化を理解しようとする態度
・主体的に外国語を用いてコミュニケーションを図ろうとする態度
・他者に配慮しながら、外国語で聞いたり読んだりしたことを活用して、自分の考えや気持ちなどを外国語で話したり書いたりして表現しようとする態度　など

外国語の指導法【2単位程度を想定】

授業実践に必要な知識・理解

小学校外国語教育についての基本的な知識・理解
○学習指導要領
○主教材
○小・中・高等学校の連携と小学校の役割
○児童や学校の多様性への対応

子どもの第二言語習得についての知識とその活用
○言語使用を通した言語習得
○音声によるインプットの内容を類推し、理解するプロセス
○児童の発達段階の特徴を踏まえた音声によるインプットの在り方
○コミュニケーションの目的や場面、状況に応じて他者に配慮しながら、伝え合うこと
○受信から発信、音声から文字へと進むプロセス
○国語教育との連携等によることばの面白さや豊かさへの気づき

授業実践

指導技術
○英語での語りかけ方
○児童の発話の引き出し方、児童とのやり取りの進め方
○文字言語との出合わせ方、読む活動・書く活動への導き方

授業づくり
○題材の選定、教材研究
○学習到達目標、指導計画（1時間の授業づくり、年間指導計画・単元計画・学習指導案等）
○ALT等とのティーム・ティーチングによる指導の在り方
○ICT等の活用の仕方
○学習状況の評価（パフォーマンス評価や学習到達目標の活用を含む）

授業観察や体験

授業担当教員による実演を児童の立場で体験

授業映像の視聴や授業の参観

模擬授業

計画 → 準備 → 実施 → 振り返り → 改善

外国語に関する専門的事項【1単位程度を想定】

授業実践に必要な英語力と知識

授業実践に必要な英語力
○聞くこと
○話すこと（やり取り・発表）
○読むこと
○書くこと

英語に関する背景的な知識
○英語に関する基本的な知識（音声・語彙・文構造・文法・正書法等）
○第二言語習得に関する基本的な知識
○児童文学（絵本、子ども向けの歌や詩等）
○異文化理解

※「外国語の指導法」及び「外国語に関する専門的事項」については、両者を統合する科目を設定することも可能である。

※図中の学習項目は、それぞれを1回の授業で扱うことを意味しているのではなく、必ず扱うべき内容であることを示している。

図1　小学校教員養成課程　外国語（英語）コア・カリキュラム　構造図

2 ▶ 外国語活動・外国語科における「見方・考え方」

　学習指導要領[1]によれば、「**外国語によるコミュニケーションにおける見方・考え方**」とは、「外国語で表現し伝え合うため、外国語やその背景にある文化を、社会や世界、他者との関わりに着目して捉え、コミュニケーションを行う目的や場面、状況等に応じて、情報を整理しながら考えなどを形成し、再構築すること」であると示されている。前半が見方であり、後半が考え方である。「**見方**」は、つまり、外国語やその文化といった背景に注目することである。「**考え方**」は、人々との対話の中で、目的や場面、状況等に応じて、何を伝えたらよいかを考え整理したり、どのような表現をすべきかを考えたりすることである。

3 ▶ 高学年における「読むこと」「書くこと」を加えた教科の導入

　外国語科においては、「**読むこと**」「**書くこと**」の領域が新たに加わっている。「**読むこと**」の領域目標は「ア　活字体で書かれた文字を識別し、その読み方を発音することができるようにする」とある。活字体で書かれた文字を識別し、文字を見てその名称が発音できることを求めている。文字の読み方が発音されるのを聞き、どの文字かが分かるのが中学年の目標であり、文字を見たときにそれが読めるのが高学年の目標である。他に「イ　音声で十分慣れ親しんだ簡単な語句や基本的な表現の意味が分かるようにする」では、パンフレットなどから自分が必要とする情報を得たり、絵本などに書かれている簡単な語句や基本的な表現を識別したりするなど、語句や表現を推測して読むようにすることが示されている。

　「**書くこと**」の目標は、「ア　大文字、小文字を活字体で書くことができるようにする。また、語順を意識しながら音声で十分に慣れ親しんだ簡単な語句や基本的な表現を書き写すことができるようにする。」とある。活動例としては、大文字は線対称、点対称、直線、曲線で成り立つものなど、その文字の特徴に気付かせる。小文字は、4線上に書くが2線と3線の間を広く取り、文字を書きやすいようにするなどの工夫もできる。「書くこと」については、「書き写す」レベルの技能であることを十分に理解しておく必要がある。決して、高学年の新教材で多用されている英語の語句や表現の全てについて、読めたり書けたりできることを目指している訳ではない。

4 ▶ 外国語（英語）コア・カリキュラムについて

　外国語活動は教科ではないため、小学校教諭の免許を取得するに当たり、英語の指導法を学ぶことは必修となっていない。だが、小学校高学年の英語を教科化

［１］外国語の指導法
【２単位程度を想定】

１．授業実践に必要な知識・理解
（１）小学校外国語教育についての基本的な知識・理解
○学習指導要領
・小学校外国語教育の変遷、小学校の外国語活動・外国語、中・高等学校の外国語科の目標・内容について理解している。
○主教材
・主教材の趣旨・構成・特徴について理解している。
○小・中・高等学校の連携と小学校の役割
・小・中・高等学校の連携と小学校の役割について理解している。
○児童や学校の多様性への対応
・様々な指導環境に柔軟に対応するため、児童や学校の多様性への対応について、基礎的な事柄を理解している。

（２）子どもの第二言語習得についての知識とその活用
○言語使用を通した言語習得
・言語使用を通して言語を習得することを理解し、指導に生かすことができる。
○音声によるインプットの内容を類推し、理解するプロセス
・音声によるインプットの内容の類推から理解へと進むプロセスを経ることを理解し、指導に生かすことができる。
○児童の発達段階を踏まえた音声によるインプットの在り方
・児童の発達段階を踏まえた音声によるインプットの在り方を理解し、指導に生かすことができる。
○コミュニケーションの目的や場面、状況に応じて他者に配慮しながら、伝え合うこと
・コミュニケーションの目的や場面、状況に応じて意味のあるやり取りを行う重要性を理解し、指導に生かすことができる。
○受信から発信、音声から文字へと進むプロセス
・受信から発信、音声から文字へと進むプロセスを理解し、指導に生かすことができる。
○国語教育との連携等によることばの面白さや豊かさへの気づき

・国語教育との連携等によることばの面白さや豊かさへの気づきについて理解し、指導に生かすことができる。

２．授業実践
（１）指導技術
○英語での語りかけ方
・児童の発話につながるよう、効果的に英語で語りかけることができる。
○児童の発話の引き出し方、児童とのやり取りの進め方
・児童の英語での発話を引き出し、児童とのやり取りを進めることができる。
○文字言語との出合わせ方、読む活動・書く活動への導き方
・文字言語との出合わせ方、読む活動・書く活動への導き方について理解し、指導に生かすことができる。

（２）授業づくり
○題材の選定、教材研究
・題材の選定、教材研究の仕方について理解し、適切に題材選定・教材研究ができる。
○学習到達目標、指導計画（１時間の授業づくり、年間指導計画・単元計画・学習指導案等）
・学習到達目標に基づいた指導計画（年間指導計画・単元計画・学習指導案、短時間学習等の授業時間の設定を含めたカリキュラム・マネジメントなど）について理解し、学習指導案を立案することができる。
○ALT等とのティーム・ティーチングによる指導の在り方
・ALT等とのティーム・ティーチングによる指導の在り方について理解している。
○ICT等の活用の仕方
・ICT等の効果的な活用の仕方について理解し、指導に生かすことができる。
○学習状況の評価（パフォーマンス評価や学習到達目標の活用を含む）
・学習状況の評価（パフォーマンス評価や学習到達目標の活用を含む）について理解している。

［２］外国語に関する専門的事項
【１単位程度を想定】

１．授業実践に必要な英語力と知識
（１）授業実践に必要な英語力
○聞くこと
・授業実践に必要な聞く力を身に付けている。
○話すこと（やり取り・発表）
・授業実践に必要な話す力（やり取り・発表）を身に付けている。
○読むこと
・授業実践に必要な読む力を身に付けている。
○書くこと
・授業実践に必要な書く力を身に付けている。

（２）英語に関する背景的な知識
○英語に関する基本的な知識（音声・語彙・文構造・文法・正書法等）
・英語に関する基本的な事柄（音声・語彙・文構造・文法・正書法等）について理解している。
○第二言語習得に関する基本的な知識
・第二言語習得に関する基本的な事柄について理解している。
○児童文学（絵本、子ども向けの歌や詩等）
・児童文学（絵本、子ども向けの歌や詩等）について理解している。
○異文化理解
・異文化理解に関する事柄について理解している。

※○は学習項目及び研修項目、・はそれぞれの到達目標を示す。

図２　小学校教員養成課程　外国語（英語）コア・カリキュラム　学習項目と到達目標

するに当たり、より専門性の高い教科指導を行う指導者の養成が必要とされる。

　平成27年12月21日中央教育審議会「これからの学校教育を担う教員の資質能力の向上について（答申）」では、指導力向上を図るため、大学、教育委員会等が参画して養成・研修に必要な**外国語（英語）コア・カリキュラム**開発を行い、課程認定の際の審査や各大学による教職課程の改善・充実の取組に活用できるようにする旨、提言されている。

　東京学芸大学は、文部科学省委託事業「英語教員の英語力・指導強化のための調査研究事業」[3]において、**小学校教員養成課程　外国語（英語）コア・カリキュラム構造図**（図１）を、**小学校教員養成課程　外国語（英語）コア・カリキュラム　学習項目と到達目標**（図２）を作成している。「小学校教員養成外国語（英語）コア・カリキュラム」は、「外国語の指導法【２単位を想定】」及び「外国語に関する専門事項【１単位程度を想定】」で構成されている。提案されたコア・カリキュラムを基に、各大学等で検討されることとなる。

5　英語教育コーディネーターの活用

　大学の教職課程において、外国語に関する教授法を教わっていないため、現職教員から、指導・評価を不安視する声は少なくない。各自治体は、2020度の全面実施に向け、ここ数年で早急に全教員対象に「外国語活動の指導力向上研修」や「中核教員研修」（各校１名）を実施し、専門性を高めようとしている。だが、未だ指導体制が充実されているとは言い難い。

　こうした中、文部科学省は、「小学校外国語活動・外国語科ハンドブック」[4]を作成し、指導力向上への取組事例を紹介している。「巡回教員や専科教員（コーディネーター）、兼務教員等を活用して、小学校教員の指導力向上を図る〜宮若市、宗像市、糸島市における事例〜福岡県教育委員会」から、福岡県糸島市の**英語教育コーディネーター**を活用した取組（図３）を以下に示す。

　糸島市教育委員会は、平成28年度から教育課程特例申請を行い、市内の全小学校の中学年から外国語活動の授業を開始している。これを契機に、市内の小学校を計画的に巡回して小学校教員を指導する英語教育コーディネーター（中学校の退職教員）を市教育委員会に配置している。英語教育コーディネーターは、中学年の授業の一部に入り、学級担任とともにティーム・ティーチングを行い、PDCAサイクルによる授業改善に取り組んでいる。以下は、その具体的な内容である。ティーム・ティーチングによる授業の実施は、教員の実態に応じた研修の機会となっている。

（１）ティーム・ティーチングによる授業の前に訪問し、児童の実態や学級担任の課題を把握するとともに、単元のねらいや授業で行う活動の目的、指導のポイント等について学級担任に指導する。

（２）学級担任の役割分担を明確にしたティーム・ティーチングを実施する。

（３）文部科学省　教員養成部会（第98回）配布資料「資料6-3　教員養成・研修　外国語（英語）コア・カリキュラム【ダイジェスト版】（※PDF東京学芸大学ウェブサイトへリンク）〈http://www.u-gakugei.ac.jp/˜estudy〉（Date:2019/07/23）

（注）近年、全国の自治体で同様の取組が行われつつあり、コーディネーターの呼称は、各自治体によって異なる。本書では、「英語教育コーディネーター」という表現で統一することとする。

（４）文部科学省「教員の指導力向上を図る取組事例」『小学校外国語活動・外国語科ハンドブック』、2017.9.26、pp.196-199.

IV-6 小学校 外国語活動・外国語科 —新しく始まる外国語教育の特徴—

・これまでの外国語活動の学習の経験がない小学校中学年において、楽しく学ぶことができる外国語活動が必要である。
・これまでの外国語活動の指導の経験がない小学校教員の指導力向上が必要である。

対策 ○退職教員を英語教育コーディネーターとして活用し、市内の小学校を巡回して授業の支援や校内研修を実施。

英語教育コーディネーター（中学校退職教員）
○英語教育コーディネーターとして市費で配置
○通常は市教育委員会に在籍し、小学校等を巡回して指導

TT授業の前には、各学校を訪問して事前に打ち合わせを行い、ねらいを明らかにして授業実施することを心掛けています。このことを通して、学級担任一人でも授業ができる力を身に付けてもらおうと考えています。

小中7年間を見通した学習指導に対する指導・助言
○市教育センター「英語力向上指導者研修」における指導・助言
・外国語活動及び外国語科の指導の在り方
※市内小中学校の外国語担当1名が参加する年間3回の研修会
○市教育委員会の事業である小中連携校区事業英語部会における小中学校間の橋渡し
・協議会における指導・助言
※同一中学校区の小学校と中学校英語教員が対象
※「中学事業」とは、小中間の連携を推進することを目的とする本市の独自事業

各小学校における指導
○校内研修の実施
・英語ワンポイントレッスン（英語のブラッシュアップ）
・小学校における外国語科・外国語活動の授業の在り方、年間カリキュラムの作成方法等について指導・助言
○TT授業支援
・事前訪問でTT授業の打ち合わせ（授業構想、活動内容等へのアドバイス）
・TT授業の実施と授業に対する指導・助言

外国語活動の年間カリキュラム・教材等の作成・再編成
○市内小学校の主幹教諭等と協力して年間カリキュラム編成・教材作成

英語ボランティア研修会の実施
○市教育委員会に登録している地域ボランティアの育成
・小学校における英語教育の意義、在り方について指導
・学級担任と協働する外国語活動の授業
・児童の発達段階とねらいに応じたコミュニケーション活動

図3　英語教育コーディネーターを活用した取組（福岡県糸島市）

（3）授業後に簡単な授業の振り返りを行い、当日の授業についての具体的なアドバイスを行うとともに、次の単元についての指導を行う。

○校内研修における英語教育コーディネーターの指導

　英語教育コーディネーターは、巡回する小学校において、全職員を対象とする校内研修を実施している。小学校教員の英語力向上を目的とする「英語ワンポイントレッスン」では、教員の英語に対する不安を取り除くために、授業で使用できる簡単な英語に楽しく触れさせている。また、外国語活動の授業の在り方、年間カリキュラムの作成方法等についても指導助言を行っている。なお、各小学校には、クラスルーム・イングリッシュを収録したCDを配布している。

○巡回指導に関する課題

　全国的に英語教育コーディネーターの活用は広がりつつある。だが、巡回回数をみると、学校規模によって回数が異なるのではないかと考えられる。英語教育コーディネーターの人員も限りがあるため、例えば、大規模校では週に1度の来校だが、小規模校となれば、月に1度の来校になる可能性もある。巡回回数の差が、学校間の学力差に繋がらないように考慮する必要がある。

参考文献
大城　賢　編著（2017）『平成29年度版小学校新学習指導要領ポイント総整理外国語』㈱東洋館出版社

（岩永裕次）

IV 7 体育科
— 保健体育科における改訂の要点、資質・能力と見方・考え方 —

本節のポイント

保健体育科の目標には、新たな用語として「体育や保健の見方・考え方を働かせ、課題を発見し」が明記されている。ここでは改訂の要点をおさえ、保健体育科における「資質・能力」と「見方・考え方」の関係性について触れていく。

1 保健体育科における改定の要点

中央教育審議会答申(1)で示された、平成20年改訂の学習指導要領の成果と課題（資料1）、改訂の基本的な考え方、改善の具体的事項といった改訂の趣旨に従って、中学校保健体育科では、生涯にわたって運動やスポーツに親しみ、スポーツとの多様な関わり方を場面に応じて選択し、実践することができるよう、「知識及び技能」、「思考力、判断力、表現力等」、「学びに向かう力、人間性等」（資質・能力の三つの柱）の育成を重視するとともに、個人生活における健康・安全についての「知識及び技能」、「思考力、判断力、表現力等」、「学びに向かう力、人間性等」（資質・能力の三つの柱）の育成を重視して改善を図った。

(1) 中央教育審議会答申（平成28年12月）「幼稚園、小学校、中学校、高等学校及び特別支援学校の学習指導要領等の改善及び必要な方策等について」第2部第2章 p.186.

2 保健体育科における「資質・能力」について

育成を目指す資質・能力については、三つの柱（資料2）に沿って、運動や健康に関する「知識・技能」、運動課題や健康課題の発見・解決のための「思考力・判断力・表現力」、主体的に学習に取り組む態度や主体的に健康の保持増進と回復に取り組む態度等の「学びに向かう力・人間性」を育成することになる。

（1）知識及び技能について

平成20年改訂の学習指導要領では、「知識」は「思考・判断」と合わせて位置付けられていた。しかし、中学校学習指導要領（平成29年告示）解説保健体育編（以下、H29解説保健体育編と記す）では、「知識」と「技能」のまとまりで指導することになり、知識の理解を基に運動の技能を身に付けたり、運動の技能を身に付けることで知識の理解を深めることが重要になる。このように「わかる」と「できる」を関連付けながら指導し、評価することになるため、これまでのような「できる」「できない」の二極化された評価ではなくなる。そのため、運動の苦手な子どもたちの活躍できる場面が増えることが期待される。

> **資料1** 平成20年改訂の学習指導要領の成果と課題

○体育科、保健体育科については、生涯にわたって健康を保持増進し、豊かなスポーツライフを実現することを重視し、体育と保健との一層の関連や発達の段階に応じた指導内容の明確化・体系化を図りつつ、指導と評価の充実を進めてきた。

○その中で、運動やスポーツが好きな児童生徒の割合が高まったこと、体力の低下傾向に歯止めが掛かったこと、「する・みる・支える」のスポーツとの多様な関わりの必要性や公正、責任、健康・安全等、態度の内容が身に付いていること、子供たちの健康の大切さへの認識や健康・安全に関する基礎的な内容が身に付いていることなど、一定の成果が見られる。

○他方で、習得した知識や技能を活用して課題解決することや、学習したことを相手にわかりやすく伝えること等に課題があること、運動する子供とそうでない子供の二極化傾向が見られること、子供の体力について、低下傾向には歯止めが掛かっているものの、体力水準が高かった昭和60年ごろと比較すると、依然として低い状況が見られることなどの指摘がある。また、健康課題を発見し、主体的に課題解決に取り組む学習が不十分であり、社会の変化に伴う新たな健康課題に対応した教育が必要との指摘がある。

中央教育審議会答申（平成28年12月）「幼稚園、小学校、中学校、高等学校及び特別支援学校の学習指導要領等の改善及び必要な方策等について」第2部第2章 p.186.

> **資料2** 育成を目指す資質・能力の三つの柱

中央教育審議会答申（平成28年12月）「幼稚園、小学校、中学校、高等学校及び特別支援学校の学習指導要領等の改善及び必要な方策等について」補足資料 p.7.

（2）思考力・判断力・表現力について

　「思考・判断」に「表現力」の育成が加わった。自己や仲間の課題に応じて、これまでに学習した内容を学習場面に適用したり、応用したりすることで「思考・判断」の学習を充実させていく必要がある。また、自分の考えを自分の言葉で上手く表現できない子供が増えてきていることから、体育においても、仲間と対話し、じっくり考え、自分の思いをしっかり伝える力を身につけることが期待されている。思考・判断し、それを表現して他者に伝えることは、「主体的・対話的で深い学び」の実現に欠かせない。

（3）学びに向かう力・人間性について

　体育では多様性を尊重して、公正（ルールを守る）、協力（手伝う）、責任（自分の役割を果たす）、参画（自ら関わる）などに加え「共生」の視点が加わることになった。これは技能の程度や障害の有無に関わらず、誰もが共に運動を楽しめることを重視している。体育授業では仲間と関わり合う場面が頻出する。その中で、他者と豊かに関わり合う態度や互いを認め合ったり相手の気持ちと通じ合える力を身に付けることは、これからの社会を生き抜く子供にとって重要な視点と言える[2]。

（2）日野克博（2017）『平成29年度版 学習指導要領改訂のポイント 小学校・中学校体育・保健体育』明治図書出版株式会社、p.23.

3 「資質・能力」と「見方・考え方」の関係性について

　これらの資質・能力の中核になるのが、体育や保健の特質に根ざした「見方・考え方」である。「体育や保健の見方・考え方」について、H29解説保健体育編では、資料3のとおり示されている。体育分野においては、体力や技能の程度、年齢や性別、障害の有無等にかかわらず、運動やスポーツの特性や魅力を実感したり、運動やスポーツが多様な人々を結び付けたり豊かな人生を送ったりする上で重要であることを認識したりすることが求められる。これは、学習する対象や事象を「そのような視点で捉え、どのように思考していくか」を意味している。「見方・考え方」を働かせながら知識・技能を習得したり、「見方・考え方」が成長することで思考力・判断力・表現力等が深まっていく[3]。例えば「支える」ということは、大会などの運営に参加するだけでなく、授業の中で互いにアドバイスし合う活動でも十分仲間を支えることにつながることを自覚させることによって、効果的なアドバイスを送るために必要な知識を自ら得ようとしたり、仲間との関わり方を考えたりするなど、育成を目指す資質能力が生まれ、見方・考え方がさらに豊かになっていく[4]。

（3）日野克博（2017）『平成29年度版 学習指導要領改訂のポイント 小学校・中学校体育・保健体育』明治図書出版株式会社、p.15.

（4）高橋修一（2017）『体育科教育』大修館書店、p.19.

　このように「見方・考え方」を働かせた学習を通して、三つの柱を育むことで「資質・能力」が向上し、「資質・能力」が向上することで「見方・考え方」が更に豊かなものになっていく（資料4）。

> **資料3** 体育や保健の見方・考え方

○体育の見方・考え方については、生涯にわたる豊かなスポーツライフを実現する観点を踏まえ、「運動やスポーツを、その価値や特性に着目して、楽しさや喜びとともに体力の向上に果たす役割の視点から捉え、自己の適性に応じた『する・みる・支える・知る』の多様な関わり方と関連づけること」。

○保健の見方・考え方については、疾病や傷害を防止するとともに、生活の質や生きがいを重視した健康に関する観点を踏まえ、「個人及び社会生活における課題や情報を、健康や安全に関する原則や概念に着目して捉え、疾病等のリスクの軽減や生活の質の向上、健康を支える環境づくりと関連付けること」。

文部科学省『中学校学習指導要領（平成29年告示）解説保健体育編』第2章 p.25.

> **資料4** 「資質・能力」と「見方・考え方」の関係性

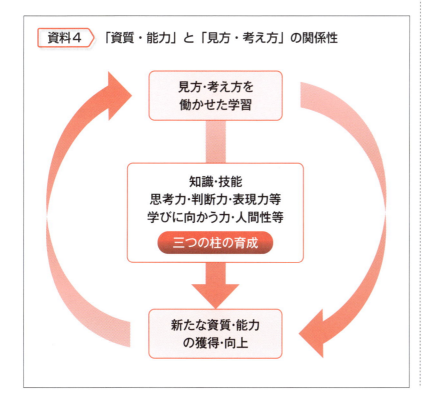

（田代智紀）

音楽科
―中学校音楽科における音楽的な資質・能力を指導するにあたっての考え方―

本節のポイント

・「生活や社会の中の音や音楽、音楽文化と豊かに関わる資質・能力」の獲得が目指される。
・進級に伴って、より客観的に音楽を評価する力を育むことが目指される。

平成29年版の学習指導要領では、音楽科においても「**知識・技能**」、「**思考力、判断力、表現力等**」、「**学びに向かう力、人間性等**」の柱に沿って指導方針が整理されたことで、その「質」の向上が目指された[1]。以下では「教科の目標」「各学年の目標」、これら２つの観点から改訂の要点を確認したい。

まず、「教科の目標」における変更は主に２つある。第一に、音楽科では育成が目指される資質・能力が具体的に言語化された（**資料１・２**）。こうした資質・能力は、音楽を形作っている要素とその働きの視点から、音や音楽を捉え、自己のイメージや感情、生活や社会、伝統や文化等と関連付ける学習活動を通して獲得される（**資料３**）。第二に、知識と技能の捉え方が詳細に記述された（**資料２（１）**）。知識とは、言語化された事柄をただ暗記するだけでなく、知覚（聴き取る）と感受（感じ取る）を含む音楽活動を通して獲得されるものであり、技能とは、音楽表現に対する思いや意図を音楽で表現する際に活用するものである[2]。

次に、「各学年の目標」において留意しておきたいのは、進級に伴い主観に加え客観的にも音楽を評価する力の育成が目指されるようになったことである。平成20年版は、第１学年における「音や音楽への興味・関心を**養い**」との表現が、第２・３学年では「興味・関心を**高め**」と示されているように、基礎的能力を高めることが目指される（**資料４**）。しかし平成29年版では、学習活動の多くが全ての学年で、他者との関わりの中で**協働的**に行われていくことが重視される。第２・３学年にかけて、音楽表現の創意工夫については「曲にふさわしい」が加えられるだけでなく、音楽の評価については「自分なりに」の記述がなくなる点もその現れといえよう（**資料５**）。このように、自身や他者との交流によって感じ方の違いに気づき、自己を見つめ直すことで客観的で他者と共有可能な解釈を行う力を育むことが目指されている。

以上の要点を踏まえ、教師は授業づくりの際に生徒が教科としての音楽を学ぶ意味や価値を理解できるよう心がけたい。さらに、後の彼らの人生における生活や社会の中の音や音楽、音楽文化との関わり方に意識を向け、指導の課程にそうした場面を適切に位置づける必要がある[3]。

(1) 大分県教育委員会（2017）『中学校学習指導要領の改訂及び新教育課程編成・実施のポイント（音楽）』

(2) 徳島県教育委員会（2017）『教育課程研究集会資料～学習指導要領の改訂のポイントについて～（中学校音楽科）』

(3) 文部科学省（2017）「第２章 音楽科の目標及び内容」『中学校学習指導要領（平成29年告示）解説音楽編』p.12.

資料1 　【平成20年版】中学校音楽科目標

　表現及び鑑賞の幅広い活動を通して、音楽を愛好する心情を育てるとともに、音楽に対する感性を豊かにし、音楽活動の**基礎的な能力**を伸ばし、音楽文化についての理解を深め、豊かな情操を養う。

資料2 　【平成29年版】中学校音楽科目標

　表現及び鑑賞の幅広い活動を通して、**音楽的な見方・考え方**を働かせ、生活や社会の中の音や音楽、音楽文化と豊かにかかわる**資質・能力**を次のとおり育成することを目指す。
- （1）曲想と音楽の構造や背景などとの関わり及び音楽の多様性について理解するとともに、創意工夫を生かした音楽表現をするために必要な技能を身に付けるようにする。
- （2）音楽表現を創意工夫することや、音楽のよさや美しさを味わって聴くことができるようにする。
- （3）音楽活動の楽しさを体験することを通して、音楽を愛好する心情を育むとともに、音楽に対する感性を豊かにし、音楽に親しんでいく態度を養い、豊かな情操を培う。

資料3 　音楽的な見方・考え方とは

　音楽に対する感性を働かせ、音や音楽を、音楽を形作っている要素とその働きの視点で捉え、自己のイメージや感情、生活や社会、伝統や文化などと関連付けること

資料4 　【平成20年版】中学校音楽科　各学年の目標

第1学年	第2学年及び第3学年
（1）音楽活動の楽しさを体験することを通して、音や音楽への興味・関心を**養い**、音楽によって生活を明るく豊かなものにする態度を育てる。 （2）多様な音楽表現の豊かさや美しさを感じ取り、基礎的な表現の技能を身に付け、創意工夫して表現する技能を育てる。 （3）多様な音楽のよさや美しさを味わい、幅広く主体的に鑑賞する能力を育てる。	（1）音楽活動の楽しさを体験することを通して、音や音楽への興味・関心を**高め**、音楽によって生活を明るく豊かなものにし、生涯にわたって音楽に親しんでいく態度を育てる。 （2）多様な音楽表現の豊かさや美しさを感じ取り、表現の技能を伸ばし、創意工夫して表現する能力を高める。 （3）多様な音楽に対する理解を深め、幅広く主体的に鑑賞する能力を高める。

資料5 　【平成29年版】中学校音楽科　各学年の目標

	第1学年	第2・3学年
知識及び技能	（1）曲想と音楽の構造などとの関わり及び音楽の多様性について理解するとともに、創意工夫を生かした音楽表現をするために必要な歌唱、器楽、創作の技能を身に付けるようにする。	（1）曲想と音楽の構造や背景などとの関わり及び音楽の多様性について理解するとともに、創意工夫を生かした音楽表現をするために必要な歌唱、器楽、創作の技能を身に付けるようにする。
思考力、判断力、表現力等	（2）音楽表現を創意工夫することや、音楽を**自分なりに評価しながら**よさや美しさを味わって聴くことができるようにする。	（2）**曲にふさわしい**音楽表現を創意工夫することや、音楽を評価しながらよさや美しさを味わって聴くことができるようにする。
学びに向かう力、人間性等	（3）主体的・協働的に表現及び鑑賞の学習に取り組み、音楽活動の楽しさを体験することを通して、音楽文化に親しむとともに、音楽によって生活を明るく豊かなものにしていく態度を養う。	（3）主体的・協働的に表現及び鑑賞の学習に取り組み、音楽活動の楽しさを体験することを通して、音楽文化に親しむとともに、音楽によって生活を明るく豊かなものし、音楽に親しんでいく態度を養う。

（池田実世）

図画工作科・美術科
—社会と豊かに関わる、造形的な創造活動の能力育成を目指して—

> **本節のポイント**
>
> 図画工作科・美術科での学習指導要領改訂の趣旨と要点の解説を中心に、図画工作科・美術科において示されている「学びの構造の体系」、「資質・能力」および「造形的な見方・考え方」の捉え方について概略していく。

1　図画工作科における改定の要点

　中央教育審議会答申（平成28年12月）では、小学校図画工作科、美術科、芸術科（美術、工芸）におけるこれまでの成果を「創造することの楽しさを感じるとともに、思考・判断し表現するなどの造形的な創造活動の基礎的な能力を育てること、生活の中の造形や美術の働き、美術文化に関心を持って、生涯にわたり主体的に関わっていく態度を育むこと等に重点を置いて、その充実を図ってきた」とし、課題として「感性や想像力を豊かに働かせて、思考・判断し、表現したり鑑賞したりするなどの資質・能力を相互に関連させながら育成すること等については、更なる充実が求められる」と示された。これを踏まえて、図画工作科では次のような基本的な考え方に基づいて改定された。

　「・表現及び鑑賞の活動を通して、生活や社会の中の形や色などと豊かに関わる資質・能力を育成することを一層重視し、目標及び内容を改善・充実する。
・造形的な見方・考え方を働かせ、表現及び鑑賞に関する資質・能力を相互に関連させながら育成できるよう、目標及び内容を改善・充実する。」(1)

　平成29年告示小学校学習指導要領では、これまでもその中心的な命題であった児童の知・徳・体にわたる**「生きる力」**を育むことを目指し、実現させるための目標と内容を、いわゆる**「三つの柱」**として整理・明確化した。これは学校教育課程全体で育成を目指す「資質・能力」の共通指針であり、全ての教科で学年の目標や内容の構成、共通事項にも反映させた。他にも共通の指針として目標実現のために普遍的な視点としての**「主体的・対話的で深い学び」**の実現に向けた授業改善の推進が求められている。(2)図画工作科では従来より対話的な活動が基本にあり、感覚を使い目や手を動かすことで、創造的な能力の育成を担ってきたが、より明確化された共通指針に基づいた指導計画となる。

（1）文部科学省『小学校学習指導要領（平成29年告示）解説 図画工作編』第1章、p.6.

（2）同上、第1章、p.3.

2　図画工作科の目標及び内容

　教科の目標には、図画工作科が小学校教育として担うべき役割とその目指す

ところが総括的に示されている。（資料１）

（３）文部科学省『小学校学習指導要領（平成29年告示）』第２章 第７節、p.129.

> **資料１**　小学校学習指導要領　第２章 第７節 図画工作 第１ 目標[(3)]
>
> 　表現及び鑑賞の活動を通して、造形的な見方・考え方を働かせ、生活や社会の中の形や色などと豊かに関わる資質・能力を次のとおり育成することを目指す。
> （１）対象や事象を捉える造形的な視点について自分の感覚や行為を通して理解するとともに、材料や用具を使い、表し方などを工夫して、創造的につくったり表したりすることができるようにする。
> （２）造形的なよさや美しさ、表したいこと、表し方などについて考え、創造的に発想や構想をしたり、作品などに対する自分の見方や感じ方を深めたりすることができるようにする。
> （３）つくりだす喜びを味わうとともに、感性を育み、楽しく豊かな生活を創造しようとする態度を養い、豊かな情操を培う。

　ここでのポイントは、育成することを目指す資質・能力（１）〜（３）を、「三つの柱」に関連した目標として整理していることである。（１）は「知識及び技能の習得」、（２）は「思考力、判断力、表現力の育成」、（３）は「学びに向かう力、人間性等の涵養」にそれぞれ対応している。

　「第２　学年の目標及び内容」について、低・中・高学年の２学年毎にまとめて示され、学校や児童の実態などに応じた弾力的な指導を想定したものとなっているが、概ね上記の「三つの柱」（１）〜（３）に対応し、発達に応じて高度な学習へと導く目標として示されている。

　「目標」については例えば（１）の「知識及び技能の習得」に関する項目では「造形的な視点」について、「自分の感覚や行為を通して気づく」（低学年）から「（同）　分かる」（中学年）、さらに「（同）　理解する」（高学年）と進んでいることが分かる。同様に「手や体全体の感覚などを働かせ材料や用具を使い、」（低学年）から「手や体全体を十分に働かせ材料や用具を使い、」（中学年）、さらに「材料や用具を活用し、」（高学年）と、「感覚を働かせて使う」ことから「活用する」ことへ進展している。その他の対比については（資料２）を参照。

　教科の目標と学年の目標を受けて構成される「内容」については、「A表現」、「B鑑賞」、及び〔共通事項〕で構成され、やはり「三つの柱」に沿った資質・能力の視点で整理されている。（資料３）

３　「表現」と「鑑賞」の内容

　「A表現」は「**造形遊びをする**」と「**絵や立体、工作に表す**」という二つの事項が示され、それぞれの事項を通して育成することをさらに「三つの柱」に集約して示した。（図１）その中で育成すべき資質・能力を、２学年毎に段階的に示している。ここからは授業の組み立てにおいて必要とされる環境や整備すべき用具や材料など、「造形的な見方・考え方」を育むための条件面が示されている。これらを適切に読みとり、発達段階に応じて題材の設定や授業の展開をすることが求められる。（図２）

（4）文部科学省『小学校学習指導要領（平成29年告示）』第2章 第7節、p.129-132.参照、下線筆者。

資料2　図画工作科　各学年の目標と対比[4]

	低学年	中学年	高学年
知識及び技能の習得	（1）対象や事象を捉える造形的な視点について自分の感覚や行為を通して<u>気付く</u>とともに、<u>手や体全体の感覚などを働かせ</u>材料や用具を<u>使い</u>、表し方などを工夫して、創造的につくったり表したりすることができるようにする。	（1）対象や事象を捉える造形的な視点について自分の感覚や行為を通して<u>分かる</u>とともに、<u>手や体全体を十分に働かせ</u>材料や用具を<u>使い</u>、表し方などを工夫して、創造的につくったり表したりすることができるようにする。	（1）対象や事象を捉える造形的な視点について自分の感覚や行為を通して<u>理解する</u>とともに、材料や用具を<u>活用し</u>、表し方などを工夫して、創造的につくったり表したりすることができるようにする。
思考力、判断力、表現力の育成	（2）造形的な<u>面白さや楽しさ</u>、表したいこと、表し方などについて考え、<u>楽しく</u>発想や構想をしたり、<u>身の回りの作品</u>などから自分の見方や感じ方を<u>広げたり</u>することができるようにする。	（2）造形的な<u>よさや面白さ</u>、表したいこと、表し方などについて考え、<u>豊かに</u>発想や構想をしたり、<u>身近にある作品</u>などから自分の見方や感じ方を<u>広げたり</u>することができるようにする。	（2）造形的な<u>よさや美しさ</u>、表したいこと、表し方などについて考え、<u>創造的に</u>発想や構想をしたり、<u>親しみのある作品</u>などから自分の見方や感じ方を<u>深めたり</u>することができるようにする。
学びに向かう力、人間性等の涵養	（3）<u>楽しく</u>表現したり鑑賞したりする活動に取り組み、つくりだす喜びを味わうとともに、形や色などに関わり<u>楽しい</u>生活を創造しようとする態度を養う。	（3）<u>進んで</u>表現したり鑑賞したりする活動に取り組み、つくりだす喜びを味わうとともに、形や色などに関わり<u>楽しく豊かな</u>生活を創造しようとする態度を養う。	（3）<u>主体的に</u>表現したり鑑賞したりする活動に取り組み、つくりだす喜びを味わうとともに、形や色などに関わり<u>楽しく豊かな</u>生活を創造しようとする態度を養う。

（5）文部科学省『小学校学習指導要領（平成29年告示）解説図画工作編』第2章、p.19.参照、下線筆者。

資料3　図画工作科　内容の構成（低学年・中学年・高学年）[5]

		項目	事項	三つの柱
領域	A表現	（1）表現の活動を通して、発想や構想に関する次の事項を身に付けることができるよう指導する。	ア　造形遊びをする活動を通して育成する「<u>思考力、判断力、表現力等</u>」 イ　絵や立体、工作に表す活動を通して育成する「<u>思考力、判断力、表現力等</u>」	思考力、判断力、表現力等
		（2）表現の活動を通して、<u>技能</u>に関する次の事項を身に付けることができるよう指導する。	ア　造形遊びをする活動を通して育成する「<u>技能</u>」 イ　絵や立体、工作に表す活動を通して育成する「<u>技能</u>」	技能
	B鑑賞	（1）鑑賞の活動を通して、次の事項を身に付けることができるよう指導する。	ア　鑑賞する活動を通して育成する「<u>思考力、判断力、表現力等</u>」	思考力、判断力、表現力等
〔共通事項〕		（1）「A表現」及び「B鑑賞」の指導を通して、次の事項を身に付けることができるよう指導する。	ア　「A表現」及び「B鑑賞」の指導を通して育成する「<u>知識</u>」	知識
			イ　「A表現」及び「B鑑賞」の指導を通して育成する「<u>思考力、判断力、表現力等</u>」	思考力、判断力、表現力等

IV-9 図画工作科・美術科 —社会と豊かに関わる、造形的な創造活動の能力育成を目指して—

図1 「A表現」の活動を通して身に付ける事項

| （1）**発想や構想に**関する事項 | → | ア　**造形遊びをする**活動を通して育成する力 | → | **思考力・判断力・表現力**等 |
| （2）**技能に関する**事項 | → | イ　**絵や立体、工作に表す**活動を通して育成する力 | → | **技能** |

図2 「A表現」の活動を通して指導する事項

（1）（2）ア　造形遊びをする活動を通して

低学年	中学年	高学年	
（1）身近な自然物や人工の材料の**形や色**などを基に造形的な活動を思い付くことや、**感覚や気持ち**を生かしながら	（1）身近な材料や**場所**などを基に造形的な活動を思い付くことや、新しい形や色などを思い付きながら	（1）材料や場所、**空間**などの特徴を基に造形的な活動を思い付くことや、**構成**したり周囲の様子を考え合わせたりしながら	（1）どのように活動するかについて考えること。
（2）身近で扱いやすい材料や用具に十分に慣れるとともに、並べたり、つないだり、積んだりするなど**手や体全体の感覚**などを働かせ	（2）材料や用具を適切に扱うとともに、前学年までの材料や用具についての**経験**を生かし、組み合わせたり、切ってつないだり、形を変えたりするなどして、手や体全体を**十分**に働かせ	（2）活動に応じて材料や用具を活用するとともに、前学年までの材料や用具についての経験や技能を**総合的**に生かしたり、方法などを組み合わせたりするなどして	（2）活動を工夫してつくること。

（1）（2）イ　絵や立体、工作に表す活動を通して

低学年	中学年	高学年	
（1）**感じたこと、想像したこと**から、表したいことを見付けることや、好きな形や色を選んだり、いろいろな**形や色**を考えたりしながら	（1）感じたこと、想像したこと、**見たこと**から、表したいことを見付けることや、表したいことや**用途**などを考え、形や色、**材料**などを生かしながら	（1）感じたこと、想像したこと、見たこと、**伝え合い**たいことから、表したいことを見付けることや、形や色、材料の**特徴、構成の美しさ**などの感じ、用途などを考えながら	（1）（低・中学年）どのように表すかについて考えること。 （1）（高学年）どのように**主題**を表すかについて考えること。
（2）身近で扱いやすい材料や用具に十分に慣れるとともに、**手や体全体の感覚**などを働かせ、表したいことを基に	（2）材料や用具を**適切**に扱うとともに、前学年までの材料や用具についての経験を生かし、手や体全体を十分に働かせ、表したいことに合わせて	（2）表現方法に応じて材料や用具を**活用**するとともに、前学年までの材料や用具などについての経験や技能を**総合的**に生かしたり、表現に**適した**方法などを組み合わせたりするなどして、表したいことに合わせて	（2）表し方を工夫して表すこと。

　「造形遊び」は従来幼児教育の中で実践されてきた、遊びを通した造形的表現活動を表すものであったが、指導要領の改定を重ねる毎に小学校の図画工作科に浸透し、平成元年改定版では４年生までしかなかった「造形遊び」は平成

153

10年改定の際に全学年に記載された。

　長い変遷の経緯で、知識偏重や作品主義などへの批判を受けたものだと思われるが、上手く運用できていない現場や実技系教科への苦手意識を持つ教員の問題、専科教員など都市部や地方で異なる事情による実践力の格差、ひいては「遊び」という言葉の定義が生んでいるギャップの指摘など、課題は多い。ともあれ、次世代を担う新しい学力観の探求が進むであろう未来には、より知性と感性の融合を目指した新たな方向性が示されるに違いない。

　「B鑑賞」は鑑賞の活動を通して、「三つの柱」のうち「思考力、判断力、表現力の育成」を目指すものとして設定されている。（図3）発達段階によって身の回りや身近な作品から、活動範囲が広がる高学年には、我が国の伝統的な文化や諸外国の美術作品、生活の中の造形などのよさや美しさを感じ取ったり考えたりすること、そこから自分の見方や感じ方を広げることを指導することが求められる。

図3　「B鑑賞」の活動を通して指導する事項

（1）　ア　鑑賞する活動を通して

低学年	中学年	高学年	
身の回りの作品などを鑑賞する活動を通して、自分たちの作品や身近な材料などの**造形的**な面白さや楽しさ、表したいこと、**表し方**などについて	**身近にある作品**などを鑑賞する活動を通して、自分たちの作品や身近な**美術作品、製作の過程**などの**造形的**なよさや面白さ、表したいこと、**いろいろな表し方**などについて	**親しみのある作品**などを鑑賞する活動を通して、自分たちの作品、我が国や**諸外国**の親しみのある美術作品、**生活**の中の造形などの**造形的**なよさや**美しさ**、表現の**意図や特徴**、表し方の**変化**などについて	感じ取ったり考えたりし、自分の見方や感じ方を広げること。

　ここでのポイントは、鑑賞の活動を通して直接的に「知識」を指導することにはなっていない点である。当然学習活動と「知識」は深く関わっているが、ここでは「思考力・判断力・表現力」の育成が目指される。つまり他教科との連携においても親しみのある国内外の美術作品は作者名や作品名といった情報と常にセットだが、安易に暗記のための学習にするべきではなく、あくまで「造形的な見方・考え方」を育成する教材として扱われなければならない。

4 〔共通事項〕

　〔共通事項〕は表現および鑑賞の活動の中で、共通して必要とされる資質・能力である。それぞれの活動を豊かなものにするために指導する事項として示されている。（図4）

図4 〔共通事項〕で指導する事項

（1）「A表現」及び「B鑑賞」する活動を通して身に付ける

ア　自分の**感覚や行為**を通して　→　形や色などに**気付く**こと。（低学年）
形や色などの**感じ**が**分かる**こと。（中学年）
形や色などの**造形的な特徴**を**理解する**こと。（高学年）　　**知識**

イ　形や色などを基に（低学年）
イ　形や色などの**感じ**を基に（中学年）　→　自分の**イメージ**をもつこと。　　**思考力・判断力・表現力**等
イ　形や色などの**造形的な特徴**を基に（高学年）

5　「造形的な見方・考え方」について

　図画工作科の特質として学習の根幹をなす事項が、この「造形的な見方・考え方」である。「感性や想像力を働かせ、対象や事象を、形や色などの造形的視点で捉え、自分のイメージをもちながら意味や価値をつくりだすこと」[6]であると解説されている。「感性や想像力を働かせ」ることは、なにも図画工作・美術だけに限られた活動ではなく、学校教育全体に必要不可欠な資質・能力であるが、「対象や事象を、形や色などの造形的視点で捉え」ることや「自分のイメージをもちながら意味や価値をつくりだすこと」は、まさに図画工作科が独自に担っている領域である。歴史上人類が文明を発展させてきたことに科学技術の「知識」の蓄積があることはもちろんだが、同時に成熟した文化の発展も必要不可欠である。ICTの発達著しい現代社会にあっては、知識や情報を持つことに価値があった時代は急激に変化し、誰でも手にできる情報を独自の発想で組み合わせて新たな価値を作り出す創造力こそが次の世代に求められる学力なのだ。自然や人、地球上に起こっている「対象や事象」、「色や形」さらには「素材や場所・空間」などを捉えるために必要なのが「造形的視点」であり、これは芸術において作品至上主義や知識偏重で誤解の元になっている神話化された「才能」ではなく、いわゆる視覚言語を習得することで誰でも獲得できる「技能」である。それが「自分のイメージをもち」「意味や価値をつくりだすこと」、つまり子供たちが視覚造形的な解決に向けて能動的に活動でき、新たな意味や価値を創造する活動へつながるのである。そもそも感覚的なことを題材に対話的主体的活動が主であった図画工作科はアクティブ・ラーニングの先駆者でもある。学校教育全体で目指す「知・徳・体」の育ちに加えて、芸術科目が「真・善・美」の育成を担い、豊かな情操を育む土台であることを再認識し、創造性を探求する教師による豊かで深い授業実践が望まれる。質の高い学びが次世代の子供たちの「生きる力」を育てるのである。

（6）文部科学省『小学校学習指導要領（平成29年告示）解説 図画工作編』第2章、p.11.

6 中学校　美術科における改定の要点

　冒頭1. でも示した中教審答申での「成果と課題」を受け、教育課程全体で資質・能力の育成が「三つの柱」で整理されたことで、中学校美術科でも同様に教科の目標が示された。（1）は「知識及び技能の習得」、（2）は「思考力、判断力、表現力の育成」、（3）は「学びに向かう力、人間性等の涵養」に対応する目標として示されている。近年は進学ギャップによるプロブレムへの対策として幼保・小・中連携が実践されることも増えているため、ここでは図画工作科との対比を示す。（資料4）大きな方向性としては同じ目標を設定しており、中学校では小学校で身につけた学力に、さらに専門性を高める内容を付加していると言える。従前の指導要領で示された「表現」と「鑑賞」が学習活動の中核であり、中学校では発達に応じて活動を幅広く捉え、美術の専門性を学ぶとともに、世界ともつながる美術文化の領域での「思考力・判断力・表現力」を育成する目標となっている。

（7）文部科学省『小学校学習指導要領（平成29年告示）』『中学校学習指導要領（平成29年告示）』第2章　第6節、p.107. 下線筆者。

資料4　教科の目標の対比 (7)

	図画工作科	中学校美術科
教科の目標	表現及び鑑賞の活動を通して、造形的な見方・考え方を働かせ、生活や社会の中の形や色などと豊かに関わる資質・能力を次のとおり育成することを目指す。	表現及び鑑賞の幅広い活動を通して、造形的な見方・考え方を働かせ、生活や社会の中の美術や美術文化と豊かに関わる資質・能力を次のとおり育成することを目指す。
知識及び技能の習得	（1）対象や事象を捉える造形的な視点について自分の感覚や行為を通して理解するとともに、材料や用具を使い、表し方などを工夫して、創造的につくったり表したりすることができるようにする。	（1）対象や事象を捉える造形的な視点について理解するとともに、表現方法を<u>創意工夫</u>し、創造的に表すことができるようにする。
思考力、判断力、表現力の育成	（2）造形的なよさや美しさ、表したいこと、表し方などについて考え、創造的に発想や構想をしたり、作品などに対する自分の見方や感じ方を深めたりすることができるようにする。	（2）造形的なよさや美しさ、<u>表現の意図と工夫</u>、美術の働きなどについて考え、<u>主題を生み出し</u>豊かに発想し構想を練ったり、美術や美術<u>文化</u>に対する見方や感じ方を深めたりすることができるようにする。
学びに向かう力、人間性等の涵養	（3）つくりだす喜びを味わうとともに、感性を育み、楽しく豊かな生活を創造しようとする態度を養い、豊かな情操を培う。	（3）美術の創造活動の喜びを味わい、<u>美術を愛好する心情</u>を育み、感性を豊かにし、心豊かな生活を創造していく態度を養い、豊かな情操を培う。

　（1）「知識及び技能の習得」については、対象や事象を捉える「造形的な視点」についての理解を進め、それまでの学習や経験で培った材料や用具の知識を土台として「創意工夫」した「表現方法」によって「創造的に表す」ことができるように指導する。（2）「思考力・判断力・表現力の育成」については、

156

表現の意図や方法、美術の働き（＝効果）について考えることに加え、「主題を生み出し豊かに発想し構想を練」ることが示された。**主題**（＝テーマ）を自ら作るとは、何を表現したいかを、題材ごとに心の内にしっかりと想い描くことが基盤となる。

「美術や美術文化に対する見方や感じ方を深め」るには、生活や社会を通して国内外の文化に触れる機会が増えることを想定し、より成熟した文化の担い手となる資質を育むことが示されている。（３）「学びに向かう力、人間性等の涵養」では、美術の特質的な「創造活動」を通して、「心豊かな生活を創造していく態度を養い、豊かな情操を培う」となっており、社会に目を向けながら豊かな文化的生活との関わりの中でより内面的な育ちを目指すものとなっている。

美術科の学年の目標をまとめると以下のとおりである。（資料５）

（８）文部科学省『中学校学習指導要領（平成29年告示）』第２章 第６節, p.107, 109. 下線筆者。

資料５　美術科　学年の目標[8]

	第１学年	第２学年及び第３学年
知識及び技能の習得	（１）対象や事象を捉える造形的な視点について理解するとともに、意図に応じて表現方法を工夫して表すことができるようにする。	（１）対象や事象を捉える造形的な視点について理解するとともに、意図に応じて自分の表現方法を追求し、創造的に表すことができるようにする。
思考力、判断力、表現力の育成	（２）自然の造形や美術作品などの造形的なよさや美しさ、表現の意図と工夫、機能性と美しさとの調和、美術の働きなどについて考え、主題を生み出し豊かに発想し構想を練ったり、美術や美術文化に対する見方や感じ方を広げたりすることができるようにする。	（２）自然の造形や美術作品などの造形的なよさや美しさ、表現の意図と創造的な工夫、機能性と洗練された美しさとの調和、美術の働きなどについて独創的・総合的に考え、主題を生み出し豊かに発想し構想を練ったり、美術や美術文化に対する見方や感じ方を深めたりすることができるようにする。
学びに向かう力、人間性等の涵養	（３）楽しく美術の活動に取り組み創造活動の喜びを味わい、美術を愛好する心情を培い、心豊かな生活を創造していく態度を養う。	（３）主体的に美術の活動に取り組み創造活動の喜びを味わい、美術を愛好する心情を深め、心豊かな生活を創造していく態度を養う。

学年が進むにつれて、より専門性や技能の向上が図られている。第２学年及び第３学年の（１）に「自分の表現方法を追求」するとしているのは、思春期の子供たちにとって自我の目覚めの時期であり、自己意識や他者との関わりが大きな関心事となる背景があり、表現においてもオリジナリティーの価値を見出す時期だからとも言える。（２）において独創的な事例に刺激を受けたり多面的に考えることでより広範の視野を持てたりすることが望まれる。

各学年の内容で「A表現」の活動で扱われる内容について、ここでもポイントは上位学年では専門的な内容の理解が前提となって、より高度な内容となる。

中学校美術科ではより専門性の高い内容の学習になるが、指導要領で示され

（9）文部科学省『中学校学習指導要領（平成29年告示）』第2章 第6節、p.107, 111. 下線筆者。

資料6　「A表現」の活動を通して指導する事項 [9]

第1学年	第2学年及び第3学年	三つの柱
（1）発想や構想に関する資質・能力を育成する。		思考力、判断力、表現力の育成
ア　感じ取ったことや考えたことなどを基に、絵や彫刻などに表現する活動を通して、発想や構想に関する次の事項を身に付けることができるよう指導する。		
（ア）対象や事象を見つめ感じ取った形や色彩の特徴や美しさ、想像したことなどを基に主題を生み出し、全体と部分との関係などを考え、創造的な構成を工夫し、心豊かに表現する構想を練ること。	（ア）対象や事象を深く見つめ感じ取ったことや考えたこと、夢、想像や感情などの心の世界などを基に主題を生み出し、単純化や省略、強調、材料の組合せなどを考え、創造的な構成を工夫し、心豊かに表現する構想を練ること。	
イ　伝える、使うなどの目的や機能を考え、デザインや工芸などに表現する活動を通して、発想や構想に関する次の事項を身に付けることができるよう指導する。		
（ア）構成や装飾の目的や条件などを基に、対象の特徴や用いる場面などから主題を生み出し、美的感覚を働かせて調和のとれた美しさなどを考え、表現の構想を練ること。	（ア）構成や装飾の目的や条件などを基に、用いる場面や環境、社会との関わりなどから主題を生み出し、美的感覚を働かせて調和のとれた洗練された美しさなどを総合的に考え、表現の構想を練ること。	
（イ）伝える目的や条件などを基に、伝える相手や内容などから主題を生み出し、分かりやすさと美しさなどとの調和を考え、表現の構想を練ること。	（イ）伝える相手や内容、社会との関わりなどから主題を生み出し、伝達の効果と美しさなどとの調和を総合的に考え、表現の構想を練ること。	
（ウ）使う目的や条件などを基に、使用する者の気持ち、材料などから主題を生み出し、使いやすさや機能と美しさなどとの調和を考え、表現の構想を練ること。	（ウ）使う目的や条件などを基に、使用する者の立場、社会との関わり、機知やユーモアなどから主題を生み出し、使いやすさや機能と美しさなどとの調和を総合的に考え、表現の構想を練ること。	
（2）表現の活動を通して、次のとおり技能に関する資質・能力を育成する。		技能の習得
ア　発想や構想をしたことなどを基に、表現する活動を通して、技能に関する次の事項を身に付けることができるよう指導する。		
（ア）材料や用具の生かし方などを身に付け、意図に応じて工夫して表すこと。	（ア）材料や用具の特性を生かし、意図に応じて自分の表現方法を追求して創造的に表すこと。	
（イ）材料や用具の特性などから制作の順序などを考えながら、見通しをもって表すこと。	（イ）材料や用具、表現方法の特性などから制作の順序などを総合的に考えながら、見通しをもって表すこと。	

た内容は特に基本となる美術科独自の「**見方・考え方**」である。（資料6）表現の活動には一貫して「**創造**」が掲げられ、美術科の独自性を示している。ビジュアルコミュニケーションの基盤を身につけ、「社会との関わり」でより豊かな生活環境の創造へとつなげる育成の視点がある。「B鑑賞」の指導で育成が目指される力は、図画工作科同様に「思考力、判断力、表現力」とされている。活動をとおして「造形的なよさや美しさ」を感じ取ったり「創造的な工夫」などについて考えたりして、「美意識を高める」ことを指導する。一方で生活などの身近な環境及び伝統文化のよさや美しさを感じつつグローバルに美術文化を考えることが求められている。（資料7）

資料7　「B鑑賞」の活動を通して指導する事項[(10)]

第1学年	第2学年及び第3学年	三つの柱
（1）鑑賞の活動を通して、次のとおり鑑賞に関する資質・能力を育成する。		
ア　美術作品などの見方や感じ方を広げる（→深める：第2学年及び第3学年）活動を通して、鑑賞に関する次の事項を身に付けることができるよう指導する。		
（ア）造形的なよさや美しさを感じ取り、作者の心情や表現の意図と工夫などについて考えるなどして、見方や感じ方を広げること。 （イ）目的や機能との調和のとれた美しさなどを感じ取り、作者の心情や表現の意図と工夫などについて考えるなどして、見方や感じ方を広げること。	（ア）造形的なよさや美しさを感じ取り、作者の心情や表現の意図と創造的な工夫などについて考えるなどして、美意識を高め、見方や感じ方を深めること。 （イ）目的や機能との調和のとれた洗練された美しさなどを感じ取り、作者の心情や表現の意図と創造的な工夫などについて考えるなどして、美意識を高め、見方や感じ方を深めること。	思考力、判断力、表現力の育成
イ　生活の中の美術の働きや美術文化についての見方や感じ方を広げる（→深める：第2学年及び第3学年）活動を通して、鑑賞に関する次の事項を身に付けることができるよう指導する。		
（ア）身の回りにある自然物や人工物の形や色彩、材料などの造形的な美しさなどを感じ取り、生活を美しく豊かにする美術の働きについて考えるなどして、見方や感じ方を広げること。 （イ）身近な地域や日本及び諸外国の文化遺産などのよさや美しさなどを感じ取り、美術文化について考えるなどして、見方や感じ方を広げること。	（ア）身近な環境の中に見られる造形的な美しさなどを感じ取り、安らぎや自然との共生などの視点から生活や社会を美しく豊かにする美術の働きについて考えるなどして、見方や感じ方を深めること。 （イ）日本の美術作品や受け継がれてきた表現の特質などから、伝統や文化のよさや美しさを感じ取り愛情を深めるとともに、諸外国の美術や文化との相違点や共通点に気付き、美術を通した国際理解や美術文化の継承と創造について考えるなどして、見方や感じ方を深めること。	

〔共通事項〕は美術科で身につける力の基盤である「造形的な見方・考え方」を育成するために、全ての活動に通底する資質・能力として示されている。（資料8）

資料8　〔共通事項〕で指導する事項[(11)]

第1学年	第2学年及び第3学年	三つの柱
（1）「A表現」及び「B鑑賞」の指導を通して、次の事項を身に付けることができるよう指導する。		知識の習得
ア　形や色彩、材料、光などの性質や、それらが感情にもたらす効果などを理解すること。 イ　造形的な特徴などを基に、全体のイメージや作風などで捉えることを理解すること。		

指導要領には「1　目標、2　内容、3　内容の取扱い」の項目さらには「第3　指導計画の作成と内容の取り扱い」でより詳細な要領が記載してある。「21世紀は感性の時代」と言われて久しく、子供たちの「生きる力」を「創造的」に育むため、授業計画作成にあたっては熟読しておかなければならない。

（古賀和博）

(10) 文部科学省『中学校学習指導要領（平成29年告示）』第2章　第6節、p.108, 111. 下線筆者。

(11) 文部科学省『中学校学習指導要領（平成29年告示）』第2章　第6節、p.109, 111.

IV
10 家庭科・技術科
（1）小学校　家庭科

本節のポイント

・これまで以上に、小・中・高等学校の系統性を意識した内容となっている。
・目標が資質・能力に合わせて、具体的に示された。
・見方・考え方として「生活の営みに係る見方・考え方」が示された。

---

1 改訂の要点

（1）文部科学省『小学校学習指導要領（平成29年告示）解説家庭編』p.17.

参考文献
・文部科学省『中学校学習指導要領（平成29年告示）』.
・文部科学省『高等学校学習指導要領（平成30年告示）』.
・文部科学省『小学校学習指導要領（平成29年告示）』.

（2）前掲書（1）pp.12-13.

　平成29年学習指導要領[1]においては、①「小・中・高等学校の内容の**系統性の明確化**」、②「**空間軸**と**時間軸**という二つの視点から学校段階に応じた学習対象の明確化」などが内容構成において重視された。特に、①については、小・中・高等学校の各内容の接続を意識し、小・中学校の学習内容が「家族・家庭生活」、「衣食住の生活」、「消費生活・環境」と統一された。また、この枠組みは、「**生活の営みに係る見方・考え方**」[2]も踏まえたものとなっている。教科の系統性についてはこれまでの改訂でも統一した形式で示されてきたが、平成29・30年度の改訂においては、A・B・Cという下記のカテゴリーで新たに整理された（資料1参照）。②については、空間軸と時間軸の視点から学校段階別に学習対象を整理されている。小学校における空間軸の視点は、主に自己と家庭、時間軸の視点は、現在及びこれまでの生活である。

資料1　小・中・高等学校学習指導要領における家庭の内容

小学校	中学校	高等学校（家庭総合）
A　家族・家庭生活	A　家族・家庭生活	A　人の一生と家族・家庭及び福祉
B　衣食住の生活	B　衣食住の生活	B　衣食住の生活の科学と文化
C　消費生活・環境	C　消費生活・環境	C　持続可能な消費生活・環境
		D　ホームプロジェクトと学校家庭クラブ活動

『小学校学習指導要領（平成29年告示）』、『中学校学習指導要領（平成29年告示）』、『高等学校学習指導要領（平成30年告示）』をもとに筆者作成

　内容面の改訂では、「A家族・家庭生活」の（1）アについては、2学年間（5・6年生）の学習の見通しをもたせるために、第5学年の最初に**ガイダンス**として履修させることが示された。その中で、生活の営みに係る見方・考え方について触れ、A・B・Cの学習と関連させて扱うこととも新たに示された。また、中学校との系統性を図るという観点から、Bにおいては、伝統的な内容

の充実や、Cでは「買物の仕組みや消費者の役割」に関する内容も新設された（資料2参照）。しかしこれらの内容は、これまで、中学校で学習していた内容が小学校での内容に変更されたともとれる。

資料2　小学校学習指導要領における内容

平成20年改訂	平成29年改訂	改訂された内容
A　家庭生活と家族 （1）自分の成長と家族 　ア　成長の自覚、家庭生活と家族の大切さ （2）家庭生活と仕事 　ア　家庭の仕事と分担 　イ　生活時間の工夫 （3）家族や近隣の人々とのかかわり 　ア　家族との触れ合いや団らん 　イ　近隣の人々とのかかわり	**A　家族・家庭生活** （1）<u>自分の成長と家族・家庭生活</u> 　ア　<u>自分の成長の自覚、家庭生活と家族の大切さ、家族との協力</u> （2）家庭生活と仕事 　ア　家庭の仕事と生活時間 　イ　家庭の仕事の計画と工夫 （3）家族や地域の人々との関わり 　ア　（ア）家族との触れ合いや団らん 　　（イ）地域の人々との関わり 　イ　家族や地域の人々との関わりの工夫 （4）家族・家庭生活についての課題と実践 　ア　日常生活についての課題と計画、実践、評価	・「A家族・家庭生活」の（1）のアについては、第4学年までの学習を踏まえ、<u>2学年間の学習の見通しをもたせるためのガイダンスとして、第5学年の最初に履修させる。</u> ・幼児又は低学年の児童、高齢者など異なる世代の人々との関わりに関する内容を新設している。
B　日常の食事と調理の基礎 （1）食事の役割 　ア　食事の役割と日常の食事の大切さ 　イ　楽しく食事をするための工夫 （2）栄養を考えた食事 　ア　体に必要な栄養素の種類と働き 　イ　食品の栄養的な特徴と組合せ 　ウ　1食分の献立 （3）調理の基礎 　ア　調理への関心と調理計画 　イ　材料の洗い方、切り方、味の付け方、盛り付け、配膳及び後片付け 　ウ　ゆでたり、いためたりする調理 　エ　米飯及びみそ汁の調理 　オ　用具や食器の安全で衛生的な取扱い、こんろの安全な取扱い	**B　衣食住の生活** （1）食事の役割 　ア　食事の役割と食事の大切さ、日常の食事の仕方 　イ　楽しく食べるための食事の仕方の工夫 （2）調理の基礎 　ア　（ア）材料の分量や手順、調理計画 　　（イ）用具や食器の安全で衛生的な取扱い、加熱用調理器具の安全な取扱い 　　（ウ）材料に応じた洗い方、調理に適した切り方、味の付け方、盛り付け、配膳及び後片付け 　　（エ）材料に適したゆで方、いため方 　　（オ）伝統的な日常食の米飯及びみそ汁の調理の仕方 　イ　おいしく食べるための調理計画及び調理の工夫 （3）栄養を考えた食事 　ア　（ア）体に必要な栄養素の種類と働き 　　（イ）食品の栄養的な特徴と組合せ 　　（ウ）献立を構成する要素、献立作成の方法 　イ　1食分の献立の工夫 （4）衣服の着用と手入れ 　ア　（ア）衣服の主な働き、日常着の快適な着方 　　（イ）日常着の手入れ、ボタン付け及び洗濯の仕方 　イ　日常着の快適な着方や手入れの工夫 （5）生活を豊かにするための布を用いた製作 　ア　（ア）製作に必要な材料や手順、製作計画 　　（イ）手縫いやミシン縫いによる縫い方、用具の安全な取扱い 　イ　生活を豊かにするための布を用いた物の製作計画及び製作の工夫 （6）快適な住まい方 　ア　（ア）住まいの主な働き、季節の変化に合わせた生活の大切さや住まい方 　　（イ）住まいの整理・整頓や清掃の仕方 　イ　季節の変化に合わせた住まい方、整理・整頓や清掃の仕方の工夫	・和食の基本となるだしの役割や季節に合わせた着方や住まい方など、日本の伝統的な生活について扱うこととしている。 ・中学校の内容との系統性を図り、小・中学校ともに食事の役割、栄養・献立、調理の三つの内容としている。 ・生の魚・肉を扱わない理由や、アレルギーに配慮する必要についてより詳細に明記された。 ・中学校の内容であった音と生活とのかかわりについて、小学校で取り扱うこととなった。
C　快適な衣服と住まい （1）衣服の着用と手入れ 　ア　衣服の働きと快適な着方の工夫 　イ　日常着の手入れとボタン付け及び洗濯 （2）快適な住まい方 　ア　住まい方への関心、整理・整頓及び清掃の仕方と工夫 　イ　季節の変化に合わせた生活の大切さ、快適な住まい方の工夫 （3）生活に役立つ物の製作 　ア　形などの工夫と製作計画 　イ　手縫いやミシン縫いによる製作・活用 　ウ　用具の安全な取扱い		
D　身近な消費生活と環境 （1）物や金銭の使い方と買物 　ア　物や金銭の大切さ、計画的な使い方 　イ　身近な物の選び方、買い方 （2）環境に配慮した生活の工夫 　ア　身近な環境とのかかわり、物の使い方の工夫	**C　消費生活・環境** （1）物や金銭の使い方と買物 　ア　（ア）買物の仕組みや消費者の役割、物や金銭の大切さ、計画的な使い方 　　（イ）身近な物の選び方、買い方、情報の収集・整理 　イ　身近な物の選び方、買い方の工夫 （2）環境に配慮した生活 　ア　身近な環境との関わり、物の使い方 　イ　環境に配慮した物の使い方の工夫	・中学校との系統性を図り、「買物の仕組みや消費者の役割」に関する内容が新設された。

文部科学省『小学校学習指導要領（平成29年告示）解説家庭編』をもとに筆者作成、下線は筆者による

2 「家庭」における資質・能力とは

（3）資質・能力の詳細は、資料5を参照されたい。

　教科の目標において、資質・能力[3]（1）知識及び技能、（2）思考力・表現力・判断力等、（3）学びに向かう力、人間性等の3点に即した目標がそれぞれ（1）（2）（3）として設定されている。

資料3　小学校学習指導要領における目標

平成20年改訂	衣食住などに関する実践的・体験的な活動を通して、日常生活に必要な基礎的・基本的な知識及び技能を身に付けるとともに、家庭生活を大切にする心情をはぐくみ家族の一員として生活をよりよくしようとする実践的な態度を育てる。 （1）衣食住や家族の生活などに関する実践的・体験的な活動を通して、自分の成長を自覚するとともに、家庭生活への関心を高め、その大切さに気付くようにする。 （2）日常生活に必要な基礎的・基本的な知識及び技能を身に付け、身近な生活に活用できるようにする。 （3）自分と家族などとのかかわりを考えて実践する喜びを味わい、家庭生活をよりよくしようとする実践的な態度を育てる。
平成29年改訂	生活の営みに係る見方・考え方を働かせ、衣食住などに関する実践的・体験的な活動を通して、生活をよりよくしようと工夫する資質・能力を次のとおり育成することを目指す。 （1）家族や家庭、衣食住、消費や環境などについて、日常生活に必要な基礎的な理解を図るとともに、それらに係る技能を身に付けるようにする。 （2）日常生活の中から問題を見いだして課題を設定し、様々な解決方法を考え、実践を評価・改善し、考えたことを表現するなど、課題を解決する力を養う。 （3）家庭生活を大切にする心情を育み、家族や地域の人々との関わりを考え、家族の一員として、生活をよりよくしようと工夫する実践的な態度を養う。

文部科学省『小学校学習指導要領 解説家庭編』平成20年 pp.8-13及び、文部科学省『小学校学習指導要領（平成29年告示）解説家庭編 p.12』をもとに筆者作成

3 家庭における「見方・考え方」

（4）中央教育審議会「幼稚園、小学校、中学校、高等学校及び特別支援学校の学習指導要領等の改善及び必要な方策等について（答申）」平成28年12月21日、p.180.

（5）教育課程部会　家庭、技術・家庭ワーキンググループ「家庭、技術・家庭ワーキンググループにおける審議の取りまとめ（報告）」平成28年8月26日、資料1-1.

　家庭における見方・考え方は、**「生活の営みに係る見方・考え方」**とされ、「家族や家庭、衣食住、消費や環境などに係る生活事象を、協力・協働、健康・快適・安全、生活文化の継承・創造、持続可能な社会の構築等の視点で捉え、よりよい生活を営むために工夫すること」[4]と示されている。ワーキンググループ報告によって資料4のように示されている[5]。しかし、資料4に示される生活の営みに係る見方・考え方は、すべての学習内容で活用できるものではない可能性がある。教師にはこれらを踏まえ、授業での活用が求められる。

資料4　家庭における見方・考え方

資料5　小学校家庭、中学校技術・家庭 家庭分野で育成を目指す資質・能力の系統表

			小学校	中学校
知識及び技能			日常生活に必要な家族や家庭、衣食住、消費や環境などについての基礎的な理解と、それらに係る技能	生活の自立に必要な家族・家庭、衣食住、消費や環境などについての基礎的な理解と、それらに係る技能
	A家族・家庭生活		・家庭生活と家族の大切さ、家族との協力についての基礎的な理解 ・家庭の仕事と生活時間についての基礎的な理解 ・家族との関わりについての基礎的な理解	・家族・家庭の基本的な機能、家族や地域の人々と協力・協働についての基礎的な理解 ・家族関係、家庭生活と地域との関わりについての基礎的な理解
			・地域の人々（幼児又は低学年の児童や高齢者など異なる世代の人々）との関わりについての基礎的な理解	・幼児の発達と生活、幼児の遊びの意義についての基礎的な理解 ・幼児や高齢者との関わり方についての基礎的な理解と技能
	B衣食住の生活	食生活	・食事の役割についての基礎的な理解 ・調理の基礎についての基礎的な理解と技能 ・栄養を考えた食事についての基礎的な理解	・食事の役割と中学生の栄養の特徴についての基礎的な理解 ・中学生に必要な栄養を満たす食事についての基礎的な理解 ・日常食の調理と地域の食文化についての基礎的な理解と技能
		衣生活	・衣服の主な働き 衣服の着用と手入れについての基礎的な理解と技能 ・布を用いた製作についての基礎的な理解と技能	・衣服と社会生活との関わり 衣服の選択と着用、計画的な活用と手入れについての基礎的な理解と技能 ・布を用いた製作についての基礎的な理解と技能
		住生活	・住まいの主な働き 季節の変化に合わせた住まい方 住まいの整理・整頓や清掃の仕方についての基礎的な理解と技能	・住居の基本的な機能 家族の生活と住空間との関わり 家族の安全を考えた住空間の整え方についての基礎的な理解
	C消費生活・環境		・物や金銭の使い方と買物についての基礎的な理解と技能 ・環境に配慮した生活についての基礎的な理解	・金銭の管理と購入についての基礎的な理解と技能 ・消費者の権利と責任についての基礎的な理解
思考力・判断力・表現力等			日常生活の中から問題を見いだして課題を設定し、課題を解決する力	家族・家庭や地域における生活の中から問題を見いだして課題を設定し、これからの生活を展望して課題を解決する力
	A家族・家庭生活		・日常生活の中から家族・家庭生活について問題を見いだし、課題をもって考え、解決する力	・家族・家庭や地域における生活の中から家族・家庭生活について問題を見いだし、課題をもって考え、解決する力
	B衣食住の生活	食生活	・日常生活の中から食生活について問題を見いだし、課題をもって考え、解決する力	・家族・家庭や地域における生活の中から食生活について問題を見いだし、課題をもって考え、解決する力
		衣生活	・日常生活の中から衣生活について問題を見いだし、課題をもって考え、解決する力	・家族・家庭や地域における生活の中から衣生活について問題を見いだし、課題をもって考え、解決する力
		住生活	・日常生活の中から住生活について問題を見いだし、課題をもって考え、解決する力	・家族・家庭や地域における生活の中から住生活について問題を見いだし、課題をもって考え、解決する力
	C消費生活・環境		・日常生活の中から消費生活・環境について問題を見いだし、課題をもって考え、解決する力	・家族・家庭や地域における生活の中から消費生活・環境について問題を見いだし、課題をもって考え、解決する力
学びに向かう力・人間性等			家族の一員として、生活をよりよくしようと工夫する実践的な態度	家族や地域の人々と協働し、よりよい生活の実現に向けて、生活を工夫し創造しようとする実践的な態度
	A家族・家庭生活		・家庭生活をよりよくしようと工夫する実践的な態度 ・家族や地域の人々と関わり、協力しようとする態度	・家庭生活を工夫し創造しようとする実践的な態度 ・家庭生活を支える一員として生活をよりよくしようとする態度 ・地域の人々と関わり、協働しようとする態度
	B衣食住の生活	食生活	・食生活をよりよくしようと工夫する実践的な態度 ・食生活における日本の生活文化を大切にしようとする態度	・食生活を工夫し創造しようとする実践的な態度 ・食生活における日本の生活文化を継承しようとする態度
		衣生活	・衣生活をよりよくしようと工夫する実践的な態度 ・衣生活における日本の生活文化を大切にしようとする態度	・衣生活を工夫し創造しようとする実践的な態度 ・衣生活における日本の生活文化を継承しようとする態度
		住生活	・住生活をよりよくしようと工夫する実践的な態度 ・住生活における日本の生活文化を大切にしようとする態度	・住生活を工夫し創造しようとする実践的な態度 ・住生活における日本の生活文化を継承しようとする態度
	C消費生活・環境		・身近な消費生活と環境をよりよくしようと工夫する実践的な態度	・身近な消費生活と環境について工夫し創造しようとする実践的な態度

		小学校	中学校
生活の課題と実践	A家族・家庭生活	・日常生活の中から問題を見いだして課題を設定し、よりよい生活を考え、計画を立てて実践できること	・家族、幼児の生活又は地域の生活の中から問題を見いだして課題を設定し、その解決に向けてよりよい生活を考え、計画を立てて実践できること
	B衣食住の生活		・食生活、衣生活、住生活の中から問題を見いだして課題を設定し、その解決に向けてよりよい生活を考え、計画を立てて実践できること
	C消費生活・環境		・自分や家族の消費生活の中から問題を見いだして課題を設定し、その解決に向けて環境に配慮した消費生活を考え、計画を立てて実践できること

文部科学省『小学校学習指導要領（平成29年告示）解説家庭編』p.84.

家庭科・技術科
（2）中学校　技術・家庭科　家庭分野

Ⅳ
10

本節のポイント

・目標が資質・能力に合わせて、具体的、系統的に示された。
・見方・考え方として「生活の営みに係る見方・考え方」が示された。
・系統性を意識し、3つの内容としてA家族・家庭生活、B衣食住の生活、C消費生活・環境が示された。

（1）文部科学省『中学校学習指導要領（平成29年告示）解説技術・家庭編』p.67.

（2）中学校学習指導要領において家庭科は、単独で教科として存在していない。技術・家庭科という教科に、家庭分野と技術分野の2つの分野が存在している。

（3）中央教育審議会「幼稚園、小学校、中学校、高等学校及び特別支援学校の学習指導要領等の改善及び必要な方策等について（答申）」平成28年12月21日、p.180.

参考文献
・文部科学省『小学校学習指導要領（平成29年告示）』.
・文部科学省『高等学校学習指導要領（平成30年告示）』.
・文部科学省『中学校学習指導要領（平成29年告示）』.

（4）佐藤園（2001）「家庭科の本質（第3報）―家庭科における家庭的資質育成教育―」『日本家庭科教育学会誌』第44巻第1号、pp.25-29.

1　改訂の要点

　平成29年学習指導要領[1]においては、①「小・中・高等学校の内容の**系統性の明確化**」、②「**空間軸**と**時間軸**の視点からの小・中・高等学校における学習対象の明確化」、③「学習過程を踏まえた育成する資質・能力の明確化」が内容構成において重要視された。②については、家庭、地域、社会という空間的な広がりと、これまでの生活、現在の生活、これからの生活、生涯を見通した生活という時間的な広がりから学習対象を捉えた内容の調整が行われている。具体的内容は資料2に示す。

2　「家庭」における資質・能力とは

　技術・家庭科[2]と家庭分野それぞれの資質・能力（1）知識及び技能、（2）思考力・表現力・判断力等、（3）学びに向かう力、人間性等の3点に即した目標が示された。具体的な資質・能力は本章（1）小学校家庭科163ページに示す。

3　家庭分野における「生活の営みに係る見方・考え方」

　小学校同様に、「家族や家庭、衣食住、消費や環境などに係る生活事象を、協力・協働、健康・快適・安全、生活文化の継承・創造、持続可能な社会の構築等の視点で捉え、よりよい生活を営むために工夫すること」[3]と示された（本章（1）小学校家庭科162ページ資料4参照）。しかし、この**見方・考え方**に示された4つの視点には、経済や個人の嗜好などは示されておらず、限定的なものであるとも考えられる。佐藤[4]が指摘したように、教育内容によって見方・考え方や解釈が限定的なものとなり、生き方を方向付けたり、生活を営む主体者としての子どもの育成を妨げたりすることを含んでいる可能性もある。教師には授業における活用の工夫が求められるだろう。

IV-10 家庭科・技術科 （2）中学校 技術・家庭科 家庭分野

資料1 中学校学習指導要領における目標

	技術・家庭科	家庭分野
平成20年改訂	生活に必要な基礎的・基本的な知識及び技術の習得を通して、生活と技術とのかかわりについて理解を深め、進んで生活を工夫し創造する能力と実践的な態度を育てる。	衣食住などに関する実践的・体験的な学習活動を通して、生活の自立に必要な基礎的・基本的な知識及び技術を習得するとともに、家庭の機能について理解を深め、これからの生活を展望して、課題をもって生活をよりよくしようとする能力と態度を育てる。
平成29年改訂	生活の営みに係る見方・考え方や技術の見方・考え方を働かせ、生活や技術に関する実践的・体験的な活動を通して、よりよい生活の実現や持続可能な社会の構築に向けて、生活を工夫し創造する資質・能力を次のとおり育成することを目指す。 （1）生活と技術についての基礎的な理解を図るとともに、それらに係る技能を身に付けるようにする。 （2）生活や社会の中から問題を見いだして課題を設定し、解決策を構想し、実践を評価・改善し、表現するなど、課題を解決する力を養う。 （3）よりよい生活の実現や持続可能な社会の構築に向けて、生活を工夫し創造しようとする実践的な態度を養う。	生活の営みに係る見方・考え方を働かせ、衣食住などに関する実践的・体験的な活動を通して、よりよい生活の実現に向けて、生活を工夫し創造する資質・能力を次のとおり育成することを目指す。 （1）家族・家庭の機能について理解を深め、家族・家庭、衣食住、消費や環境などについて、生活の自立に必要な基礎的な理解を図るとともに、それらに係る技能を身に付けるようにする。 （2）家族・家庭や地域における生活の中から問題を見いだして課題を設定し、解決策を構想し、実践を評価・改善し、考察したことを論理的に表現するなど、これからの生活を展望して課題を解決する力を養う。 （3）自分と家族、家庭生活と地域との関わりを考え、家族や地域の人々と協働し、よりよい生活の実現に向けて、生活を工夫し創造しようとする実践的な態度を養う。

文部科学省『中学校学習指導要領 解説技術・家庭編』平成20年 p.11, 38及び、文部科学省『中学校学習指導要領（平成29年告示）解説技術・家庭編』p.16, 62をもとに筆者作成

資料2 中学校学習指導要領における内容

平成29年改訂	改訂された内容
A 家族・家庭生活 （1）自分の成長と家族・家庭生活 　ア　自分の成長と家族・家庭生活との関わり、家族・家庭の基本的な機能、家族や地域の人々との協力・協働 （2）幼児の生活と家族 　ア　（ア）幼児の発達と生活の特徴、家族の役割　（イ）幼児の遊びの意義、幼児との関わり方 　イ　幼児との関わり方の工夫 （3）家族・家庭や地域との関わり 　ア　（ア）家族の協力と家族関係　（イ）家庭生活と地域との関わり、高齢者との関わり方 　イ　家庭関係をよりよくする方法及び地域の人々と協働する方法の工夫 （4）家族・家庭生活についての課題と実践 　ア　家族、幼児の生活又は地域の生活についての課題と計画、実践、評価	・ガイダンスの際に合わせて、家族・家庭の基本的な機能について取り扱う。 ・高齢者など地域の人々と協働することや高齢者との関わり方について理解することなどを扱う。 ・A（4）、B（7）、C（3）は、3学年間で1以上を選択する。
B 衣食住の生活 （1）食事の役割と中学生の栄養の特徴 　ア　（ア）食事が果たす役割　（イ）中学生の栄養の特徴、健康によい食習慣 　イ　健康によい食習慣の工夫 （2）中学生に必要な栄養を満たす食事 　ア　（ア）栄養素の種類と働き、食品の栄養的特質 　　（イ）中学生の1日に必要な食品の種類と概量、献立作成の方法 　イ　中学生の1日分の献立の工夫 （3）日常食の調理と地域の食文化 　ア　（ア）用途に応じた食品の選択　（イ）食品や調理用具等の安全と衛生に留意した管理 　　（ウ）材料に適した加熱調理の仕方、基礎的な日常食の調理 　　（エ）地域の食文化、地域の食材を用いた和食の調理 　イ　日常の1食分のための食品の選択と調理計画及び調理の工夫 （4）衣服の選択と手入れ 　ア　（ア）衣服と社会生活との関わり、目的に応じた着用や個性を生かす着用、衣服の選択 　　（イ）衣服の計画的な活用、衣服の材料や状態に応じた日常着の手入れ 　イ　日常着の選択や手入れの工夫 （5）生活を豊かにするための布を用いた製作 　ア　製作する物に適した材料や縫い方、用具の安全な取扱い 　イ　生活を豊かにするための資源や環境に配慮した布を用いた物の製作計画及び製作の工夫 （6）住居の機能と安全な住まい方 　ア　（ア）家族の生活と住空間との関わり、住居の基本的な機能 　　（イ）家族の安全を考えた住空間の整え方 　イ　家族の安全を考えた住空間の整え方の工夫 （7）衣食住の生活についての課題と実践 　ア　食生活、衣生活、住生活についての課題と計画、実践、評価	・加熱調理では、小学校での「ゆでる、いためる」に加え、「煮る、焼く、蒸す等」の調理方法を扱うこととしている。 ・和食や和服などの伝統的な生活について取り扱う。 ・これまで扱われてきた音と生活の関わりが小学校の内容となった。
C 消費生活・環境 （1）金銭の管理と購入 　ア　（ア）購入方法や支払い方法の特徴、計画的な金銭管理 　　（イ）売買契約の仕組み、消費者被害、物資・サービスの選択に必要な情報の収集・整理 　イ　情報を活用した物資・サービスの購入の工夫 （2）消費者の権利と責任 　ア　消費者の基本的な権利と責任、消費生活が環境や社会に及ぼす影響 　イ　自立した消費者としての消費行動の工夫 （3）消費生活・環境についての課題と実践 　ア　環境に配慮した消費生活についての課題と計画、実践、評価	・クレジットカードなどの三者間契約について取り扱う。

文部科学省『中学校学習指導要領（平成29年告示）解説技術・家庭編』をもとに筆者作成

IV 10 家庭科・技術科
（3）中学校　技術・家庭科　技術分野

本節のポイント

- 「技術の見方・考え方」が示された。
- 学習内容は、A材料と加工の技術、B生物育成の技術、Cエネルギー変換の技術、D情報の技術の4つへと整理された。
- 3つの要素で構成される学習段階が、各学習内容に明確に示された。

（1）平成20年改訂の学習指導要領においても4つの内容（A材料と加工に関する技術、Bエネルギー変換に関する技術、C生物育成に関する技術、D情報に関する技術）で構成されており、文言や順番等が変更されている。

（2）文部科学省『中学校学習指導要領（平成29年告示）解説技術・家庭編』p.11.

参考文献
- 文部科学省『中学校学習指導要領（平成29年告示）』.
- 教育課程部会　家庭、技術・家庭ワーキンググループ「家庭、技術・家庭ワーキンググループにおける審議の取りまとめ（報告）」平成28年8月26日.

1　改訂の要点

学習内容に大きな変更はなく、A材料と加工の技術、B生物育成の技術、Cエネルギー変換の技術、D情報の技術の4つへ整理された[(1)]。これらは、すべて必修である。各内容は、学習過程を想定し「生活や社会を支える技術」、「技術による問題の解決」、「社会の発展と技術」の3つの要素で構成され、資料1のように示された。

また、技術に関する教育を体系的に行うために、第1学年の最初に扱う内容の「生活や社会を支える技術」において、小学校での理科、図画工作、社会やプログラミング学習等を踏まえた中学校での学習のガイダンス的な内容としても指導することとされた。加えて、「分野目標の実現に向け、高等学校との関連を踏まえるとともに、現代社会で活用されている多くの技術がシステム化されている実態に対応するために、第3学年で取り上げる内容の「技術による問題の解決」の項目では、他の内容の技術も含めた統合的な問題について取り扱う」[(2)]ことも示している。

資料1　技術分野の学習過程と、各内容の3つの要素および項目の関係

学習過程	既存の技術の理解	課題の設定	技術に関する科学的な理解に基づいた設計・計画	課題解決に向けた製作・制作・育成	成果の評価	次の問題の解決の視点
	技術に関する原理や法則、基礎的な技術の仕組みを理解するとともに、技術の見方・考え方に気付く。	生活や社会の中から技術に関わる問題を見いだし、それに関する調査等に基づき、現状をさらに良くしたり、新しいものを生み出したりするために解決すべき課題を設定する。	課題の解決策を条件を踏まえて構想（設計・計画）し、試行・試作等を通じて解決策を具体化する。	解決活動（製作・制作・育成）を行う。	解決結果及び解決過程を評価し、改善・修正する。	技術についての概念の理解を深め、よりよい生活や持続可能な社会の構築に向けて、技術を評価し、選択、管理・運用、改良、応用について考える。

（各段階間に「→過程の評価と修正←」）

内容	要素	生活や社会を支える技術	技術による問題の解決	社会の発展と技術
	A材料と加工の技術	(1)生活や社会を支える材料と加工の技術	(2)材料と加工の技術による問題の解決	(3)社会の発展と材料と加工の技術
	B生物育成の技術	(1)生活や社会を支える生物育成の技術	(2)生物育成の技術による問題の解決	(3)社会の発展と生物育成の技術
	Cエネルギー変換の技術	(1)生活や社会を支えるエネルギー変換の技術	(2)エネルギー変換の技術による問題の解決	(3)社会の発展とエネルギー変換の技術
	D情報の技術	(1)生活や社会を支える情報の技術	(2)ネットワークを利用した双方向性のあるコンテンツに関するプログラミングによる問題の解決 (3)計測・制御に関するプログラミングによる問題の解決	(4)社会の発展と情報の技術

文部科学省『中学校学習指導要領（平成29年告示）解説技術・家庭編』p.23.

2 「技術」における資質・能力とは

技術分野においても、資質・能力（1）知識及び技能、（2）思考力・表現力・判断力等、（3）学びに向かう力、人間性等の3点に即して、目標[3]が整理された（資料2参照）。資質・能力の具体は、技術分野 資質・能力系統表[4]として、まとめられている（資料3参照）。

（3）技術・家庭科の目標については、本章（2）中学校技術・家庭科 家庭分野165ページ資料1を参照のこと。

（4）前掲書（2）、p.60.

3 技術分野における「技術の見方・考え方」

技術分野の目標を達成するために、必要となる「**技術の見方・考え方**」は、「生活や社会における事象を、技術との関わりの視点で捉え、社会からの要求、安全性、環境負荷や経済性などに着目して技術を**最適化**すること」[5]と示されている。特に、技術分野の学習活動において、最適化は重要な概念として位置づけられている。学習には「最適化を目指したトレード・オフの思考様式に基づいて、課題や要求に対して意思決定する学習内容が内在化している」[6]とされ、適切な学習場面の設定が求められている。

（5）前掲書（2）、p.19.

（6）谷田親彦、浅田雄亮（2017）「技術に関わる意思決定場面に対する技術科教員の意識」『科学教育研究』Vol.41 No.1、p.55.

資料2　中学校学習指導要領における技術分野の目標

平成20年改訂	ものづくりなどの実践的・体験的な学習活動を通して、材料と加工、エネルギー変換、生物育成及び情報に関する基礎的・基本的な知識及び技術を習得するとともに、技術と社会や環境とのかかわりについて理解を深め、技術を適切に評価し活用する能力と態度を育てる。
平成29年改訂	技術の見方・考え方を働かせ、ものづくりなどの技術に関する実践的・体験的な活動を通して、技術によってよりよい生活や持続可能な社会を構築する資質・能力を次のとおり育成することを目指す。 （1）生活や社会で利用されている材料、加工、生物育成、エネルギー変換及び情報の技術についての基礎的な理解を図るとともに、それらに係る技能を身に付け、技術と生活や社会、環境との関わりについて理解を深める。 （2）生活や社会の中から技術に関わる問題を見いだして課題を設定し、解決策を構想し、製作図等に表現し、試作等を通じて具体化し、実践を評価・改善するなど、課題を解決する力を養う。 （3）よりよい生活の実現や持続可能な社会の構築に向けて、適切かつ誠実に技術を工夫し創造しようとする実践的な態度を養う。

文部科学省『中学校学習指導要領 解説技術・家庭編』平成20年 p.14及び、文部科学省『中学校学習指導要領（平成29年告示）解説技術・家庭編』p.15をもとに筆者作成

資料3　技術分野　資質・能力系統表（内容A　材料と加工の技術）

		知識及び技能	思考力、判断力、表現力等	学びに向かう力、人間性等
		技術によってよりよい生活や持続可能な社会を構築する資質・能力		
技術分野		・生活や社会で利用されている材料、加工、生物育成、エネルギー変換及び情報の技術についての基礎的な理解と、それらに係る技能 ・技術と生活や社会、環境との関わりについての理解	・生活や社会の中から技術に関わる問題を見いだして課題を設定し、解決策を構想し、製作図等に表現し、試作等を通じて具体化し、実践を評価・改善するなど、課題を解決する力	・よりよい生活の実現や持続可能な社会の構築に向けて、適切かつ誠実に技術を工夫し創造しようとする実践的な態度
内容A		・生活や社会で利用されている材料と加工の技術についての基礎的な理解とそれらに係る技能 ・材料と加工の技術と生活や社会、環境との関わりについての理解	・生活や社会の中から材料と加工の技術に関わる問題を見いだして課題を設定し解決する力	・よりよい生活や持続可能な社会の構築に向けて、適切かつ誠実に材料と加工の技術を工夫し創造しようとする実践的な態度
材料と加工の技術	(1)	・主な材料や加工についての科学的な原理・法則の理解 ・材料の製造方法や成形方法などの基礎的な技術の仕組みの理解	・材料と加工の技術に込められた工夫を読み取る力 ・材料と加工の技術の見方・考え方の気付き	・進んで材料と加工の技術と関わり、主体的に理解し、技能を身に付けようとする態度
	(2)	・製作に必要な図をかき、安全・適切な製作や検査・点検等ができる技能	・材料と加工の技術の見方・考え方を働かせて、問題を見いだして課題を設定し解決できる力	・自分なりの新しい考え方や捉え方によって、解決策を構想しようとする態度 ・自らの問題解決とその過程を振り返り、よりよいものとなるよう改善・修正しようとする態度
	(3)	・生活や社会に果たす役割や影響に基づいた材料と加工の技術の概念の理解	・よりよい生活や持続可能な社会の構築に向けて、材料と加工の技術を評価し、適切に選択、管理・運用したり、新たな発想に基づいて改良、応用したりする力	・よりよい生活や持続可能な社会の構築に向けて、材料と加工の技術を工夫し創造していこうとする態度

文部科学省『中学校学習指導要領（平成29年告示）解説技術・家庭編』p.60.

IV 10 家庭科・技術科
（4）高等学校　家庭科

本節のポイント

・「家庭基礎」（2単位）と「家庭総合」（4単位）の2科目から選択することとなった。
・資質・能力に即して、各科目において具体的な目標が示された。

---

1 「家庭基礎」・「家庭総合」改訂の要点

平成21年の改定では、「家庭基礎」（2単位）、「家庭総合」（4単位）に「生活デザイン」（4単位）を加えた3科目が設けられていたが、平成30年の改定では、これまでの履修状況を踏まえ「**家庭基礎**」（2単位）及び「**家庭総合**」（4単位）に整理された。「これらの2科目のうちいずれか1科目を必履修科目として履修すること」[1]とされている。「家庭総合」はこれまでの「生活デザイン」の学習内容を含むものとなっている。

参考文献

・文部科学省『高等学校学習指導要領（平成30年告示）』.

（1）文部科学省『高等学校学習指導要領（平成30年告示）解説家庭編』p.10. また、「各学校においては、各科目の改訂の趣旨を踏まえ、複数の科目を開設して生徒が選択できるようにすることが望まれる。」とも記述されている。

資料1　家庭科の必修科目編成

平成11年改訂	平成22年改訂	平成30年改訂
家庭基礎（2単位） 家庭総合（4単位） 生活技術（4単位） のうちいずれか1科目	家庭基礎（2単位） 家庭総合（4単位） 生活デザイン（4単位） のうちいずれか1科目	家庭基礎（2単位） 家庭総合（4単位） のうちいずれか1科目

文部科学省『高等学校学習指導要領 解説家庭編』平成22年 p.9及び、文部科学省『高等学校学習指導要領（平成30年告示）解説家庭編』p.18をもとに筆者作成

資料2　高等学校学習指導要領における内容

家庭基礎	家庭総合
A　人の一生と家族・家庭及び福祉 B　衣食住の生活の自立と設計 C　持続可能な消費生活・環境 D　ホームプロジェクトと学校家庭クラブ活動	A　人の一生と家族・家庭及び福祉 B　衣食住の生活の科学と文化 C　持続可能な消費生活・環境 D　ホームプロジェクトと学校家庭クラブ活動
生活を主体的に営むために必要な基礎的な理解と技能を身に付け、自立した生活者として必要な実践力を育成することを重視した	生活を主体的に営むために必要な科学的な理解と技能を体験的・総合的に身に付け、生活文化の継承・創造、高齢者の介護や消費生活に関する実習や演習を行うことを重視した

文部科学省『高等学校学習指導要領（平成30年告示）解説家庭編』をもとに筆者作成

（2）文部科学省『高等学校学習指導要領（平成30年告示）解説家庭編』p.20.

小・中学校との系統性を重視した**時間軸・空間軸**とのかかわりについては、内容の取扱いにおいて、「現在を起点に将来を見通したり、自己や家族を起点に地域や社会へ視野を広げたりして、生活を時間的・空間的な視点から捉えることができるよう指導を工夫すること」[2]が示されており、生徒が時間的・空間的視点を持つことができるようになることが求められている。

また、成人年齢が18歳に引き下げられたことにより、消費者教育の学習内容について第1・第2学年で履修することとした[3]。

(3) 履修は、2020年度以降の入学生に求められている。
文部科学省「高等学校学習指導要領家庭科の履修学年に関する改正告示」平成31年3月28日.

2 「家庭」における資質・能力とは

教科の目標において、資質・能力（1）知識及び技能、（2）思考力・表現力・判断力等、（3）学びに向かう力、人間性等の3点に即した目標がそれぞれ（1）（2）（3）として設定された（資料3参照）。

資料3　高等学校学習指導要領における目標

	家庭全体	家庭基礎	家庭総合
平成22年改訂	人間の生涯にわたる発達と生活の営みを総合的にとらえ、家族・家庭の意義、家族・家庭と社会とのかかわりについて理解させるとともに、生活に必要な知識と技術を習得させ、男女が協力して主体的に家庭や地域の生活を創造する能力と実践的な態度を育てる。	人の一生と家族・家庭及び福祉、衣食住、消費生活などに関する基礎的・基本的な知識と技能を習得させ、家庭や地域の生活課題を主体的に解決すると共に、生活の充実向上を図る能力と実践的な態度を育てる。	人の一生と家族・家庭、子どもや高齢者とのかかわりと福祉、消費生活、衣食住などに関する知識と技術を総合的に習得させ、家庭や地域の生活課題を主体的に解決するとともに、生活の充実向上を図る能力と実践的な態度を育てる。
平成30年改訂	生活の営みに係る見方・考え方を働かせ、実践的・体験的な学習活動を通して、様々な人々と協働し、よりよい社会の構築に向けて、男女が協力して主体的に家庭や地域の生活を創造する資質・能力を次のとおり育成することを目指す。 （1）人間の生涯にわたる発達と生活の営みを総合的に捉え、家族・家庭の意義、家族・家庭と社会との関わりについて理解を深め、家族・家庭、衣食住、消費や環境などについて、生活を主体的に営むために必要な理解を図るとともに、それらに係る技能を身に付けるようにする。 （2）家庭や地域及び社会における生活の中から問題を見いだして課題を設定し、解決策を構想し、実践を評価・改善し、考察したことを根拠に基づいて論理的に表現するなど、生涯を見通して生活の課題を解決する力を養う。 （3）様々な人々と協働し、よりよい社会の構築に向けて、地域社会に参画しようとするとともに、自分や家庭、地域の生活を主体的に創造しようとする実践的な態度を養う。	生活の営みに係る見方・考え方を働かせ、実践的・体験的な学習活動を通して、様々な人々と協働し、よりよい社会の構築に向けて、男女が協力して主体的に家庭や地域の生活を創造する資質・能力を次のとおり育成することを目指す。 （1）人の一生と家族・家庭及び福祉、衣食住、消費生活・環境などについて、生活を主体的に営むために必要な基礎的な理解を図るとともに、それらに係る技能を身に付けるようにする。 （2）家庭や地域及び社会における生活の中から問題を見いだして課題を設定し、解決策を構想し、実践を評価・改善し、考察したことを根拠に基づいて論理的に表現するなど、生涯を見通して課題を解決する力を養う。 （3）様々な人々と協働し、よりよい社会の構築に向けて、地域社会に参画しようとするとともに、自分や家庭、地域の生活の充実向上を図ろうとする実践的な態度を養う。	生活の営みに係る見方・考え方を働かせ、実践的・体験的な学習活動を通して、様々な人々と協働し、よりよい社会の構築に向けて、男女が協力して主体的に家庭や地域の生活を創造する資質・能力を次のとおり育成することを目指す。 （1）人の一生と家族・家庭及び福祉、衣食住、消費生活・環境などについて、生活を主体的に営むために必要な科学的な理解を図るとともに、それらに係る技能を体験的・総合的に身に付けるようにする。 （2）家庭や地域及び社会における生活の中から問題を見いだして課題を設定し、解決策を構想し、実践を評価・改善し、考察したことを科学的な根拠に基づいて論理的に表現するなど、生涯を見通して課題を解決する力を養う。 （3）様々な人々と協働し、よりよい社会の構築に向けて、地域社会に参画しようとするとともに、生活文化を継承し、自分や家庭、地域の生活の充実向上を図ろうとする実践的な態度を養う。

文部科学省『高等学校学習指導要領 解説家庭編』平成22年 p.7, 10, 20及び、文部科学省『高等学校学習指導要領(平成30年告示)解説家庭編』p.12, 19, 46をもとに筆者作成

（兼安章子）

Ⅳ 11 特別の教科 道徳
（1）改訂の経緯とポイント

本節のポイント

・いじめ問題等をきっかけに、道徳教育の抜本的な充実が目指されるようになった。

・道徳教育の量的確保と質的転換を行うことが求められた。

・学習指導要領全体の改訂に先駆けて、道徳の教科化が行われ、「考え、議論する道徳」と「主体的・対話的で深い学び」が関連付けられていった。

1 「特別の教科 道徳」改訂の経緯

　2013（平成25）年の教育再生実行会議における「いじめ問題等への対応について（第一次提言）」の中で、現在行われている道徳教育は充実度に差があり、所期の目的が十分に果たされていない状況にあること、道徳教育の重要性を改めて認識し、その抜本的な充実を図るとともに、新たな枠組みによって教科化し、より良く生きるための基盤となる力を育てることが求めることが示された[1]。その後、道徳教育の充実に関わる懇談会が開かれ、道徳教育そのものを忌避しがちな風潮があることや、他教科等に比べて軽んじられ振り替えられていることもあるのではないかといった指摘から**量的確保**を、理念が十分に理解されておらず、効果的な指導方法も共有されていないことや授業方法が型にはまったものになりがちであるなどの指摘から、**質的転換**を目指すこととなった[2]。この方針に基づき、2014（平成26）年に中央教育審議会による「道徳に係る教育課程の改善等について（答申）」が出され、2015（平成27）年に学習指導要領の一部改正に至った。

2 「考え、議論する道徳」と「主体的・対話的で深い学び」の関連

　道徳の教科化に係る会議等を表1に整理した。指導要領全体の改訂に大きく影響を与えている**「論点整理」**以前に、道徳の教科化が示された一部改正指導要領が告示されている。柳沼（2017）は、道徳教科化を審議する諸々の審議会や専門会議と並行する形で、学習指導要領全体の改訂に向けた中央教育審議会も行われており、途中から両者の議論が合流していったと示している[3]。また、今回の学習指導要領では、各教科で「見方・考え方」の画一的な表現が使用されているが、「特別の教科　道徳」にのみ、この表現はない。これは、中教審

（1）教育再生実行会議（2017）「いじめ問題等への対応について（第一次提言）」文部科学省

（2）道徳教育の充実に関する懇談会（2013）「今後の道徳教育の改善・充実方策について（報告）〜新しい時代を、人としてより良く生きる力を育てるために〜」文部科学省

（3）「考え、議論する道徳」を実現する会、柳沼良太（2017）『『考え、議論する道徳』を実現する！』図書文化社、pp.34-37.

教育課程企画特別部会での審議経過の中で画一的な表現が次第に固まっていったものであり、道徳については、すでに教科書の編集と作成に入っていたため、新方針に切り替える時間的な猶予がなかったものと推測される、と梅原（2018）は指摘する(4)。

もともと**「考え、議論する道徳」**は、いじめ問題等にも対応すべく実行性のある授業形態として構想され、問題解決的な学習や体験的な学習と関連づけられ、その後、新学習指導要領で導入される**「主体的・対話的で深い学び」**と理論的に関連づけられることで、その構造や特徴が明確に示されていったという(5)。文科省の説明会資料では、「考え、議論する道徳」への質的転換を進めることが、新学習指導要領における「主体的・対話的で深い学び」を実現する授業改善など、新学習指導要領の実施に向けた準備となることが示されている(6)。道徳の教科化におけるキーワードともなっている「考え、議論する道徳」は「主体的・対話的で深い学び」の先駆けとなったと言えよう。

（4）梅原利夫（2018）「新学習指導要領を主体的につかむ−その構図と乗り越える道」新日本出版社、pp.38-40.

（5）「考え、議論する道徳」を実現する会、柳沼良太（2017）『「考え、議論する道徳」を実現する！』図書文化社、pp.38-43.

（6）文部科学省 初等中等教育局 教育課程課（2017）『平成29年度 道徳教育指導者養成研修ブロック説明会 行政説明資料「道徳教育の抜本的充実に向けて」』道徳教育アーカイブ https://doutoku.mext.go.jp/pdf/h29_block_training_materials.pdf
（最終閲覧　2019.7.5）

表1　道徳の教科化に関わる動向（文科省資料をもとに筆者作成）

年・月		発行者・会議	発行物（下線部は学習指導要領）
2013年	2月	教育再生実行会議	・「いじめ問題等への対応について（第一次提言）」
	12月	道徳教育の充実に関する懇談会	・「今後の道徳教育の改善・充実方策について（報告）〜新しい時代を、人としてより良く生きる力を育てるために〜」
2014年	10月	中央教育審議会	・「道徳に係る教育課程の改善等について（答申）」
	11月	中央教育審議会	・初等中等教育における教育課程の基準等の在り方について（諮問）
2015年	3月	文部科学省	・一部改正小学校学習指導要領
	7月	文部科学省	・小学校学習指導要領解説 特別の教科 道徳編
	8月	教育課程企画特別部会	・「論点整理」
2016年	7月	道徳の評価に係る専門家会議	・「特別の教科 道徳」の指導方法・評価等について（報告）
	8月	考える道徳への転換に向けたワーキンググループ	・「考える道徳への転換に向けたワーキンググループにおける審議の取りまとめについて（報告）」
	11月	文部科学大臣	・『いじめに正面から向き合う「考え、議論する道徳」への転換に向けて（文部科学大臣メッセージ）』
	12月	中央教育審議会	・「幼稚園、小学校、中学校、高等学校及び特別支援学校の学習指導要領の改善及び必要な方策等について（答申）」
2017年	3月	文部科学省	・幼小中の学習指導要領の改訂告示を公示
	5月	文部科学省	・「道徳教育アーカイブ」設置

（宮崎麻世）

Ⅳ 11 特別の教科 道徳
（2）考え議論する道徳とは

本節のポイント

・教科化の背景としていじめ問題や読み物道徳からの脱却への対応がある。
・教科化により、評価方法の変更及び教科用図書の使用などが加わった。
・内容項目のまとまりが、児童・生徒にとっての対象の広がりに即して再整理された。

（1）文部科学省『中学校学習指導要領（平成29年告示）解説特別の教科 道徳編』pp.1-4.
（2）小学校第１学年は年間34時間、小学校第２～６学年及び中学校全学年は年間35時間である。
（3）紅林伸幸、鈴木和正、川村光、越智康詞、中村瑛仁、冨江英俊（2017）「小・中学校における教科化前の道徳の授業の実施状況－2016年度質問紙調査の結果から－」『常葉大学教育学部紀要』第38号、pp.133-157.
（4）文部科学省による道徳教育推進状況調査であり、平成20年の調査ではすべての国公私立中学校を対象としている。ただし、宗教をもって道徳に代替している私立小・中学校、道徳の時間について特別の教育課程によっている学校等は除く。
（5）前掲書（3）における調査である。

参考文献
・文部科学省『小学校学習指導要領（平成29年告示）解説特別の教科 道徳編』.
・文部科学省『中学校学習指導要領（平成29年告示）』.

1 教科化の背景

　いじめ問題への対応に加えて、いわゆる読み物道徳や登場人物の心情理解のみに偏った形式的な指導の脱却を目指す動きが、教科化を進めた要因の１つとして挙げられている[1]。加えて、授業の実施時間数が標準時数[2]を下回っている可能性があり[3]道徳の授業を軽視する現場に対し、より確実な授業実施を求める意図があるのではないかと考えられる。

資料１　中学校 道徳の時間の年間授業時数

	調査実施時期	平均授業時数
文部科学省による全国調査[4]	平成９年	31.0時間
	平成15年	33.6時間
	平成20年	35.0時間
	平成24年	35.1時間
14都府県の公立中学校40校へweb調査[5]	平成29年	26.7時間

2 改訂の要点

　道徳の授業は道徳教育における「**要**」として、設定されてきた。これは引き継ぐとされるが、目標に関しては大きく変更された（資料３参照）。これまで目標に示されていた「各教科等との密接な関連及び補充、深化、統合に関する事項」は指導の配慮事項に移行した。また、**内容項目**のまとまりについて、児童・生徒にとっての対象の広がりに即して、資料２のように整理された。

　また、平成20年告示の学習指導要領より、**道徳教育推進教師**（道徳推進道徳

資料２　内容項目のまとまりの名称

2008（平成20）年告示 学習指導要領	2017（平成29）年告示 学習指導要領
１　主として自分自身に関すること	Ａ　主として自分自身に関すること
２　主として他の人とのかかわりに関すること	Ｂ　主として人との関わりに関すること
３　主として自然や崇高なものとのかかわりに関すること	Ｃ　主として集団や社会との関わりに関すること
４　主として集団や社会とのかかわりに関すること	Ｄ　主として生命や自然，崇高なものとの関わりに関すること

文部科学省『中学校学習指導要領（平成29年告示）解説特別の教科 道徳編』p.5をもとに筆者作成

資料3　道徳教育及び道徳の時間の目標（中学校）

	2008（平成20）年告示 学習指導要領	2017（平成29）年告示 学習指導要領
道徳教育	（「第1章 総則」の「第1 教育課程編制の一般方針」の2 中段）道徳教育は、教育基本法及び学校教育法に定められた教育の根本精神に基づき、人間尊重の精神と生命に対する畏敬の念を家庭、学校、その他社会における具体的な生活の中に生かし、豊かな心をもち、伝統と文化を尊重し、それらをはぐくんできた我が国と郷土を愛し、個性豊かな文化の創造を図るとともに、公共の精神を尊び、民主的な社会及び国家の発展に努め、他国を尊重し、国際社会の平和と発展や環境の保全に貢献し未来を拓く主体性のある日本人を育成するため、その基盤としての道徳性を養うことを目標とする。 （「第3章 道徳」の「第1 目標」前段）道徳教育の目標は、第1章総則の第1の2に示すところにより、学校の教育活動全体を通じて、道徳的な心情、判断力、実践意欲と態度などの道徳性を養うこととする。	（「第1章 総則」の「第1 中学校教育の基本と教育課程の役割」の2の（2）2段目）学校における道徳教育は、特別の教科である道徳（以下「道徳科」という。）を要として学校の教育活動全体を通じて行うものであり、道徳科はもとより、各教科、総合的な学習の時間及び特別活動のそれぞれの特質に応じて、生徒の発達の段階を考慮して、適切な指導を行うこと。
道徳の時間（道徳科）	道徳の時間においては、以上の道徳教育の目標に基づき、各教科、総合的な学習の時間及び特別活動における道徳教育と密接な関連を図りながら、計画的、発展的な指導によってこれを補充、深化、統合し、道徳的価値及びそれに基づいた人間としての生き方についての自覚を深め、道徳的実践力を育成するものとする。	第1章総則の第1の2の（2）に示す道徳教育の目標に基づき、よりよく生きるための基盤となる道徳性を養うため、道徳的諸価値についての理解を基に、自己を見つめ、物事を広い視野から多面的・多角的に考え、人間としての生き方についての考えを深める学習を通して、道徳的な判断力、心情、実践意欲と態度を育てる。

文部科学省『中学校学習指導要領 解説道徳編』平成20年 p.25, 30及び、文部科学省『中学校学習指導要領（平成29年告示）解説特別の教科 道徳編』p.8, 13をもとに筆者作成

教育の推進を主に担当する教師）を中心にした学校内の指導体制についても言及している点が特徴的である。

3　教科用図書

　教科化に伴い、授業において検定教科書を使用することが求められる。これまでの「**心のノート**」、「**私たちの道徳**」については道徳教育教材として道徳の授業に限らず、すべての教育活動で使用するものとして作成、配布されてきた。2013（平成25）年に文部科学省に設置された「道徳教育の充実に関する懇談会」において教科化と併せて、「私たちの道徳」作成が検討されていた[6]ことから、のちの教科書を意識して作成されたとも考えられる。「私たちの道徳」においては、2008（平成20）年改定の学習指導要領で示された内容項目の4つのまとまりと各内容項目に沿って、順に資料が掲載されている。教科書に関しても、内容項目と資料との関連を明確にした記載が行われている場合が多く、北田が指摘するように徳目主義になりかねないこと[7]や、紙媒体の教科書では読み物中心の教材が中心とならざるを得ないことも懸念される。

（6）文部科学省（2014）「私たちの道徳 中学校 活用のための指導資料」pp.6-7.

（7）北田佳子（2017）「検定教科書導入により道徳の授業づくりはどう変わるのか－教師の専門性と自立性に着目して－」『埼玉大学紀要 教育学部』第66号第2巻、pp.139-161.

資料4　文部科学省制作の道徳教材の変遷

出版物等	時期
心のノート	2002（平成14）年〜
心のノート活用のために	2002（平成14）年3月
中学校道徳読み物資料集	2012（平成24）年6月
改訂版「心のノート」を生かした道徳教育の展開（ホームページで公開）	2013（平成25）年3月
私たちの道徳	2014（平成26）年〜
私たちの道徳 中学校 活用のための指導資料	2014（平成26）年〜

（8）前掲書（7）.

このような点からも、教師には「補助的な教材」の開発や活用が求められるだろう。学習指導要領においても、多様な教材の開発や活用は推進されており、教科書の使用も同時に求められていることからダブルスタンダードが指摘[8]される。また、補助教材については、2015（平成27）年3月の「学校における補助教材の適正な取扱いについて（通知）」（資料5参照）を考慮したものであることが求められるため、使用が制限される可能性もある。これまで、教師が道徳の時間のために開発してきたものを含めた補助教材の開発・使用、教科書の使用について教師の工夫が一層必要となる。

資料5　学校における補助教材の適正な取扱いについて（通知）

1．補助教材の使用について
（1）学校においては、文部科学大臣の検定を経た教科用図書又は文部科学省が著作の名義を有する教科用図書を使用しなければならないが、教科用図書以外の図書その他の教材（補助教材）で、有益適切なものは、これを使用することができること（学校教育法第34条第2項、第49条、第62条、第70条、第82条）。
　　なお、補助教材には、一般に、市販、自作等を問わず、例えば、副読本、解説書、資料集、学習帳、問題集等のほか、プリント類、視聴覚教材、掛図、新聞等も含まれること。
（2）各学校においては、指導の効果を高めるため、地域や学校及び児童生徒の実態等に応じ、校長の責任の下、教育的見地からみて有益適切な補助教材を有効に活用することが重要であること。

2．補助教材の内容及び取扱いに関する留意事項について
（1）学校における補助教材の使用の検討に当たっては、その内容及び取扱いに関し、特に以下の点に十分留意すること。
　　・教育基本法、学校教育法、学習指導要領等の趣旨に従っていること。
　　・その使用される学年の児童生徒の心身の発達の段階に即していること。
　　・多様な見方や考え方のできる事柄、未確定な事柄を取り上げる場合には、特定の事柄を強調し過ぎたり、一面的な見解を十分な配慮なく取り上げたりするなど、特定の見方や考え方に偏った取扱いとならないこと。
（2）補助教材の購入に関して保護者等に経済的負担が生じる場合は、その負担が過重なものとならないよう留意すること。
（3）教育委員会は、所管の学校における補助教材の使用について、あらかじめ、教育委員会に届け出させ、又は教育委員会の承認を受けさせることとする定を設けるものとされており（地方教育行政の組織及び運営に関する法律第33条第2項）、この規定を適確に履行するとともに、必要に応じて補助教材の内容を確認するなど、各学校において補助教材が不適切に使用されないよう管理を行うこと。
　　ただし、上記の地方教育行政の組織及び運営に関する法律第33条第2項の趣旨は、補助教材の使用を全て事前の届出や承認にかからしめようとするものではなく、教育委員会において関与すべきものと判断したものについて、適切な措置をとるべきことを示したものであり、各学校における有益適切な補助教材の効果的使用を抑制することとならないよう、留意すること。
　　なお、教育委員会が届出、承認にかからしめていない補助教材についても、所管の学校において不適切に使用されている事実を確認した場合には、当該教育委員会は適切な措置をとること。

文部科学省「学校における補助教材の適正な取扱いについて（通知）」2015年3月より抜粋

4　道徳科における評価

（9）調査書への不掲載は、『中学校学習指導要領（平成29年告示）解説特別の教科　道徳編』(p.113)に明記されている。理由は、「選抜に当たり客観性・公平性が求められる入学者選抜とはなじまない」ためと記述されている。

　これまでも、道徳教育及び道徳の時間における評価は行われてきたが、教科化により、評価の充実が求められている。学習指導要領解説によると数値による評価や観点別評価、内容項目毎の評価は行わないが、学習過程の個人内評価のために発言や感想文、質問紙などに加えてその他の姿からも評価を求めている。さらに、評価は一教師が行うのではなく、複数の教師が行うことも求められている。通知表や指導要録への記載[9]、道徳性を評価する行為そのものについて賛否両論があるのが現状である。

IV-11 特別の教科 道徳 （2）考え議論する道徳とは

資料6　小・中学校学習指導要領における内容項目

	内容項目		小学校1・2年生	小学校3・4年生	小学校5・6年生	中学校
A 主として自分自身に関すること	善悪の判断、自律、自由と責任	自主、自律、自由と責任	(1)よいことと悪いこととの区別をし、よいと思うことを進んで行うこと	(1)正しいと判断したことは、自信をもって行うこと	(1)自由を大切にし、自律的に判断し、責任のある行動をすること	(1)自律の精神を重んじ、自主的に考え、判断し、誠実に実行してその結果に責任をもつこと
	正直、誠実		(2)うそをついたりごまかしをしたりしないで、素直に伸び伸びと生活すること	(2)過ちは素直に改め、正直に明るい心で生活すること	(2)誠実に、明るい心で生活すること	
	節度、節制		(3)健康や安全に気を付け、物や金銭を大切にし、身の回りを整え、わがままをしないで、規則正しい生活をすること	(3)自分でできることは自分でやり、安全に気を付け、よく考えて行動し、節度のある生活をすること	(3)安全に気を付けることや、生活習慣の大切さについて理解し、自分の生活を見直し、節度を守り節制に心掛けること	(2)望ましい生活習慣を身に付け、心身の健康の増進を図り、節度を守り節制に心掛け、安全で調和のある生活をすること
	個性の伸長（向上心、個性の伸長）		(4)自分の特徴に気付くこと	(4)自分の特徴に気付き、長所を伸ばすこと	(4)自分の特徴を知って、短所を改め長所を伸ばすこと	(3)自己を見つめ、自己の向上を図るとともに、個性を伸ばして充実した生き方を追求すること
	希望と勇気、努力と強い意志（希望と勇気、克己と強い意志）		(5)自分のやるべき勉強や仕事をしっかりと行うこと	(5)自分でやろうと決めた目標に向かって、強い意志をもち、粘り強くやり抜くこと	(5)より高い目標を立て、希望と勇気をもち、困難があってもくじけずに努力して物事をやり抜くこと	(4)より高い目標を設定し、その達成を目指し、希望と勇気をもち、困難や失敗を乗り越えて着実にやり遂げること
	真理の探究（真理の探究、創造）				(6)真理を大切にし、物事を探究しようとする心をもつこと	(5)真理を大切にし、真理を探究して新しいものを生み出そうと努めること
B 主として人との関わりに関すること	親切、思いやり	思いやり、感謝	(6)身近にいる人に温かい心で接し、親切にすること	(6)相手のことを思いやり、進んで親切にすること	(7)誰に対しても思いやりの心をもち、相手の立場に立って親切にすること	(6)思いやりの心をもって人と接するとともに、家族などの支えや多くの人々の善意により日々の生活や現在の自分があることに感謝し、進んでそれに応え、人間愛の精神を深めること
	感謝		(7)家族など日頃世話になっている人々に感謝すること	(7)家族など生活を支えてくれている人々や現在の生活を築いてくれた高齢者に、尊敬と感謝の気持ちをもって接すること	(8)日々の生活が家族や過去からの多くの人々の支え合いや助け合いで成り立っていることに感謝し、それに応えること	
	礼儀		(8)気持ちのよい挨拶、言葉遣い、動作などに心掛けて、明るく接すること	(8)礼儀の大切さを知り、誰に対しても真心をもって接すること	(9)時と場をわきまえて、礼儀正しく真心をもって接すること	(7)礼儀の意義を理解し、時と場に応じた適切な言動をとること
	友情、信頼		(9)友達と仲よくし、助け合うこと	(9)友達と互いに理解し、信頼し、助け合うこと	(10)友達と互いに信頼し、学び合って友情を深め、異性についても理解しながら、人間関係を築いていくこと	(8)友情の尊さを理解して心から信頼できる友達をもち、互いに励まし合い、高め合うとともに、異性についての理解を深め、悩みや葛藤も経験しながら人間関係を深めていくこと
	相互理解、寛容			(10)自分の考えや意見を相手に伝えるとともに、相手のことを理解し、自分と異なる意見も大切にすること	(11)自分の考えや意見を相手に伝えるとともに、謙虚な心をもち、広い心で自分と異なる意見や立場を尊重すること	(9)自分の考えや意見を相手に伝えるとともに、それぞれの個性や立場を尊重し、いろいろなものの見方や考え方があることを理解し、寛容の心をもって謙虚に他に学び、自らを高めていくこと
C 主として集団や社会との関わりに関すること	規則の尊重（遵法精神、公徳心）		(10)約束やきまりを守り、みんなが使う物を大切にすること	(11)約束や社会のきまりの意義を理解し、それらを守ること	(12)法やきまりの意義を理解した上で進んで守るとともに、そのよりよい在り方について考え、自他の権利を大切にし、義務を果たすこと	(10)法やきまりの意義を理解し、それらを進んで守るとともに、そのよりよい在り方について考え、自他の権利を大切にし、義務を果たして、規律ある安定した社会の実現に努めること
	公正、公平、社会正義		(11)自分の好き嫌いにとらわれないで接すること	(12)誰に対しても分け隔てをせず、公正、公平な態度で接すること	(13)誰に対しても差別をすることや偏見をもつことなく、公正、公平な態度で接し、正義の実現に努めること	(11)正義と公正さを重んじ、誰に対しても公平に接し、差別や偏見のない社会の実現に努めること
	勤労、公共の精神（社会参画、公共の精神/勤労）		(12)働くことのよさを知り、みんなのために働くこと	(13)働くことの大切さを知り、進んでみんなのために働くこと	(14)働くことや社会に奉仕することの充実感を味わうとともに、その意義を理解し、公共のために役に立つことをすること	(12)社会参画の意識と社会連帯の自覚を高め、公共の精神をもってよりよい社会の実現に努めること (13)勤労の尊さや意義を理解し、将来の生き方について考えを深め、勤労を通じて社会に貢献すること
	家族愛、家庭生活の充実		(13)父母、祖父母を敬愛し、進んで家の手伝いなどをして、家族の役に立つこと	(14)父母、祖父母を敬愛し、家族みんなで協力し合って楽しい家庭をつくること	(15)父母、祖父母を敬愛し、家族の幸せを求めて、進んで役に立つことをすること	(14)父母、祖父母を敬愛し、家族の一員としての自覚をもって充実した家庭生活を築くこと
	よりよい学校生活、集団生活の充実		(14)先生を敬愛し、学校の人々に親しんで、学級や学校の生活を楽しくすること	(15)先生や学校の人々を敬愛し、みんなで協力し合って楽しい学級や学校をつくること	(16)先生や学校の人々を敬愛し、みんなで協力し合ってよりよい学級や学校をつくるとともに、様々な集団の中での自分の役割を自覚して集団生活の充実に努めること	(15)教師や学校の人々を敬愛し、学級や学校の一員としての自覚をもち、協力し合ってよりよい校風をつくるとともに、様々な集団の意義や集団の中での自分の役割と責任を自覚して集団生活の充実に努めること
	伝統と文化の尊重、国や郷土を愛する態度（郷土の伝統と文化の尊重、郷土を愛する態度/我が国の伝統と文化の尊重、国を愛する態度）		(15)我が国や郷土の文化と生活に親しみ、愛着をもつこと	(16)我が国や郷土の伝統と文化を大切にし、国や郷土を愛する心をもつこと	(17)我が国や郷土の伝統と文化を大切にし、先人の努力を知り、国や郷土を愛する心をもつこと	(16)郷土の伝統と文化を大切にし、社会に尽くした先人や高齢者に尊敬の念を深め、地域社会の一員としての自覚をもって郷土を愛し、進んで郷土の発展に努めること (17)優れた伝統の継承と新しい文化の創造に貢献するとともに、日本人としての自覚をもって国を愛し、国家及び社会の形成者として、その発展に努めること
	国際理解、国際親善（国際理解、国際貢献）		(16)他国の人々や文化に親しむこと	(17)他国の人々や文化に親しみ、関心をもつこと	(18)他国の人々や文化について理解し、日本人としての自覚をもって国際親善に努めること	(18)世界の中の日本人としての自覚をもち、他国を尊重し、国際的視野に立って、世界の平和と人類の発展に寄与すること
D 主として生命や自然、崇高なものとの関わりに関すること	生命の尊さ		(17)生きることのすばらしさを知り、生命を大切にすること	(18)生命の尊さを知り、生命あるものを大切にすること	(19)生命が多くの生命のつながりの中にあるかけがえのないものであることを理解し、生命を尊重すること	(19)生命の尊さについて、その連続性や有限性なども含めて理解し、かけがえのない生命を尊重すること
	自然愛護		(18)身近な自然に親しみ、動植物に優しい心で接すること	(19)自然のすばらしさや不思議さを感じ取り、自然や動植物を大切にすること	(20)自然の偉大さを知り、自然環境を大切にすること	(20)自然の崇高さを知り、自然環境を大切にすることの意義を理解し、進んで自然の愛護に努めること
	感動、畏敬の念		(19)美しいものに触れ、すがすがしい心をもつこと	(20)美しいものや気高いものに感動する心をもつこと	(21)美しいものや気高いものに感動する心や人間の力を超えたものに対する畏敬の念をもつこと	(21)美しいものや気高いものに感動する心をもち、人間の力を超えたものに対する畏敬の念を深めること
	よりよく生きる喜び				(22)よりよく生きようとする人間の強さや気高さを理解し、人間として生きる喜びを感じること	(22)人間には自らの弱さや醜さを克服する強さや気高く生きようとする心があることを理解し、人間として生きることに喜びを見いだすこと

文部科学省『中学校学習指導要領（平成29年告示）解説特別の教科 道徳編』pp.24-25.

（兼安章子）

IV 12 総合的な学習の時間
― 新学習指導要領改訂の「原動力」―

> **本節のポイント**
> ・総合的な学習の時間の目標及び内容は、教科等横断的なカリキュラム・マネジメントの軸となるよう、各学校における教育目標を踏まえて設定することが求められる。
> ・これまで総合的な学習の時間が重視してきた理念は、新学習指導要領において他の多くの教科にも拡大されたことに鑑みると改訂の「原動力」となったと言える。

1 学習指導要領における総合的な学習の時間の歴史的文脈

まず、これまでの学習指導要領における**総合的な学習の時間**のねらいや目標の歴史的な文脈を理解したい。資料1は、これまでの学習指導要領における総合的な学習の時間のねらいや目標の変遷をまとめたものである。また、資料2は平成29年告示の中学校学習指導要領の目標である。これらを俯瞰すると総合的な学習の時間の創設以来、歴代の学習指導要領には「資質・能力」「自己の生き方を考える」「横断的」「探究的」[(1)]といった一貫したキーワードが見いだされる。これらは平成29年版学習指導要領全体を理解する上で重要な概念であるが、平成10年版の総合的な学習の時間において既に位置付けられていることは大変興味深い。このことについて田村（2017）[(2)]が「改訂の原動力」と評しているように、総合的な学習の時間が築いてきた先駆的な実践が、本改訂を牽引した側面を持っていたと言えよう。

2 改訂の要点

本改訂の基本的な考え方[(3)]は「**探究的な学習**の過程を一層重視し、各教科等で育成する資質・能力を相互に関連付け、実社会・実生活において活用できるもの」とし、「各教科等を超えた学習の基盤となる資質・能力を育成する」ことにある。これに伴い、目標の内容や示し方に変更が施され、学習内容・学習指導のあり方にも改善・充実させた事項が示されている。本項では特に「目標の改善点」と「カリキュラム・マネジメントとの関わり」に注目する。

（1）総合的な学習の時間の目標の改善点

総合的な学習の時間の目標には、学習指導要領第4章の冒頭に明記される「第

（1）平成10年版では「探求」と表記されている。

（2）田村学＋横浜市黒船の会（2017）『生活・総合「深い学び」のカリキュラム・デザイン』、東洋館出版社、pp.4-20.参照。

（3）文部科学省『中学校学習指導要領（平成29年告示）解説 総合的な学習の時間編』、p.6.参照。

資料1 中学校学習指導要領に見る総合的な学習の時間の目標の変遷

平成10年改訂版	平成10年学習指導要領に初めて総合的な学習の時間が創設される[4]。そのねらいは「①自ら課題を見つけ、自ら学び、自ら考え、主体的に判断し、よりよく問題を解決する資質・能力を育てること。②学び方やものの考え方を身につけ、問題の解決や探求活動に主体的、創造的に取り組む態度を育て、自己の生き方を考えることをできるようにすること」とされた。
平成15年一部改正	ねらいに「各教科、道徳及び特別活動で身につけた知識や技能等を相互に関連付け、学習や生活において生かし、それらが総合的に働くようにすること」とつけ加えられ、教科横断的な学習の必要性が示される。
平成20年改訂版	目標の冒頭に「横断的・総合的な学習や探究的な活動を通して」と示され、学習内容のより一層充実が図られた[5]。国語、数学、理科、社会、外国語の時数確保のために、総合的な学習の時間の時数が削減されたが、総合的な学習の時間が章として独立して位置付けられた。

出典：筆者作成。

資料2 中学校新学習指導要領における総合的な学習の時間の目標

探究的な見方・考え方を働かせ、横断的・総合的な学習を行うことを通して、よりよく課題を解決し、自己の生き方を考えていくための資質・能力を次のとおり育成することを目指す。
（1）探究的な学習の過程においては課題の解決に必要な知識及び技能を身に付け、課題に関する概念を形成し、探究的な学習のよさ[6]を理解するようにする。
（2）実社会や実生活の中から問いを見いだし、自分で課題を立て、情報を集め、整理・分析して、まとめ・表現することができるようにする。
（3）探究的な学習に主体的・協働的に取り組むとともに、互いのよさを生かしながら、積極的に社会参画しようとする態度を養う。

資料3 現行学習指導要領に対する課題と新学習指導要領改訂の要点

課題	改善点
●これまで以上に総合的な学習の時間と各教科等の相互の関わりを意識し、学校全体で育てたい資質・能力に対応したカリキュラム・マネジメントが行われるようにすることが求められている。	●教科等横断的な学習がカリキュラム・マネジメントの軸となるよう、各学校が総合的な学習の時間の目標を設定するに当たっては、各学校における教育目標を踏まえて設定することを示した。
●探究的な学習と教科等横断的学習のどちらかをやればよいのか、あるいはどちらもやるべきなのかという議論があった。 ●探究のプロセスの中でも「整理・分析」、「まとめ・表現」に対する取組が十分ではない。	●「探究的な見方・考え方を働かせ、総合的・横断的な学習を行う」と明記し、学習の過程としては探究的な学習を、学習の領域的には総合的、教科横断的な学習を行うよう示された。 ●学習指導要領解説編にて「探究的な学習の指導のポイント」を明記。

文部科学省「中学校学習指導要領（平成29年告示）解説　総合的な学習の時間編」、p.7.及びp.109.
黒上晴夫編（2017）『小学校　新学習指導要領ポイント総整理　総合的な学習の時間』、p.23.をもとに筆者作成。

（4）平成10年以前も一部の先進校では多様な学習活動が展開されていた。複数の教科を合科的に指導したり、環境・国際・福祉などの現代的課題に取り組んだりするなど現在の総合的な学習の時間のモデルと考えられるものがあった。村川雅弘（2018）「総合的な学習の時間の位置付けの変遷」大学テキスト開発プロジェクト編『総合的な学習の時間の指導法』、日本文教出版社、pp.14-15.参照。

（5）それまでの総合的な学習の時間が、朝読書や教科の補充、各種行事の準備などに転用されていた実態の改善が必要とされていた。

（6）野口（2018）は「探究的な学習のよさ」について、知識・技能を活用できるようになって探究的な学習することの意味を理解していくことと述べている。野口徹（2018）「総合的な学習の時間の目標」『総合的な学習の時間の指導法』、大学テキスト開発プロジェクト編、p.22.参照。

（7）解説編では「第1の目標」と表される。（同、p.8.参照）

（8）文部科学省『中学校学習指導要領（平成29年告示）解説 総合的な学習の時間編』、p.23.参照。

（9）村川雅弘（2018）「総合的な学習の時間とカリキュラム・マネジメント」『総合的な学習の時間の指導法』、大学テキスト開発プロジェクト編、p.28.参照。

1 目標」[7]と「第2 各学校において定める目標及び内容」の2つの目標が存在する。以下、それぞれについて概観する。

① 「第1 目標」の構成

「第1の目標」の前半では、資料2に示したように総合的な学習の時間の特質を踏まえた学習過程のあり方が示されている。一方、後半の（1）～（3）は、総合的な学習の時間で育成を目指す資質・能力が「知識及び技能の習得」、「思考力、判断力、表現力等の育成」、「学びに向かう力、人間性等の涵養」の3つの柱に対応する形式で示されている。

② 各学校において定める目標及び内容

学習指導要領は「第1の目標」に続き、「第2 各学校において定める目標及び内容」と続く。各学校単位で学習目標及び内容を定めることを規定することは、総合的な学習の時間の大きな特質[8]と言える。各学校で目標を設定するにあたっては「第1の目標」と「各学校における教育目標」を踏まえることが言及され、さらに「その学校が総合的な学習の時間を通して育成を目指す資質・能力」を示すことが求められている。

次に「各学校において定める学習の内容」を設定するにあたっては、「目標を実現するにふさわしい探究課題」、「探究課題の解決を通して育成を目指す具体的な資質・能力」を示すことが求められる。こうして設定された総合的な学習の時間の目標及び内容を軸として、各教科の単元配列が有機的に組織化されることが期待されている。以上の関係は資料4のように表される。

（2）総合的な学習の時間とカリキュラム・マネジメント

総合的な学習の時間の目標及び内容を各学校単位で設定できることは、各学校・地域の現状を踏まえた独創的な教育活動が展開できる可能性を持つ反面、各担任・学年担当教師の意向や経験、力量などに左右される側面もある。「学校全体で育てたい資質・能力とは何か」という問いを全教職員で共有し、総合的な学習の時間と各教科等の相互の関わりに応じた**カリキュラム・マネジメント**を進めていくことが求められる。

資料5は中央教育審議会答申を踏まえたカリキュラム・マネジメントの3つの側面と、村川（2018）[9]が指摘している総合的な学習の時間との関わりをまとめたものである。資料5からカリキュラム・マネジメントと総合的な学習の時間が近接した関係を持つことがわかる。望ましいカリキュラム・マネジメントには総合的な学習の時間の充実が欠かせず、教育課程の編成における総合的な学習の時間の位置付けは一層重要性を増す。何より学校教育目標と直接的な関係を持つ時間として、学校独自のカリキュラムをデザインする上での起点となることが期待されるのである。

資料4　総合的な学習の時間の構造

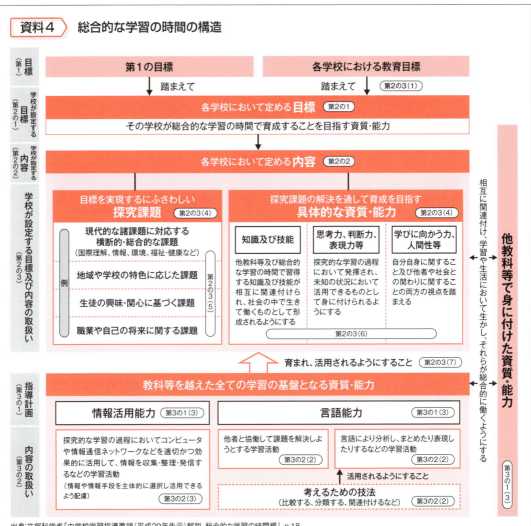

出典：文部科学省『中学校学習指導要領（平成29年告示）解説　総合的な学習の時間編』、p.18.

資料5　カリキュラム・マネジメントの3つの側面と総合的な学習の時間との関わり

カリキュラム・マネジメントの3つの側面	総合的な学習の時間との関わり
生徒や学校、地域の実態を適切に把握し、教育の目的や目標の実現に必要な教育の内容等を教科横断的視点で組み立てていくこと。	各学校単位で目標・内容を設定し、各教科や道徳、特別活動との関連した教科等横断的な学習を実践してきた。
教育課程の実施状況を評価してその改善を図っていくこと。	各学校の児童・生徒の姿や地域の現状を把握・評価した上で、「各学校で定める目標及び内容」が設定される。
教育課程の実施に必要な人的又は物的な体制を確保するとともにその改善を図っていくこと。	地域の人的・物的資源を活用した実践の蓄積がある。このような成果を各教科等の学習において拡大することが期待される。

文部科学省『中学校学習指導要領（平成29年告示）解説　総合的な学習の時間編』、p.5.をもとに筆者作成。

（小杉進二）

IV 12 総合的な探究の時間
—探究的な学習や協働的な学習 統合的な見方・考え方—

本節のポイント

・これからの社会に必要とされる資質・能力の獲得を視野に入れ、「総合的」な学習から、「探究的」な見方・考え方を働かせる学習をすることが強調されている。

・生徒自身が「課題」或いは「問い」を設定し、実社会・実生活の課題を探究する学びを実現するための指導計画作成、具体的な指導、評価方法を考えることが求められる。

1 総合的な探究の時間の意義と原理 —学習目標と内容決定に向けて—

「総合的な探究の時間」は、「探究的な学習」を行うことが前面に出され、総合学習が持つ教育方法としての側面を強調したものと捉えることができる[1]。

特に、「各学校段階における総合的な学習の時間の実施状況や、義務教育9年間の修了時及び高等学校修了時までに育成を目指す資質・能力、高大接続改革の動向等を考慮する」[2]点を踏まえる必要がある。

改訂のポイントとして、「小・中学校における総合的な学習の時間の取組を基盤とした上で、各教科・科目等の特質に応じた『見方・考え方』を総合的・統合的に働かせることに加えて、自己の在り方生き方に照らし、自己のキャリア形成の方向性と関連付けながら『見方・考え方』を組み合わせて統合させ、働かせながら、自ら問いを見いだし探究する力を育成する」[3]点である。

2 探究的な学習の過程 —教科横断的な指導計画の作成に向けて—

今次改訂の「探究」は右ページの資料2のプロセスを踏む。改訂にあたり、特徴的なのは、生徒自身が「課題の設定」として「問い」を立てる点である。資料2に記載されている「まとめ・表現」は、生徒同士の議論・交流、イベントの企画を通した活動報告、地域住民との交流、そして、フィードバックを受けることも含めている[4]。このため、探究は、①他者と**協働的**に学習に取り組むこと、②探究のプロセスの中に「社会」の存在を位置付けることが挙げられる。前項でも述べたように、「探究の見方・考え方」を活用して、**実社会・実生活の課題**に視点をあて、**自己の在り方生き方**を問い続ける力を育むとともに、**他教科で身に着けた見方・考え方**を活かす指導計画の作成、評価方法が求められる。

（1）中西修一郎（2018）「XII−1. 総合的な学習の時間」『やわらかアカデミズム・〈わかる〉シリーズ よくわかる教育課程［第2版］』ミネルヴァ書房、pp.152-153.

（2）文部科学省（2018）「第1章 総説 第2節 総合的な探究の時間 改訂の趣旨及び要点」『高等学校学習指導要領（平成30年告示）解説 総合的な探究の時間編』p.6.

（3）前掲書、p.7.

（4）前掲書、pp.124-129.

| 資料1 | 総合的な学習（探究）の時間設置の経緯[5] |

＊昭和51年以来の研究開発学校等において実践研究。

- ■平成8年7月　：中央教育審議会「21世紀を展望した我が国の教育の在り方について」（第一次答申）
- ■平成10年7月　：教育課程審議会答申
  - ・各学校が創意工夫を生かした特色ある教育活動を展開できるような時間を確保
  - ・社会の変化に主体的に対応できる資質や能力を育成するために教科等を越えた横断的・総合的な学習をより円滑に実施するための時間を確保
- ■平成10年12月：小中学校学習指導要領告示（12年4月より実施可、14年4月より全面実施）
- ■平成11年3月　：高等学校学習指導要領告示（12年4月より実施可、15年4月年次進行で実施）
- ■平成15年12月：学習指導要領の一部改正（公布日施行、高校は15年4月入学生から適用）
  - ・各教科等の知識や技能等を相互に関連付けること
  - ・各学校における目標・内容の設定と全体計画の作成
  - ・教師による適切な指導や教育資源の活用　など

- ■平成20年1月　：中央教育審議会答申
  - ・総合的な学習の時間の必要性と重要性の再確認。知識基盤社会において必要な資質・能力の育成に重要な役割を果たすという意義を踏まえ、時間数を縮減しながらも、新たに章立てをするなど位置付けの明確化、横断的・総合的な学習や探究的な学習の明確化を提言
- ■平成20年3月　：小中学校学習指導要領告示（平成21年4月～先行実施）
- ■平成21年3月　：高等学校学習指導要領告示（平成22年4月～先行実施）

- ■平成28年12月：中央教育審議会答申
  - ・探究的な学習の過程を一層重視し、各教科等で育成する資質・能力を相互に関連付け、実社会・実生活において活用できるものとするとともに、各教科等を越えた学習の基盤となる資質・能力を育成する。
- ■平成29年3月　：小中学校学習指導要領告示（平成30年4月～先行実施）
- ■平成30年3月　：高等学校学習指導要領告示（平成31年4月～先行実施）

（5）中央教育審議会教育課程部会（2018）『総合的な学習の時間の成果と課題について』p.6.

| 資料2 | 探究における生徒の学習の姿[6] |

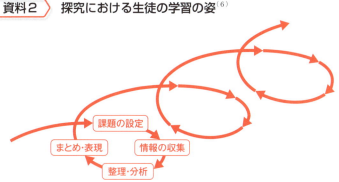

- ■日常生活や社会に目を向け、生徒が自ら課題を設定する。
- ■探究の過程を経由する。
  - ①課題の設定　②情報の収集
  - ③整理・分析　④まとめ・表現
- ■自らの考えや課題が新たに更新され、探求の過程が繰り返される。

（6）文部科学省（2018）「第3章 総合的な探究の時間の目標 第2節 目標の趣旨」『高等学校学習指導要領（平成30年告示）解説 総合的な探究の時間編』p.12.

| 資料3 | 「学習過程」から「探究過程」に向けた改訂ポイント[7] |

① 【課題の設定】体験活動などを通して、課題を設定し課題意識をもつ
② 【情報の収集】必要な情報を取り出したり収集したりする
③ 【整理・分析】収集した情報を、整理したり分析したりして思考する
④ 【まとめ・表現】気付きや発見、自分の考えなどをまとめ、判断し、表現する

（7）前掲書、pp.124-129.

（小林昇光）

IV 13 特別活動
―小学校特別活動のねらいとは?―

本節のポイント

学習指導要領（平成29年告示）では、新たに提示された特別活動ならではの「見方・考え方」が各教科特有の「見方・考え方」と往還的な関係にあり、それらを実践の文脈につなげるという総合的な役割を担うことが強調された。さらに、これまで学校教育全体で行われてきたキャリア教育の中核に、特別活動が位置付けられることとなった。

（1）臼井英治（2008）「特別活動の歴史」中谷彪・臼井英治・大津尚志編『特別活動のフロンティア』晃洋書房、pp.9-10.

（2）教科外の活動を包括して正当に教育課程に位置づけるという理由の他にも、教科の発展的学習の分野は、各教科の学習指導法の進歩とともに学習の時間内に目的を果たすことができるようになったことも「自由研究」廃止の一つの要因として挙げられる。同上、p.10を参照。

（3）芦原典子（2007）「特別活動の理論」原清治編著『特別活動の探究』学文社、pp.6-7を参照。

（4）臼井英治（2008）「特別活動の歴史」中谷彪・臼井英治・大津尚志編『特別活動のフロンティア』晃洋書房、p.11.

（5）内容は、1968（昭和43）年に「児童活動」「学校行事」「学級指導」の３つで構成され、1989（平成元）年改訂では「学級活動」が新設された。それ以降、「学級活動」「児童会活動」「クラブ活動」「学校行事」の４つで内容が構成されている（資料２）。

（6）臼井英治（2008）「特別活動の歴史」中谷彪・臼井英治・大津尚志編『特別活動のフロンティア』晃洋書房、p.11.

1 特別活動の特質に応じた見方・考え方

（1）特別活動の特質とは

ここでは、特別活動の変遷をたどり、一貫して特別活動が何を重要視してきたのか、その特別活動の特質を明らかにする。

特別活動は、1947（昭和22）年の「自由研究」にはじまる。まだ法的拘束力を有していない学習指導要領（試案）において、「自由研究」は教科として位置づけられ、「①教科の学習における個性に応じた自発的発展的な学習、②クラブ組織による活動、③当番や学級委員の活動」という内容で構成されていた。しかし、②や③などの教科の枠内に入らない活動を自由研究の中に位置づけることが困難であったことから、枠内に入らない教科以外の活動を包括して、教育課程のうちに正当な位置づけを行う必要が生じた[1]。そして1951（昭和26）年には「自由研究」が廃止され、教科の外ではあるが「教科以外の活動」が、教育課程の一つの領域として設けられることになった[2]。そこでは、①全校児童が学校の民主的運営に参加できるよう、児童会、各種委員会、児童集会などをつくること、その活動を保障、育成すること、②学級を単位とする学級会、種々の委員活動を育成すること、③クラブ活動の育成などの内容で構成されていた[3]。

1958（昭和33）年に学習指導要領が初めて告示という形で公布されたことで、小学校における「教科以外の活動」は「特別教育活動」と改められ、小学校・中学校・高校とも「自発的な活動を通して個性の伸長を図る」という目標が明確に示されるようになった。この時点で既に、現在の特別活動の原型が出来上がったともいえる[4]。そして、1968年（昭和43）年の学習指導要領改訂において、それまで別の領域として定められていた「学校行事等」と統合され、1977（昭和52）年の改訂により「**特別活動**」となる[5]。このように、「自発的、自治的活動を旨とする特別教育活動と学校の計画的活動の傾向が強い学校行事等を統合する」[6]ことで両者の関連性を深めようとした。

以上の変遷を踏まえると、下線部のように、「集団や他者との関わり」と「実践的な活動」を前提としていることが特別活動の特質であったといえる。とくに今回改訂された2017（平成29）年の学習指導要領では、これまでの「なすことによって学ぶ」という特別活動の基本的な性格が転換するものではなく、集団活動を通じて生活集団、学習集団として機能するための基盤を培う場[7]（資料1・2）として、学校の教育活動全体における特別活動の役割が一層明確に示されたものにすぎない。

(7) 資料1及び2で確認できるように、学級活動は学級を単位として展開され、児童会活動、クラブ活動、学校行事になると、学級や学年を越えるといった異年齢集団で行われる活動となり、特別活動は、各活動や学校行事の中で行われる集団活動を通じて行われるものである。
文部科学省『小学校学習指導要領（平成29年）解説　特別活動編』を参照。

資料1　特別活動において育成を目指す資質・能力の整理

	知識・技能	思考力・判断力・表現力等	学びに向かう力・人間性等
小学校	○多様な他者と協働する様々な集団活動の意義の理解。 ○様々な集団活動を実践する上で必要となることの理解や技能。	○所属する様々な集団や自己の生活上の課題を見いだし、その解決のために話し合い、合意形成を図ったり、意思決定したり、人間関係をよりよく構築したりすることができる。	○自主的・実践的な集団活動を通して身に付けたことを生かし、人間関係をよりよく構築しようとしたり、集団生活をよりよく形成しようとしたり、自己の生き方についての考えを深め自己の実現を図ろうとしたりする態度。

中央教育審議会「幼稚園、小学校、中学校、高等学校及び特別支援学校の学習指導要領等の改善及び必要な方策等について（答申）」の別添資料(p.98)を基に、筆者作成。

資料2　特別活動の具体的な内容

活動	内容
学級活動	（1）学級や学校における生活づくりへの参画　（2）日常の生活や学習への適応と自己の成長及び健康安全　（3）一人一人のキャリア形成と自己実現
児童会活動	（1）児童会の組織づくりと児童会活動の計画や運営　（2）異年齢集団による交流　（3）学校行事への協力
クラブ活動	（1）クラブの組織づくりとクラブ活動の計画や運営　（2）クラブを楽しむ活動　（3）クラブの成果の発表
学校行事	（1）儀式的行事　（2）文化的行事　（3）健康安全・体育的行事　（4）遠足・集団宿泊的行事　（5）勤労生産・奉仕的行事

『小学校学習指導要領解説　特別活動編』「第3章　各活動・学校行事の目標及び内容」を基に、筆者作成。

資料3　特別活動の目標及び「見方・考え方」と各教科との往還

特別活動における「見方・考え方」（集団や社会の形成者としての見方・考え方）

各教科等における「見方・考え方」を**総合的**に活用して、**集団や社会における問題を捉え**、よりよい人間関係の形成、よりよい集団生活の構築や社会への参画及び**自己の実現**に関連付けること

各教科

集団や社会の形成者としての見方・考え方を働かせ、様々な集団活動に自主的、実践的に取り組み、**互いのよさや可能性を発揮しながら**集団や自己の生活上の課題を解決することを通して、次のとおり資質・能力を育成することを目指す。
（1）多様な他者と協働する様々な集団活動の意義や活動を行う上で必要となることについて理解し、行動の仕方を身に付けるようにする。
（2）集団や自己の生活、人間関係の課題を見いだし、解決するために話し合い、合意形成を図ったり、意思決定したりすることができるようにする。
（3）自主的、実践的な集団活動を通して身に付けた事を生かして、集団や社会における生活及び人間関係をよりよく形成するとともに、自己の生き方についての考えを深め、自己表現を図ろうとする態度を養う。

中央教育審議会「幼稚園、小学校、中学校、高等学校及び特別支援学校の学習指導要領等の改善及び必要な方策等について（答申）」の別添資料(p.99)を基に、筆者作成。

（2）「集団や社会の形成者としての見方・考え方」を働かせるということ

小学校学習指導要領（平成29年告示）によると、特別活動とは、「様々な構成の集団から学校生活を捉え、課題の発見や解決を行い、よりよい集団や学校生活を目指して様々に行われる活動の総体」[8]であり、「人間関係形成」、「社会参画」「自己実現」という三つの視点に基づき、特別活動において育成を目指す資質・能力について述べられている[9]。その際、具体的な学習プロセスが「本質を外していないかどうかを判断する手がかり」[10]として、特別活動の特質に応じた見方・考え方（＝「集団や社会の形成者としての見方・考え方」）を働かせることが重要な要件として示された（資料3）。このように、特別活動においても各教科等と同様に、「見方・考え方」という問題解決のツールを活用していくことが求められている。

「集団や社会の形成者としての見方・考え方」における「集団や社会」とは、学校教育段階を終え、社会に出て生活していくところの「社会」のみを指すのではなく、子どもたちにとって「一番身近な社会である学級・学校」という社会での生活をも含んでいるのである[11]。そうした生活の中で、特別活動を通して多様な人間関係や活動の範囲を広げてゆき、「地域・社会」などその後の様々な集団や人間関係の中で、特別活動で身に付けた資質・能力や他教科等で学んだことを生かしていくという意図が込められている。

このような特別活動の「見方・考え方」は、各教科のそれとは機能の仕方が異なっている。特別活動の「見方・考え方」は、**各教科等の学びを実践の文脈につなげるという総合的な役割**を有しているのである。各教科の「見方・考え方」は、教科の内容知識と教科横断的な汎用スキルとをつなぐ、各教科に固有の現実（問題）把握の枠組み（眼鏡となる原理：見方）と対象世界（自然や社会など）との対話の様式（学び方や問題解決の方法論：考え方）と捉えることができる[12]。これを踏まえると、各教科で身に付けた「見方・考え方」の“活用”が求められるといえるが、それは教科の学習の中において働かせるということにとどまらず、今後複雑化・多様化した実社会の問題場面や状況を解決していくことが求められている。そして当該教科等の枠を越えた実社会の様々な**実践的な文脈**で活用する場面を提供する役割を担うのが特別活動なのである[13]。

したがって「集団や社会の形成者としての見方・考え方」を働かせるということは、「特別活動と各教科等とが**往還的な関係にある**」ことを踏まえ、各教科等の見方・考え方を**総合的に**働かせながら、自己及び集団や社会の問題を捉え、よりよい人間関係の形成、よりよい集団生活の構築や社会の参画及び自己の実現に向けた実践に結び付けることである[14]。このことを踏まえ、今回の改訂では、「子供が課題を見いだし、話し合い、合意形成したり意思決定したりしたことを実践して振り返る」などの学習過程（プロセス）をも重視されるようになった[15]。

（8）文部科学省『小学校学習指導要領（平成29年）解説 特別活動編』、p.6.

（9）三つの視点を手がかりとして掲げられた特別活動の目標については資料3を参照。同上、p.7.

（10）石井英真（2017）「資質・能力ベースのカリキュラム改革と教科指導の課題」日本教育方法学会編『学習指導要領の改訂に関する教育方法学的検討』図書文化社、p.46.

（11）安部恭子（2018）「集団や社会の形成者としての見方・考え方を働かせて、資質・能力を育む特別活動について考える」『初等教育資料』東洋館、pp.48-49を参照。

（12）石井英真（2017）「資質・能力ベースのカリキュラム改革と教科指導の課題」日本教育方法学会編『学習指導要領の改訂に関する教育方法学的検討』図書文化社、p.46.

（13）中央教育審議会（2016）「幼稚園、小学校、中学校、高等学校及び特別支援学校の学習指導要領等の改善及び必要な方策等について（答申）」、p.32を参照。

（14）文部科学省『小学校学習指導要領（平成29年）解説 特別活動編』、p.7.

（15）石川隆一（2018年8月6日）「特別活動 新学習指導要領 改訂のポイント、留意点は」『日本教育新聞』。

2 キャリア教育の中核として位置づけられる特別活動

　新学習指導要領（平成29年告示）における特別活動の注目すべき点は、学級活動に**学級活動「（3）一人一人のキャリア形成と自己実現」**が新設されたことである（資料4）。これは、学校の教育活動全体を通してキャリア教育を適切に行うにあたり、特別活動がその**要**として位置づけられたということである。

　中央教育審議会「今後の学校におけるキャリア教育・職業教育の在り方について（答申）」（平成23年1月）[16]では、キャリア教育を「一人一人の**社会的・職業的自立**に向け、必要な基盤となる能力や態度を育てることを通して、**キャリア発達を促す教育**」と定義している。そして、**基礎的・汎用的能力**[17]の育成を中心に幼児期から高等教育まで体系的に進められるキャリア教育は、「特定の活動や指導方法に限定されるものではなく、様々な教育活動を通して実践されるもの」であるということが強調されていた。にもかかわらず、「様々な教育活動を通して」行われるキャリア教育が、なぜ今回の改訂で特定の領域である特別活動の内容項目に設置されたのか。

　まず、小学校の特別活動という特定の領域にキャリア教育の視点を新たに組み込んだのは、これまでのキャリア教育の実践面に体系的な指針が十分に示されてこなかった点にある。この課題は、今回の改訂内容のみならず、先の答申（平成23年）時点で既に述べられている。つまり、この答申では、この課題を乗り越えるため、学校の教育活動全体で行うという方針のもとで進められる**体系的なキャリア教育**がこれまで以上に強調され、一層期待が寄せられていた[18]。しかし、新学習指導要領（平成29年）改訂では、「教育活動全体で行う」という文言それ自体が「逆に指導場面を曖昧にしてしまい、狭義の意味での『進路指導』との混同」があったのではないかという見解が示されることになる[19]。その混同を考慮すれば、特に進路指導に関連する内容が存在しない小学校においては、キャリア教育の視点から各教科及び各活動等を捉えることが困難であったという現実が浮き彫りになったのである。

資料4 ▶ 学級活動「（3）一人一人のキャリア形成と自己実現」の内容

ア　現在や将来に希望や目標をもって生きる意欲や態度の形成
　　学級や学校での生活づくりに主体的に関わり、自己を生かそうとするとともに、希望や目標をもち、その実現に向けて日常の生活をよりよくしようとすること。

イ　社会参画意識の醸成や働くことの意義の理解
　　清掃などの当番活動や係活動等の自己の役割を自覚して協働することの意義を理解し、社会の一員として役割を果たすために必要となることについて主体的に考えて行動すること。

ウ　主体的な学習態度の形成と学校図書館等の活用
　　学ぶことの意義や現在及び将来の学習と自己実現とのつながりを考えたり、自主的に学習する場としての学校図書館等を活用したりしながら、学習の見通しを立て、振り返ること。

『小学校学習指導要領解説　特別活動編』（平成29年告示）p.47を参照。

---

(16) 中央教育審議会（2011）「今後の学校におけるキャリア教育・職業教育の在り方について（答申）」を参照。

(17) キャリア教育の考え方として、【人間関係形成・社会形成能力】【自己理解・自己管理能力】【課題対応能力】【キャリアプランニング能力】というような4つの形で「基礎的・汎用的能力」を中心に育成するということが、今後のキャリア教育の中で必要であると示された。
同上、p.25.

(18) 既に上記の答申（平成23年）では、キャリア教育の実践に当たり、総合的な学習の時間や特別活動等を活用している学校は多いが、体系的な指針が十分に示されず、教科・科目等の中でも実践する時間が十分に確保されていない場合も多いことから、それぞれの活動が断片的にとどまってしまっているという課題が指摘されていた。
中央教育審議会（2011）「今後の学校におけるキャリア教育・職業教育の在り方について（答申）」、p.32.

(19) 文部科学省（2016）「特別活動ワーキンググループにおける審議の取りまとめについて（報告）」、p.19.

(20) 小学校におけるキャリア発達課題とキャリア教育の方向性については、資料5で示している。

(21) 文部科学省（2016）「特別活動ワーキンググループにおける審議の取りまとめについて（報告）」、p.17を参照。

(22) 安部恭子（2018年8月6日）「特別活動 新学習指導要領 改訂のポイント、留意点は」『日本教育新聞』。

(23) 文部科学省『小学校学習指導要領（平成29年告示）解説 特別活動編』、p.14.

(24) 文部科学省（2016）「特別活動ワーキンググループにおける審議の取りまとめについて（報告）」、p.17を参照。

(25) 杉田洋（2018年12月3日）「キーワードから学ぶ 新学習指導要領の全面実施に向けて【第34回】」『日本教育新聞』。

(26) 同上。

(27) 資料5を参照。
国立教育政策研究所（2018）『みんなで，よりよい学級・学校生活をつくる特別活動（小学校編）』（教師向けパンフレット）、pp.14-15.

(28) 中央教育審議会（2016）「幼稚園、小学校、中学校、高等学校及び特別支援学校の学習指導要領等の改善及び必要な方策等について（答申）」、pp.234-235.

(29) 同上、p.234を参照。

(30) 中央教育審議会答申（注釈）では、既に複数の自治体において、「キャリアノート」や「キャリア教育ノート」などの名称で、児童生徒が様々な学習や課外活動の状況を記録やワークシートとして用いたりするなど、これまで「子供自らが履歴を作り上げていく取組」が行われてきたと指摘されている。
同上、p.56.

したがって、キャリア教育が学校教育全体を通じて行うことという前提のもと、「教育活動全体の取組をつなぎ自己のキャリア形成[20]につなげていくための中核的な時間」として、小学校段階から特別活動の中にキャリア教育の視点を組み込んだといえよう。では、道徳や総合的な学習の時間も"自己の生き方"と向き合う機会を設けてきたにもかかわらず、なぜ"特別活動"を要とする必要があったのか。

それは、先述した**特別活動の特質**と大きく関係するといってよいだろう。特別活動は、自分自身の現在及び未来の生活と直接関わるもの[21]である。すなわち、「キャリア教育というと、夢や職場体験など職業に関わることに視点が向きがちである」が、「『より良い自分』や『なりたい自分』に向け、前向きに粘り強く頑張る力を付ける」ことが重要であり、「これまでのことを振り返り、自分のよさや頑張りに目を向けるとともに、近い将来を見通して、自分をより良く改善していく力を付け、自己実現を図ることができる」[22]点において、特別活動の中にキャリア教育の視点が位置づけられたといえる。それに加え、特別活動が「各活動・学校行事における様々な集団活動の中で、児童が**集団や自己の課題の解決**に向けて取り組む活動」[23]であるように、人間関係を直接扱い、集団や他者との関わりを前提としたうえで自己を考える[24]点がキャリア教育の方向性の軸になっていると考えられる。

しかし、特別活動において「子どもが何をどのように努力するのかを決めない授業が散見される」[25]という指摘があることからも、"指導の曖昧さ"という点では現在も課題が残っている。そこで、国が作成した指導資料では、**学級活動「(3) 一人一人のキャリア形成と自己実現」**において、「確実に一人一人に自己指導能力を育成し、キャリア形成を図れるようにするため」[26]、子どもたちの意思決定までの思考の筋道を「つかむ、さぐる、見つける、決める」と例示されている[27]。

また、「**なすことによって学ぶ**」という特別活動の特質上、「小学校から高等学校までの特別活動をはじめとしたキャリア教育に関わる活動について、学びのプロセスを記述し振り返る」[28]ことが重要であり、児童が学習活動を記録し蓄積する"ポートフォリオ"に係る「**キャリア・パスポート（仮称）**」を活用して、子どもたちによる自己評価やそこに教師が対話的に関わることで、学習活動を深めていくことが重要であるという[29]。これまでの各学校における特別活動においては、『キャリア・パスポート（仮称）』と同様の趣旨の活動とみなすことができる取組も複数あり、これまでの積み上げを参照し、児童が「キャリア・パスポート（仮称)」を受動的に作成するだけにならぬよう、その過程で自らを振り返ることにつながるものにすることなどについて留意する必要がある[30]。

Ⅳ-13 特別活動 —小学校特別活動のねらいとは?—

資料5　将来を見通し、なりたい自分に向けて努力する学級活動（3）

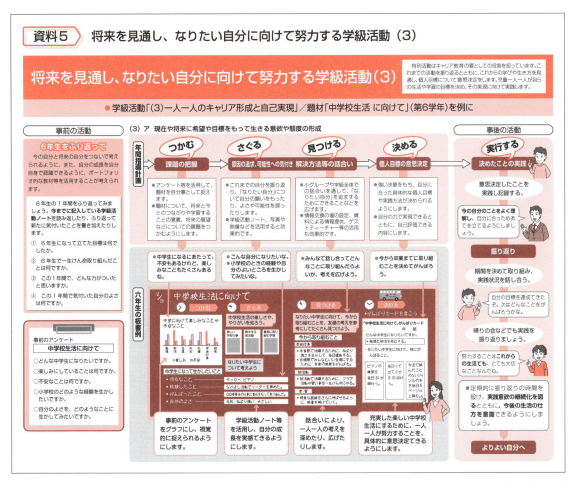

（山内絵美理）

中学校（総則）部活動
―中学校部活動をめぐる教育的意義と今日的な課題―

本節のポイント

教育課程外に位置付く部活動は、「勝利至上主義」による生徒の心身の疲弊、顧問教員の指導負担が問題視されている。学校教育活動と教育課程との関連を図るために、学校教育が目ざす「資質・能力」に資すること、「持続可能な運営体制」が整えられるようにすることが新たに示された。部活動の意義と特質、部活動を取り巻く今日的状況を踏まえ、部活動の在り方を検討する。

1 改定の経緯と今後の方向性

現在、部活動においては社会的な背景を孕みながら、様々な取組が進んでいる。2008（平成20）年の学習指導要領総則では、教育課程との関連を図ることが示され、地域や各種団体との連携が重視された。しかし、自主性、自発的な参加を唱えながらも、教育課程外での活動としての位置づけは難しく、現実には生徒と教員に相互に課題が残った[1]。文部科学省は2017（平成29）年3月に、外部の「部活動指導員」を学校教育法に基づく学校職員として位置づけ、顧問として単独で部活を指導・引率できるよう**制度化**した。さらにスポーツ庁では、2018（平成30年）3月に運動部活動の在り方についての**ガイドライン**をまとめるなど、今後は、部活動の主体を地域住民が運営するなど多様な動きも予想される。

（1）スポーツ庁運動部活動の在り方に関する総合的なガイドライン作成検討会議（第1回）『運動部活動の現状について』2017（平成29）年5月、資料2．

2 改訂の要点

学習指導要領における部活動の位置づけ（下線部は新たに加えられた表現）
中学校学習指導要領（平成29年3月改訂、令和3年度全面実施）抜粋[2]

（2）文部科学省『中学校学習指導要領（平成29年告示）』、p.27．

> 第1章総則　第5学校運営上の留意事項
> 1　教育課程の改善と学校評価、教育課程外の活動との連携等
> ウ　教育課程外の学校教育活動と教育課程の関連が図られるように留意するものとする。特に、生徒の自主的、自発的な参加により行われる部活動については、スポーツや文化、科学等に親しませ、学習意欲の向上や責任感、連帯感の涵養等、__学校教育が目指す資質・能力の育成に資するもの__であり、学校教育の一環として、教育課程との関連が図られるよう留意すること。その際、学校や地域の実態に応じ、地域の人々の協力、社会教育施設や社会教育関係団体等の各種団体との連携などの運営上の工夫を行い、__持続可能な運営体制が整えられるようにするもの__とする。
> 　　　　　　　　　　　　　　　　　　　　　　　　（※下線：引用者）

3 「部活動」における資質・能力とは

部活動は、学校教育が目ざす資質・能力に資するものとして新たに位置づけられた。部活動における資質・能力は、各教科の「主体的・対話的で深い学び」と関連付けられ、学校教育活動の一環として実現されることが期待されている。

部活動と保健体育領域との関連付け[3]

保健体育科	運動領域	・運動やスポーツを「すること」のみならず「する・みる・支える・知る」といった多様な関わり方を学ぶ
部活動	運動部活動	・保健体育科の資質・能力や、見方・考え方を生かして学ぶ ・スポーツや文化、科学等それぞれの分野に関する科学的知見を生かして学ぶ ・指導者や仲間を介し、言語活動を重視した活動から学ぶ
学校教育全体		・部活動の教育的意義として指摘される人間関係の構築や自己肯定感の向上等は、部活動の充実の中だけで図られるのではなく、学校の教育活動全体の中で達成される

[3]「次期学習指導要領に向けたこれまでの審議のまとめ(素案)」pp.79-81のポイントをもとに筆者作成．

4 「部活動」の持続可能な運営体制整備と今後への課題

学校教育の一環としての部活動は、短期的な学習成果を求めたり、特定の活動に偏ったりしないよう、生徒の学校生活や生涯全体を見渡しながら指導することが大切である。さらに学校や地域の実態に応じ、地域の人々の協力、社会教育施設や社会教育関係団体等の各種団体との連携などの運営上の工夫を行うことが求められる。現在、学習指導要領の改訂を受け、スポーツ庁をはじめとして、さらなる部活動の充実に向けた施策や取組が推進されている。今後は、[4] 「学校教育の一環」である部活動が「教育課程外」として位置づけられた文脈を、特別活動の歴史的背景から検討し、生徒・教師相互が持続可能な「部活動」の在り方を学習指導要領に明確に位置づけることが望まれる。（※下線：引用者）

[4] クラブ活動・部活動の歴史的変遷から、部活動を制度設計の課題として検討することが、持続可能な運営体制につながると考える。

(1) 部活動指導員の制度化[5]

学校教育法施行規則第78条の2	「中学校におけるスポーツ、文化、科学等に関する教育活動に係る技術的な指導に従事する」学校の職員
学校教育法施行規則の一部を改正する省令の施行について	部活動指導員の制度化の概要、部活動指導員の職務、規則等の整備、任用、研修、生徒の事故の対応、適切な練習時間や休養日の設定等

[5] スポーツ庁「学校教育法施行規則の一部を改正する省令の施行について(通知)」(平成29年3月)をもとに筆者作成．

(2) 適切な休養日の設定[6]

休養日や活動時間を適切に設定するなど、バランスのとれた生活や成長に配慮し、学期中は週当たり2日以上の休養日を設けること、1日の活動時間は長くても平日は2時間程度、学校の休業日は3時間程度とすること。文化部についても吹奏楽部や合唱部など、一部で練習時間が長くなっている指摘があり、運動部の指針をもとに指針としてまとめる予定。

[6] スポーツ庁「運動部活動の在り方に関する総合的なガイドライン」(平成30年3月) pp.5-6.

(3) 部活動手当の支給要件の見直し[7]

教員の働き方改革の一環として、現行の部活動手当（土日4時間程度3000円）を、平成30年1月から3600円に引き上げた。新たに平成31年1月から、2時間以上4時間未満の区分を設置し、1800円を支払う。

＊働き方改革は、2026年（令和8年）までの9か年間で整備予定

[7] 文部科学省「平成30年度概算要求主要事項」(平成29年8月) pp.2-4.

部活動指導員の制度化

（武田祐子）

IV 15 高等学校の単位認定
―単位の修得と卒業の認定―

本節のポイント

・単位の認定は、指導計画に従った履修の成果が目標からみて満足できる場合になされる。
・具体的な単位の認定は、各校の教務規定における学習成績の評価や単位認定の基準を踏まえて、最終的には校長が行うことになる。
・単位修得により全課程を修了した場合、校長が卒業証書を授与することになる。

単位の認定

　高等学校の教育課程は、各教科・科目、総合的な学習の時間及び特別活動により編成される（学校教育法第83条）。高等学校学習指導要領（以下、「指導要領」と略す。）では前二者の標準単位数を示しており、各学校はこの標準に基づき履修させるべき各教科・科目等とそれぞれの単位数を定めている。

　単位の認定は「生徒が学校の定める指導計画に従って」履修し、その成果が「目標からみて満足できると認められる場合」になされる（高等学校学習指導要領第4款1（1）（2））。公立高校の場合、各地方公共団体の教育委員会が学則を定めており、同学則で学習の評価、単位の認定、卒業証書等を規定している（表1）。通常、各校はこれらの規定に基づき教務規定を定め、学習成績の評価や単位認定に関する基準を設けている（表2）。教員は基準を踏まえ学業成績の評価を行い、学期末、年度末での単位認定の会議を経て、最終的に校長が単位を認定する。

　なお、多くの全日制、定時制高等学校は単位制と学年制（学年による教育課程の区分の設定）を併用しており、学年毎の修得単位数を定めている。修得単位がこの単位数に達しない場合、教務規定に基づく進級判定の会議等を経て、当該生徒は原級留置となるが、指導要領ではこれについて「弾力的に行うよう配慮する」ことを求めている。（高等学校学習指導要領第4款3）。

2 卒業の認定

　指導要領では卒業までの修得単位数を、改訂前の指導要領と同様、**74単位以上**としており、各学校はこれに基づき単位数を定めている。学校教育法施行規則では「各学年の課程の修了又は卒業を認めるに当たつては」「平素の成績を評価」することとなっている（第57条）。単位の修得により全課程が修了し

たと認められる場合には、校長は当該生徒に卒業証書を授与することになる（第58条）（高等学校の場合、いずれも第104条第1項に準用規定）。

表1　福岡県立高等学校学則の記載

第8条 （学習の評価）	生徒の学習成績の判定のための評価については、学習指導要領に示されている教科及び科目の目標を基準として、校長が定める。
第9条 （単位の認定）	校長は、生徒が教育指導計画に従って各教科・科目を履修し、及び総合的な探究の時間において学習活動を行い、その成果が、それらの目標又はねらいからみて満足できると認められる場合は、所定の単位を修得したことを認定する。
第10条 （卒業証書）	第1項　校長は、高等学校の全日制の課程、定時制の課程又は通信制の課程を修了したと認めた者に対しては、卒業証書（第一号様式）を授与する。 第2項　校長は、専攻科を修了したと認めた者に対しては、卒業証書（第一号様式に準ずる。）を授与する。

出典：「福岡県立高等学校学則」を参照して筆者作成。

表2　広島県立御調高等学校教務規定の「成績評価、評定」及び「卒業の認定」

第4条 （成績評価、評定）	第1項　各教科・科目の評定は、各教科・科目の学習についてそれぞれ5段階で表し、5段階の表示は、5、4、3、2、1とする（後略）。その表示は、高等学校学習指導要領（中略）に示す各教科・科目の目標に基づき、生徒の実態等に即して定めた当該教科・科目の目標や内容に照らして（中略）、その実現状況を総括的に評価して、「十分満足できるもののうち、特に程度が高い」状況と判断されるものを5、「十分満足できる」状況と判断されるものを4、「おおむね満足できる」状況と判断されるものを3、「努力を要する」状況と判断されるものを2、「努力を要する」状況と判断されるもののうち、特に低い状況と判断されるものを1とする。 第2項　評定は、平成23年5月25日付け各県立高等学校長あて教育長通知「高等学校生徒指導要録の改訂について」に示された「各教科の評価の観点及びその趣旨」を踏まえながら、それぞれの科目の目標や特性を勘案して、具体的な評価規準を設定して行う。評定を行う具体的な手順は次のとおりである。 （1）ペーパーテスト等による知識や技能のみの評価など一部の観点に偏した評定が行われることのないように、複数の観点を設定して行う。その際、観点ごとの重み付けは、各教科・科目により異なるが、各観点の全体 に占める比率は原則として10〜40％の範囲内とする。 （2）学年末の評定に当たって、生徒から収集する評価資料の総合点を1,000点満点とする。なお、定期考査を実施する教科・科目にあっては、定期考査の得点が全体に占める割合を75％以下、定期考査を含むペーパーテストの得点が全体に占める割合を80％以下とする。その際、定期考査の作問は、正答率の目安を原則として60％程度とした難易度設定のもとで行う。（以下、略）
第10条 （卒業の認定）	教育課程に定める各教科・科目及び総合的な学習の時間を90単位以上修得した者で、特別活動の成果がその目標からみて満足できると認められるものについて、高等学校の全課程の修了を認定する。この場合、学校設定科目及び学校設定教科に関する科目に係る単位数を合わせて36単位まで、卒業までに修得させる単位数に含めることができる。

出典：「広島県立御調高等学校教務規定」（URL:http://www.mitsugi-h.hiroshima-c.ed.jp/koumuunnei/310401kyoumu.pdf（2019年9月4日確認））を参照して筆者作成。

（雪丸武彦）

幼稚園教育要領
―幼児教育におけるカリキュラム・マネジメントとは―

Ⅳ 16

本節のポイント

幼児教育においても、カリキュラム・マネジメントが求められている。教科を基本的な単位とする小学校以降の教育課程と、幼稚園教育における教育課程は内容が質的に異なる。その相違点と共通点を押さえつつ、幼稚園におけるカリキュラム・マネジメントのポイントを理解する。

1 日本の幼児教育の基本

幼稚園教育要領は、1964年改訂以降、幼稚園教育における教育課程の基準と位置づけられてきた（資料1）（『保育所保育指針』の告示化は2008年）。

教育内容は、5つの領域（五領域）として示されている（資料2）。各領域は、幼稚園教育において育みたい**資質・能力**を幼児の生活する姿から捉えた「ねらい」と、それを達成するために教師が指導し、幼児が身に付けていくことが望まれる「内容」から構成される。領域は、小学校以降の教科とは異なり、「教師が幼児の生活を通して総合的な指導を行う際の視点」であり、「幼児の関わる環境を構成する場合の視点」である[1]。したがって、領域別の教育課程が編成されるわけではない。各領域に定められた「ねらい」が、幼稚園生活全体を通して総合的に達成されることが目指される。資料2の通り、日本の幼児教育は、読み書き計算など学術的スキルの獲得に主眼を置かず、現在に至るまで「心情・意欲・態度」と表現されるような、子どもの**非認知的能力**を育むことを重視してきた。

教育方法は、「**環境を通して行う教育**」を基本とする。「環境」とは、人的・物的環境、社会や自然などを含む概念であり、子どもは環境と積極的にかかわり、相互作用を通して主体的に学習するという考え方である。したがって教師にとっては、**環境構成**が教育技術として重要となる。環境との相互作用＝直接的・具体的な体験の中心は、「遊び」であるとされ、幼稚園教育は子どもの「生活」そのものを通して行われる。「生活」は日本の幼児教育・保育が戦前から重視してきた概念である。遊びを中心とした日々の子どもの生活を重視する基本的姿勢は、欧米のプロジェクト型保育と比べても特徴的であるといわれている[2]。

（1）文部科学省（2018）『幼稚園教育要領解説（平成30年3月）』フレーベル館、p.134.

（2）秋田喜代美（2009）「「保育」研究と「授業」研究―観る・記録する・物語る研究―」日本教育方法学会編『日本の授業研究（下）―授業研究の方法と形態』学文社、pp.177-188.

| 資料1 | 幼稚園教育要領の変遷と改訂の要点 |

○1948（昭和23）年　『保育要領』刊行
・幼稚園だけではなく保育所や一般の父母の役に立つ「手引書」
○1950（昭和25）年　学校教育法改正
・幼稚園の教育課程は『保育要領』の基準によることが明示
○1956（昭和31）年　『幼稚園教育要領』編集
・保育内容「六領域」（健康・社会・自然・言語・音楽リズム・絵画制作）による保育内容の体系化
○1964（昭和39）年改訂・告示化
・幼稚園教育課程の基準としての性格が明確化（学校教育法施行規則改正）
・教育課程を編成し、それに基づき長・短期の指導計画を作成することが明示
○1989（平成元）年改訂
・保育内容「五領域」（健康・人間関係・環境・言葉・表現）に再編、「環境を通して行う教育」「幼稚園修了までに育つことが期待される心情・意欲・態度」の明示、子ども主体の教育という方向性の明示
○1998（平成10）年改訂
・「生きる力」の基礎を育むこと、保育者の基本的役割の明示
○2008（平成20）年改訂
・発達や学び、幼稚園生活と家庭生活の連続性を踏まえた教育の充実、子育て支援と預かり保育の充実

| 資料2 | 五領域のねらい |

健康〔健康な心と体を育て、自ら健康で安全な生活をつくり出す力を養う〕
（1）明るく伸び伸びと行動し、充実感を味わう。
（2）自分の体を十分に動かし、進んで運動しようとする。
（3）健康、安全な生活に必要な習慣や態度を身に付け、見通しをもって行動する。

人間関係〔他の人々と親しみ、支え合って生活するために、自立心を育て、人と関わる力を養う〕
（1）幼稚園生活を楽しみ、自分の力で行動することの充実感を味わう。
（2）身近な人と親しみ、関わりを深め、工夫したり、協力したりして一緒に活動する楽しさを味わい、愛情や信頼感をもつ。
（3）社会生活における望ましい習慣や態度を身に付ける。

環境〔周囲の様々な環境に好奇心や探究心をもって関わり、それらを生活に取り入れていこうとする力を養う〕
（1）身近な環境に親しみ、自然と触れ合う中で様々な事象に興味や関心を持つ。
（2）身近な環境に自分から関わり、発見を楽しんだり、考えたりし、それを生活に取り入れようとする。
（3）身近な事象を見たり、考えたり、扱ったりする中で、物の性質や数量、文字などに対する感覚を豊かにする。

言葉〔経験したことや考えたことなどを自分なりの言葉で表現し、相手の話す言葉を聞こうとする意欲や態度を育て、言葉に対する感覚や言葉で表現する力を養う〕
（1）自分の気持ちを言葉で表現する楽しさを味わう。
（2）人の言葉や話などをよく聞き、自分の経験したことや考えたことを話し、伝え合う喜びを味わう。
（3）日常生活に必要な言葉が分かるようになるとともに、絵本や物語などに親しみ、言葉に対する感覚を豊かにし、先生や友達と心を通わせる。

表現〔感じたことや考えたことを自分なりに表現することを通して、豊かな感性や表現する力を養い、創造性を豊かにする〕
（1）いろいろなものの美しさなどに対する豊かな感性をもつ。
（2）感じたことや考えたことを自分なりに表現して楽しむ。
（3）生活の中でイメージを豊かにし、様々な表現を楽しむ。

２ 幼稚園教育におけるカリキュラム・マネジメント

したがって、幼稚園における教育課程は、授業を単位とする教育活動ではなく、子どもの幼稚園生活そのものの計画を指し、「教育期間の全体にわたって（中略）各幼稚園の特性に応じた教育目標を明確にし、幼児の充実した生活を展開できるような計画」である[3]。そして、教育課程を具体化したものとして、年・学期・月、あるいは発達の時期に応じた長期の指導計画と、週・日などの短期の指導計画が位置づけられる（図１）。

幼稚園における**カリキュラム・マネジメント**は、園全体の教育理念や目指す幼児像などの教育目標を明確にした上で編成された教育課程の実施状況を評価し、改善を図ることである。その際、「**幼児期の終わりまでに育ってほしい姿**」を踏まえること、全教職員の協力体制の下、組織的かつ計画的に教育活動の質の向上を図ることが求められている（資料３、４）。

そのためには、既存の実践を点検・評価する姿勢が不可欠である。たとえば、運動会や生活発表会などの行事を中心に教育課程を編成することには慎重な見方が示されている[4]。行事は、慣習や伝統として重視している幼稚園も多く、行事の際は、演舞や合唱、劇遊びなどが披露されることが多い。しかし、これらの練習に長い時間を費やすことは、日々の生活において、子どもの主体的な活動を阻害する懸念がある。**カリキュラム・マネジメント**によって、行事をはじめとする既存のあらゆる実践の評価・改善が期待される。

また、幼稚園教育要領の大綱的な性格から「初中等教育と比較すると園によって独自性、多様性」に富み「様々な保育方針の園が混在している状況」が指摘されている[5]。独自性を発揮できる反面、園によって教育の質にばらつきが生じやすいという構造的課題への影響も注視したい。

３ 架け橋期の教育の充実に向けて

OECD（経済協力開発機構）では、「未来への準備」として学術的スキルの獲得を早期から目指すような幼児教育は批判的にとらえられ、子どもの「現在の重視」を目指す考えが支持されている[6]。大宮（2006）は、近年日本の幼児教育政策は前者に重点を移しつつある、と警鐘を鳴らしている[7]。これらを踏まえれば、小学校への準備を意識するあまり、幼稚園を「小学校化」することは望ましくない。「**環境を通して行う教育**」の充実により、小学校以降で育まれる資質・能力の基礎を育むという考え方を徹底しつつ（資料４）、「**幼児期の終わりまでに育ってほしい姿**」を念頭に、幼児期の教育をまとめ上げる工夫が必要である。

架け橋期の教育の充実においては、保育所、認定こども園等の「施設類型の違いを越えた共通性」の見えにくさが指摘されている[8]。しかし、「３要領・指針」における幼児教育の方向性は同一である。むしろ各施設が、「３要領・指針」に示されている理念や考え方に基づく保育内容となっているか振り返り、検証することが求められる。

（３）文部科学省、前掲、p.71.

（４）文部科学省、前掲、p.114.

（５）濱名陽子（2011）「幼児教育の変化と幼児教育の社会学」『教育社会学研究』88、pp.87-102.

（６）OECD（2006）*Starting Strong II*.

（７）大宮勇雄（2006）『保育の質を高める』ひとなる書房、pp.24-26.

（８）中央教育審議会（2023）『学びや生活の基盤をつくる幼児教育と小学校教育の接続について〜幼保小の協働による架け橋期の教育の充実〜』p.8.

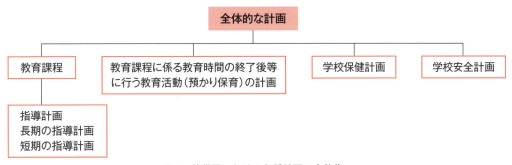

図1　幼稚園における各種計画の全体像

> **資料3**　カリキュラム・マネジメントの実施（『幼稚園教育要領解説』第1章　総説、第3節　教育課程の役割と編成等、1　教育課程の役割（3）カリキュラム・マネジメントの実施、p.77）

　それぞれの幼稚園は、その幼稚園における教育期間の全体にわたって幼稚園教育の目的、目標に向かってどのような道筋をたどって教育を進めていくかを明らかにするため、幼稚園教育において育みたい資質・能力を踏まえつつ、<u>各幼稚園の特性に応じた教育目標を明確にし、幼児の充実した生活を展開できるような計画を示す教育課程を編成して教育を行う必要がある</u>。

　幼稚園においては、編成、実施した教育課程が教育目標を効果的に実現する働きをするよう、<u>教育課程の実施状況を評価し、改善を図る</u>ことが求められている。教育課程の改善は、編成した教育課程をより適切なものに改めることであり、幼稚園は教育課程を絶えず改善する基本的態度をもつことが必要である。このような改善によってこそ幼稚園の教育活動が充実するとともにその質を高めることができるのである。

　その際、園長は、全体的な計画にも留意しながら「幼児期の終わりまでに育ってほしい姿」を踏まえて教育課程を編成すること、教育課程の実施に必要な人的・物的な体制を確保して改善を図っていくことなどを通して、各幼稚園の教育課程に基づき、全教職員の協力体制の下、組織的かつ計画的に教育活動の質の向上を図るカリキュラム・マネジメントを実施することが求められる。

> **資料4**　幼稚園教育で育む資質・能力と「幼児期の終わりまでに育ってほしい姿」『幼稚園教育要領解説』第1章　第2節　幼稚園教育において育みたい資質・能力及び「幼児期の終わりまでに育ってほしい姿」

幼稚園教育で育む資質・能力
（1）豊かな体験を通じて、感じたり、気付いたり、わかったり、できるようになったりする「知識・及び技能の基礎」
（2）気付いたことや、できるようになったことなどを使い、考えたり、試したり、工夫したり、表現したりする「思考力、判断力、表現力等の基礎」
（3）心情、意欲、態度が育つ中で、よりよい生活を営もうとする「学びに向かう力、人間性等」

幼児期の終わりまでに育ってほしい姿
（1）健康な心と体　（2）自立心　（3）協同性　（4）道徳性・規範意識の芽生え　（5）社会生活との関わり
（6）思考力の芽生え　（7）自然との関わり・生命尊重　（8）数量や図形、標識や文字への関心・感覚
（9）言葉による伝え合い　（10）豊かな感性と表現
※幼稚園の活動全体を通して資質・能力が育まれている幼児の幼稚園終了時の具体的な姿

（垂見直樹）

考えてみよう

1. 未来（2030年、2045年）の教育課程を自分なりにデザインしてみましょう。

2. 今日的テーマを１つ選び、各教科・領域を連関させてカリキュラムを作成してみましょう。

【監修】

元兼　正浩（もとかね・まさひろ）

1965年北九州市生まれ。九州大学大学院教育学研究科博士課程修了（1997年博士（教育学））。九州大学教育学部助手、福岡教育大学助教授、九州大学大学院人間環境学研究院助教授・准教授を経て教授。専門は教育法制・学校経営・教育行政学。日本教育学会理事、日本教育経営学会会長、日本教育法学会理事、日本教育行政学会理事、日本教育制度学会理事、九州教育学会会長、九州教育経営学会会長。

【執筆者】

山内絵美理	東海大学資格教育センター　助教	1章1・4章13
日髙　和美	福岡教育大学教育学部　准教授	1章2
波多江俊介	熊本大学大学院教育学研究科　准教授	1章3
岩本　晃代	崇城大学　総合教育センター　教授	1章4
木村　栞太	九州女子大学人間科学部児童・幼児教育学科・講師	1章5
殷　　爽	山口東京理科大学共通教育センター　講師	1章6
大竹　晋吾	福岡教育大学大学院教育学研究科　教授	1章7
榎　　景子	長崎大学教育学部　准教授	1章8
金子　研太	九州工業大学教養教育院　准教授	1章9
江口　潔	九州大学大学院人間環境学研究院　教授	2章1
佐喜本　愛	九州大学基幹教育院　准教授	2章2
元兼　正浩	九州大学大学院人間環境学研究院　教授	2章3
柴田　里彩	高知大学教育研究部　助教	2章4
楊　　川	九州国際大学現代ビジネス学部　教授	2章5
畑中　大路	長崎大学教育学部　准教授	2章6
原北　祥悟	崇城大学総合教育センター　助教	3章1
餅井　京子	九州大学学術協力研究員	3章2
清水　良彦	九州大学大学院人間環境学研究院　准教授	3章3
小林　昇光	奈良教育大学教職開発講座　専任講師	3章4・3章9・4章12(2)
池田　竜介	九州産業大学人間科学部子ども教育学科　講師	3章5
雪丸　武彦	西南学院大学人間科学部社会福祉学科及び教職教育センター　教授	3章6・3章10・4章15
泊　　秀明		3章6
鄭　　修娟	九州産業大学国際文化学部　専任講師	3章7
溝上　敦子	福岡教育大学　非常勤講師	3章8
牧　英治郎	大分市立明治北小学校　校長	4章1
吉田　安孝	北九州市立赤崎小学校　主幹教諭	4章2
小杉　進二	山口大学大学院教育学研究科教職高度化専攻学校経営コース　講師	4章3・4章12
川上　具美	西南学院大学人間科学部　教授	4章4
垂見　直樹	近畿大学九州短期大学保育科　教授	4章5・4章16
岩永　裕次	福岡市立住吉小学校　教諭	4章6
田代　智紀	九州共立大学スポーツ学部　講師	4章7
池田　実世	ピアニスト	4章8
古賀　和博	中村学園大学短期大学部　教授	4章9
兼安　章子	福岡教育大学大学院教育学研究科　准教授	4章10・4章11(2)
宮崎　麻世	EduPorte株式会社　代表	4章11
武田　祐子	学校法人嶋田学園認定子ども園愛宕幼稚園　園長	4章14

教育課程エッセンス

― 新学習指導要領を読み解くために ―

Essentials of the Curriculum Management:
A guide to understanding the new Courses of Study

2019年10月　初版発行
2024年8月　　第2版発行

編　者／九州大学大学院教育法制研究室
発行者／仲 西 佳 文
発行所／有限会社 花 書 院
　　　　〒810-0012　福岡市中央区白金2-9-2
　　　　電話.092-526-0287　FAX.092-524-4411
　　　　振替.01750-6-35885
印刷・製本／城島印刷株式会社

© 2024 Printed in Japan　ISBN978-4-86561-171-7

エッセンスシリーズ
The Essentials Series

好評発売中

【新訂版】
教育法規エッセンス
― 教職を志す人のために ―

B5判　128頁　定価1,900円+税
監修／元兼 正浩（九州大学大学院教授）
編者／九州大学大学院教育法制研究室

教員採用試験問題に焦点を当てた学部学生向けの図解・教育法規テキスト。大学で教育法規や教育制度を学び始めた初学者にわかりやすいテキストとして編集。図表の多くもオリジナルに作成。演習問題付き。

【総合版】
特別活動エッセンス
― 望ましい人間関係づくりのために ―

B5判　152頁　定価2,000円+税
監修／元兼 正浩（九州大学大学院教授）
編者／九州大学大学院教育法制研究室

教職課程で特別活動を学習される方はもとより、教員採用試験の勉強をされている方、さらには初年次教育などでクラスづくりやコミュニケーションスキル形成のためのゼミナールの演習にも活用可能な内容構成。16回分の演習用ワークシートがミシン目で切り離せます。

子ども論エッセンス
― 教育の原点を求めて ―
〜すべての子どもに権利・人権を保障するとは〜

B5判　126頁　定価1,900円+税
監修／元兼 正浩（九州大学大学院教授）
編者／九州大学大学院教育法制研究室
　　　+哲史研究室

初年次教育・全学教育の「教育学」や「現代社会論」、教職科目の「教育原論」（教育の理念並びに教育に関する歴史及び思想）などにおいての活用をイメージ。
子どもの権利条約の解読に紙面を多く割いており、「教育法学」等にも活用可能。
通覧すれば「子どもの貧困」など現代の子どもを取り巻く問題状況を把握できるよう設計しています。

教職論エッセンス
― 成長し続けるキャリアデザインのために ―

B5判　204頁　定価1,900円+税
監修／元兼 正浩（九州大学大学院教授）
編者／九州大学大学院教育法制研究室

教職論、教師論、教職入門、教職実践演習などの要素をすべて織り込む形で本書は編集しています。最新の一次資料を可能な限り掲載し、教職関連の授業科目はもとより、教育学関連の専門科目でも十分使用可能な内容となっています。教師という職業に興味がある方や教職を目指している方の今後のキャリアの見通しとして、また現職教師の来し方の振り返り＝省察（リフレクション）としてご活用いただけます。

次世代スクールリーダーのための
ケースメソッド入門

A5判　220頁　定価2,000円+税
日本教育経営学会実践推進委員会 編

学校組織が日常的に直面する21事例（「校長の専門職基準」準拠）を用いて、スクールリーダーとしての意思決定を疑似体験し、経営判断能力を育成できるケース事例集です。回答例の他に、日本教育経営学会実践推進委員らによるコメントで、決断のための視野を広げます。キーワード解説やコラムも掲載し、自己啓発書としても活用できます。

次世代スクールリーダーのための
「校長の専門職基準」

A5判　248頁　定価2,000円+税
日本教育経営学会実践推進委員会 編

校長職が専門職であるためには、求められる専門的力量の内容を明確にし、資格・養成・研修等の制度を確立する必要がある。（［2009年版］はじめにより）
第Ⅰ期〜第Ⅲ期実践推進委員会の手による日本教育経営学会「校長の専門職基準」の解体新書。